Riemann

One Earth Spirit

HEIDEMARIE
SCHWERMER

Das Sterntaler-experiment

Mein Leben ohne Geld

Riemann
One Earth Spirit

Originalausgabe

Umwelthinweis:
Dieses Buch wurde auf 100 % Recyclingpapier gedruckt, das mit dem blauen Engel ausgezeichnet ist.
Die Einschrumpffolie (zum Schutz vor Verschmutzung) ist aus umweltfreundlicher und recyclingfähiger PE-Folie.

Der Riemann Verlag
ist ein Unternehmen der Verlagsgruppe Random House

2. Auflage

Redaktion: Werner Wahls
Satz: Barbara Rabus, Sonthofen
Druck und Bindung:
GGP Media, Pößneck
Printed in Germany
ISBN 3-570-50016-0
www.riemann-verlag.de

Inhalt

ERSTER TEIL

ZWEITER TEIL

ERSTER TEIL

KAPITEL 1
Lehr- und Wanderjahre

Das Versprechen

Zu meinem zweiten Geburtstag bekam ich eine Puppenstube. Meine Freude muss groß gewesen sein, jedenfalls sehe ich mich noch heute begeistert durchs Zimmer springen und lachend in die Hände klatschen. Meine beiden älteren Brüder, meine Mutter und Ella, das Kindermädchen, freuten sich gut gelaunt mit der Kleinen. Wir lebten damals in Memel, wo mein Vater eine Kaffeerösterei hatte. Gehabt hatte. Jetzt war er schon länger fort, im Krieg, sagten die Großen.

Mir waren nur wenige glückliche Monate mit meinem kleinen Spielzeugreich vergönnt. Im Sommer 1944 spürte ich im Haushalt eine Unruhe, die mir zunächst unerklärlich blieb. Erst verschwand die heißgeliebte Puppenstube auf dem Dachboden, dann wurden alle Möbel im Haus mit Decken verhängt. Mutter und Großmutter begannen, verschiedene Sachen für eine Reise zusammenzupacken. Nur das Nötigste, versicherten sie einander, wir kommen doch bald zurück. Und dann stand wieder einmal das Pferdefuhrwerk bereit, mit dem wir schon so manchen Sonntag fröhlich aufs Land kutschiert waren. Aber die Stimmung war diesmal eine andere. Mutter weinte und meine Brüder waren ungewohnt schweigsam. Und noch etwas war anders als sonst: Die Straßen waren voller Menschen mit Pferd und Wagen. Wir reihten uns in die Kolonne ein und ab ging's.

Ich verstand nicht, was da passierte. Aber ich hatte Angst und fing an zu weinen. Meine Mutter konnte sich nicht richtig um mich kümmern, sie hatte genug mit meiner kleinen Schwester zu tun, die damals sterbenskrank war und trotzdem aus dem Krankenhaus geholt worden war. Keiner hatte Zeit für mich. Mir war kalt. Ich hatte Hunger. Ich war nicht mal drei Jahre alt und wollte nach Hause zurück, in mein warmes Bett, zu meinen Kuscheltieren. Als meine Mutter meine Not bemerkte, versuchte sie mich zu trösten. »Pscht, meine Kleine, alles wird gut«, flüsterte sie. Aber ich spürte, dass gar nichts gut werden würde, auch nicht am nächsten Tag oder am übernächsten. Den Pferdewagen gaben wir später irgendwo ab und fuhren mit der Bahn weiter. Die Züge waren überfüllt, kalt und ungemütlich. Die Reise war beschwerlich und nicht ungefährlich. Meine Mutter schnappte sich bei jedem Halt einen großen Kochtopf und rannte zu den an der Strecke gelegenen Bauernhäusern, um etwas Essbares für ihre vier Kinder und Großmama zu erbetteln. Diese Ausflüge waren für uns jedesmal eine Tortur, wir wussten nie, ob die Mama rechtzeitig zurück sein würde. Einmal fuhr der Zug tatsächlich ohne sie los, wir schrien aus Leibeskräften, aber ob unsere lautstarke Verzweiflung oder irgendwelche anderen Gründe die Waggons wieder zum Halten brachten, weiß ich bis heute nicht.

Ein paar Mal mussten alle sehr schnell aussteigen und unter den nächststehenden Bäumen Schutz suchen. Der Himmel war dann plötzlich voller Flugzeuge, die nicht nur den Zug beschossen, sondern auch die Menschen. Nach jedem dieser Angriffe wuchs die Angst. Wir wussten: Einige Mitreisende lagen tot an der Strecke. Manchmal blieb der Zug stundenlang stehen, ganze Ewigkeiten, und keiner wusste, wann und ob es weitergehen würde.

Inzwischen hatten wir ein paar Tausend Kilometer zurückgelegt, von Ostpreußen bis nach Süddeutschland und dann wieder ein Stück Richtung Norden. In Verden an der Aller war die lange Reise vorerst zu Ende. Die örtlichen Familien hatten sich am Bahnhof versammelt, um uns in Empfang zu nehmen. Wir waren Flüchtlinge, das hatte ich endlich begriffen, und die Menschen, die hier wohnten, mussten uns aufnehmen, ob sie wollten oder nicht. Viele wollten nicht und ließen uns das deutlich spüren. Sie waren verärgert, weil sie mit den besitzlosen Fremden, die der Krieg hierher verschlagen hatte, teilen sollten. Wir allerdings hatten Glück: Der Bauer, der uns mitnahm, war ein guter Mensch; er und seine Frau verwöhnten uns Kinder nach Kräften. Zu Ostern durften wir Eier suchen und ein paar Wochen lang gab es für alle reichlich zu essen. Mutter und Großmutter halfen den Gastgebern bei der täglichen Arbeit. Es war ein Tauschen und Teilen, Geben und Nehmen in freundlicher Atmosphäre, und fast hätte ich darüber das Leid der vergangenen Monate vergessen.

Aber der Krieg war noch nicht vorbei und Mama machte sich Sorgen um die Verwandtschaft. Sie hatte erfahren, dass der Rest der Familie in Schleswig-Holstein gelandet war und wollte nun unbedingt auch dorthin. Vergeblich versuchten die netten Bauern, uns zum Bleiben zu überreden. Die Reise ging weiter. Die Verwandten fanden wir dann auch, aber mit dem Geben und Nehmen machten wir diesmal andere Erfahrungen. Nur widerwillig wurden wir von einer Bauernfamilie aufgenommen, mehr als eine kleine Kammer war nicht für uns übrig. Wir waren ihnen lästig und fühlten uns überflüssig und armselig. Wir hungerten, wieder einmal. Der Krieg ging zu Ende, die alte Heimat war endgültig verloren, ein Zurück gab es nicht. Wie viele andere Leidensgefährten mussten wir uns in der neuen Situation einrichten, irgendwie. Um unseren Hunger zu stillen, sammelten wir auf den Feldern übriggebliebene Ähren und später Kartoffeln. Oft zog die ganze Familie mit Körben und Eimern in den Wald, um Beeren zu suchen.

Die Bauern, bei denen wir wohnten, teilten nicht mit uns. Die köstlichen Düfte, die das Haus durchzogen und bis in unsere Kammer drangen, machten uns zwar den Mund wässerig, aber leider nicht satt. Schließlich nahm meine Mutter eine Stelle als Feldarbeiterin auf einem Gut an, für ein bisschen Butter und Milch. Nebenbei gab sie den Bauerntöchtern der Umgebung Klavierunterricht. Entlohnt wurde sie in kostbaren Naturalien: Kartoffeln, Brot, Eier und Mehl. Irgendwann kehrte mein Vater aus dem Krieg zurück, kam zu uns nach Norddeutschland und fing sofort mit den Planungen für eine eigene Firma an. Ganz langsam entstand wieder so etwas wie ein »normaler« Alltag. Aber die Erfahrungen der vergangenen Jahre waren nicht spurlos an mir vorübergegangen. Ich war ein stilles, nachdenkliches Mädchen mit viel Phantasie.

Als ich in die Schule kam, war ich wild entschlossen, ganz schnell Lesen zu lernen. Als ich es konnte, öffnete sich mir ein völlig neue Welt. Mein erstes eigenes Buch war ein Märchenbuch mit dicken, holzigen Seiten. Mit diesem Schatz hockte ich oft in meiner Blätterhöhle, die ich mir in einer Hecke gebaut hatte. Ein Platz für mich und für die Prinzessinnen und Prinzen aus dem Märchenbuch, mit denen ich hier Stunden und Tage verbrachte, ganz und gar versunken in eine Welt, die mir gerechter und besser erschien als die wirkliche. Hier in meiner Höhle holte ich mir Kraft und entwickelte erste eigene Vorstellungen, wie das Leben sein könnte – sein sollte, wenn es nach mir ginge. Ich war sehr davon beeindruckt, dass in fast jeder dieser Geschichten das Böse besiegt wird und die Liebe triumphiert. Ja, so eine Welt wollte ich auch.

Stattdessen hatte ich erfahren müssen, dass Menschen auf andere Menschen schießen, dass die einen den anderen alles wegnehmen und dass die, die genug haben, denen, die hungern, nichts abgeben. Warum musste ich meine Spielsachen zurücklassen und monatelang in kalten Zügen hungernd und frierend durch Gegenden fahren, in denen Tote am Wegesrand lagen? Warum wurde ich jetzt, nur weil ich ein Flüchtlingskind war, als Lumpenpack beschimpft und ausgelacht, weil ich keine richtigen Schuhe besaß, sondern nur welche aus Holz? Wer sollte das verstehen? Und vor allem: Was hatte ich in einer solchen Welt verloren? Ich glaube noch heute, dass Märchen symbolischen Charakter haben. Und ich weiß, dass jeder einzelne Mensch dazu beitragen kann, diese Erde schöner und lebenswerter zu gestalten. Geahnt haben muss ich das wohl schon damals, in meiner einsamen Märchen-Blätterhöhle. Jedenfalls sehe ich es noch genau vor mir, wie das kleine traurige Flüchtlingsmädchen sich selbst ein großes Versprechen gab: »Ich werde alles dafür tun, an einer schönen Welt mitzuwirken. In dieser Welt soll es keine Kriege mehr geben. Und jeder Mensch soll in Würde leben.«

Das Internat – ein Schritt in die Freiheit

Flucht und Nachkriegszeit forderten ihren Tribut. Aus der fröhlichen Zweijährigen von einst war eine echte Heulsuse geworden. Bei jeder Kleinigkeit brach ich in Tränen aus, sehr zum Missvergnügen meiner lieben Nächsten. Außerdem war ich ständig krank, zweimal ging es sogar um Leben und Tod. Eine eifrige Schülerin war ich trotzdem. Schon auf der Grundschule habe ich alles, was die Lehrer sagten, begierig aufgenommen.

Mein Ziel war von Anfang an klar: Ich wollte die Welt verstehen. Und dafür strengte ich mich an, so sehr ich konnte. Auf jeden Fall wollte ich Abitur machen, um später einmal selbst Lehrerin werden zu können.

Die ersten fünf Jahre musste ich ein Knabengymnasium besuchen, weil es keine andere Schule in der Nähe gab. Täglich radelte ich morgens acht Kilometer hin und nachmittags acht Kilometer zurück, bei Wind und Wetter, im Sommer und im Winter. In meiner Klasse waren fünf Mädchen und 20 Jungen. Es waren schwierige Zeiten, in jeder Hinsicht, und nachdem ich einmal sitzen geblieben war, beschlossen meine Eltern, mich nach Rendsburg in eine Art Internat zu schicken, in ein so genanntes Mädchenheim, in dem die Schülerinnen während der Woche blieben und nur am Wochenende nach Hause fuhren.

Es war die richtige Lösung für mich. Die schüchterne Heulsuse blühte endlich auf. Im Umgang mit den anderen Mädchen stellte ich rasch fest, dass ich von den Jungen aus meiner früheren Schule und vor allem von meinen Brüdern eine ganze Menge gelernt hatte. Von wegen Zimperliese! Unternehmungslustig wusste ich die Dynamik der reinen Mädchengruppe zu nutzen und probierte komplett neue Verhaltensweisen aus. Plötzlich gehörte ich, die die neunte Klasse wiederholen musste, zu den besten Schülerinnen. Das zaghafte Sensibelchen verwandelte sich wieder in ein fröhliches Geschöpf, das überall mitreden wollte und konnte.

Mehr denn je wollte ich Lehrerin werden. Mit meinen Nachhilfeschülerinnen, die ich zwecks Aufbesserung des Taschengeldes angenommen hatte, konnte ich schon mal üben. Und sehr bald hatte ich gelernt, mein Wissen auf spielerische Art weiterzugeben.

Das Leben im Heim förderte den Gemeinschaftssinn ungemein. Wir unternahmen viele Dinge zusammen und hatten viel Spaß dabei. Das galt vor allem für unsere Mädchenband, die sich »Nervensägen« nannte. Ich war die »Schlagzeugerin«, das heißt, ich hämmerte begeistert auf einen ganz normalen Kochtopf ein, um Rhythmus ins Spiel zu bringen. Einmal wurden wir ausgepfiffen, aber das störte die Künstlerinnen nicht weiter. An manchen Abenden gab's für die rund 30 Heimmädchen Lesungen, an anderen wurde gebastelt, gesungen, getanzt oder gespielt. Oder wir feierten richtige Feste – insgesamt war es eine sehr schöne Zeit. Ich fühlte mich wohl und vor allem: Ich war so gut wie nie mehr krank.

Obwohl meine Eltern nicht besonders streng waren, ging es mir ohne sie und meine Geschwister einfach besser. Im Heim fühlte ich mich freier, glücklicher, ohne familiäre Zwänge. Hier erwartete keiner ein bestimmtes Wohlverhalten, um den Nachbarn oder sonst wem zu gefallen. Hier durfte ich einfach Mensch sein, hier durfte ich alles allein entscheiden, und das gefiel mir gut. Zwar gab es Vorschriften, aber die wurden sehr großzügig ausgelegt. Beinahe fühlte ich mich richtig erwachsen, denn beim Erwachsensein sollte es ja wohl genau darum gehen: Um Eigenverantwortung und Selbstbestimmung.

Kann es sein, dass ein Mensch sich besser entwickelt, wenn er weniger kontrolliert wird? Oder ist die berühmte Nestwärme doch wichtiger als die Freiheit? Diese Frage beschäftigt mich seit damals, und ohne wirklich zu einer letztgültigen Antwort gekommen zu sein, habe ich mir als junges Mädchen im Rendsburger Heim fest vorgenommen, dass meine Schüler und möglichen eigenen Kinder einmal in den Genuss der Freiheit kommen sollten, die für mich eine reine Freude war.

Auch über Krankheiten dachte ich viel nach. Warum war ich früher, als unglückliche Zimperliese, so oft krank, und jetzt so selten? Macht eine gesunde Seele den Körper gesund? Wenn dem so wäre, grübelte ich, dann wären Medikamente keine Lösung. Dann musste einfach dafür gesorgt werden, dass jeder Mensch sich wohl fühlt, dass es ihm seelisch gut geht. Fragen über Fragen taten sich auf, und ich stellte mich ihnen mit Vergnügen. Ich bestand das Abitur und freute mich sehr aufs Studium, von dem ich mir viele Antworten erhoffte.

Studium – eine neue Welt

An der Pädagogischen Hochschule in Kiel taten sich neue Welten auf. Endlich erhielten meine ambitionierten Grübeleien eine solide theoretische Grundlage. Psychologie fand ich besonders spannend, schließlich ging's hier um Menschentypen und dazugehörige Verhaltensweisen, also um das, was mich seit der Blätterhöhle so brennend interessierte. Ich war Studentin mit Leib und Seele. Mit vor Aufregung hochrotem Kopf verfolgte ich die Vorlesungen und begann – endlich, endlich – das eine oder andere zu begreifen. Warum zum Beispiel verschiedene Menschen in bestimmten Situationen ganz unterschiedlich handeln. Es war eine Offenbarung für mich, von den vier Grundtypen zu hören, dem Sanguiniker, dem Choleriker, dem Phlegmatiker und dem Melancholiker. Das berühmte und einleuchtende Beispiel von der Hürde, jedem Psychologie-Erstsemester wohlvertraut, amüsiert mich noch heute. Hopp, sagt der Sanguiniker lachend und springt über das Hindernis. So ein Ärger, schreit der Choleriker und tritt wütend dagegen. Kann man nichts machen, sagt der Phlegmatiker und kehrt wieder um. Warum muss ausgerechnet mir das passieren, jammert der Melancholiker und geht auch zurück. Ich machte mir einen Spaß daraus, meine Freunde und Bekannten typmäßig zu bestimmen. Ließen sie sich leicht einordnen oder gehörten sie zu den zahlreich existierenden Mischtypen? Und vor allem: Was ist eigentlich mit mir? Und weiter gefragt: Sind diese typbedingten Eigenschaften angeboren oder werden sie im Lauf der Jahre erworben? Haben wir also eine Chance, unseren Typ zu verändern, oder sind wir unseren Fehlern und Schwächen hoffnungslos ausgeliefert? Ich fand das alles unglaublich spannend und gratulierte mir immer wieder dazu, dass ich mich für dieses Studium entschieden hatte.

Auch die Pädagogik gefiel mir. Hier erfuhr ich viel über Menschen, die ihr Leben dazu genutzt hatten, das Leben anderer glücklicher zu machen. Ich war fasziniert von Makarenko, der gewalttätige Kinder und Jugendliche von der Straße holte und mit ihnen gemeinsam ein Heim gründete, in dem die Kinder bei allem Mitspracherecht hatten, respektiert wurden und sich dadurch weiterentwickeln konnten. Ja, dachte ich. Das ist es. Das will ich auch. Ich möchte etwas schaffen, bei dem die Menschen sich so angenommen fühlen, dass sie gar nicht erst auf die Idee kommen, irgendwo einen Krieg anzuzetteln.

In den Seminaren wurden auch andere Pädagogen vorgestellt, die auf Vertrauen statt Strafe setzten. Eine damals noch revolutionäre Vorstellung. Fast unheimlich. In den Schulen war die Prügelstrafe noch längst nicht abgeschafft, und die gelegentliche oder regelmäßige Ohrfeige gehörte fest zum Erziehungsprogramm des Durchschnitts-Deutschen. Strafe muss sein! Kaum einer hatte je davon gehört, dass man Kinder nicht schlagen sollte. Der alte Spruch von Zuckerbrot und Peitsche galt nach wie vor. Andererseits war ein Aufbruch zu spüren, eine erste, noch sehr zaghafte Auflehnung gegen den »Muff von Tausend Jahren«. Nach den Vorlesungen gab es lange, lebhafte Diskussionen. Die Studenten waren leidenschaftlich bei der Sache.

In den Semesterferien arbeitete ich in der Fabrik, um Geld fürs Studium zu verdienen. Hier lernte ich Menschen kennen, die jahrein, jahraus dieselbe stumpfsinnige Arbeit taten, die ich kaum sechs Wochen lang aushielt. Sie taten mir schrecklich Leid. Das ist doch kein Leben, dachte ich. Aber ich konnte nichts für sie tun. Oder doch? Irgendwann?

Zum Lehramtsstudium gehörten diverse Praktika an Schulen. Das war auch gut so, denn alsbald mussten wir verkopften Kandidaten feststellen, wie grausam die Realität sein kann, wie frech und laut die Kinder sein konnten, die sich nicht um unsere wunderbaren pädagogischen Ansätze scherten. Kilometerweit klafften Theorie und Praxis auseinander, und Ratlosigkeit machte sich breit. Wie kann das sein, fragte ich mich. Pestalozzi und die anderen haben doch so viel erreicht. Sie haben das Stückchen Welt, das sie in Angriff genommen haben, verändert, haben ihre großartigen Ideen umgesetzt. Vielleicht, dachte ich, lag es einfach daran, dass sie ihre Ideen gelebt haben. Ja, das musste die Lösung sein.

Theorie und Praxis

Nach dem ersten Staatsexamen wurden die Lehramtskandidaten auf ganz Schleswig-Holstein verteilt. Bilsen sollte in den nächsten Jahren meine Heimat sein. Das Dorf zählte nur einige Hundert Seelen und die Schule, an der ich künftig arbeiten würde, hatte nur zwei Klassen: Die Erst- bis Viertklässler besuchten die Grundstufe, die Fünft- bis Neuntklässler die Hauptstufe. Zu dem hübschen kleinen Neubau gehörte ein Flügel mit Lehrerwohnungen. Ich wurde als Klassenlehrerin für die Kleinen eingeteilt, musste aber auch ein paar Stunden bei den Großen unterrichten. Der Arbeitsplatz gefiel mir. Mein Kollege, der bereits kurz vor der Pensionierung stand, war emsiger Hobbygärtner, und das Ergebnis konnte sich sehen lassen. Das ländliche Idyll inspirierte mich, aber etwas fehlte mir doch: Als begeisterte Sportlerin mit Schwerpunktfach Leibeserziehung wollte ich nicht akzeptieren, dass es weder eine Sprunggrube noch irgendein Sportgerät gab.

Um diesem Manko abzuhelfen, musste ich zunächst den Bürgermeister überzeugen, der als Schirmherr der Schule bei jeder Veränderung mitreden durfte. Das war kein unüberwindbares Problem, da ich den Herrn ohnedies täglich besuchte. Das Dorfoberhaupt arbeitete nämlich hauptberuflich als Landwirt, und ich kaufte meine Milch bei ihm. Oft begleitete ich ihn sogar in den Kuhstall, pausenlos auf ihn einredend. Wie wichtig Schulsport sei. Wie sehr es der Gesundheit und dem Gemeinschaftsgefühl der Kinder nutzen würde, wenn sie regelmäßig trainieren könnten. Es gebe doch bereits einen Spielnachmittag im Wald, versuchte der Bürgermeister die übereifrige Jung-Lehrerin abzuwimmeln. Aber nur bei schönem Wetter, konterte ich. Und außerdem sei mir das zu wenig. Ich wolle richtige Geräte, die man zu bestimmten Zeiten in einem Klassenraum aufbauen könne. Die müssten nicht mal gekauft werden, säuselte ich, längst hätte ich mit anderen Schulen und Sportvereinen der Umgebung Kontakt aufgenommen und Leihgaben ausgehandelt. Schließlich kapitulierte der Schirmherr. Statt des gewohnten »Wat schall dat« und »Bruuk wie doch nich« knurrte er eines glücklichen Tages »Mienswegen«. Sofort leitete ich alles Nötige in die Wege. Binnen Tagen gab es einen Barren, einen Kasten, drei Bodenmatten, Bälle, Reifen, Keulen und Ähnliches. Die Kinder freuten sich mindestens so sehr wie ich über das neue Schulfach.

Aber das war nur der Anfang. Längst hatte ich in Gedanken die große Wiese vor dem Schulgebäude zum Sportplatz umfunktioniert. Und ich war mit meiner Idee nicht mehr allein: Die Mütter und Väter meiner Schüler trabten geschlossen an, mit Schaufel, Spaten und Hacken. Gemeinsam schufteten wir für die gute Sache, maßen, hackten, gruben und vertilgten zwischendurch die köstlichen Speisen, die einige Dorfbewohner mitgebracht hatten. Es war eine Gemeinschaftsaktion, wie ich sie mir nicht besser vorstellen konnte. Ich war denn auch rundum zufrieden, als wir am Abend das stolze Ergebnis unserer Anstrengungen begutachten konnten: Die ehemalige Wiese bestand jetzt aus einer Sprunggrube, einer Lauf- und Wurfbahn und einem schönen Spielfeld. Und natürlich wurden die Sportstunden jetzt endgültig zum Lieblingsfach der Grund- und Hauptschüler. Bei all dem dachte ich oft an meine Vorbilder, O'Neill, Pestalozzi, Makarenko, Menschen, die so viel erreicht hatten. Und auch ich, merkte ich nun, konnte Dinge umsetzen, die mir wichtig waren. Ein Weilchen sonnte ich mich im Hochgefühl bestandener Taten. Aber nicht lange.

Es gab Probleme, mit denen ich nicht gerechnet hatte. Meine Schüler konnten sich nicht auf Freundlichkeit und Nachsicht einstellen. Vor allem die älteren Jungen vermissten die »starke Hand«. Sie waren daran gewöhnt, mit Ohrfeigen und Stockschlägen zu Ordnung und Gehorsam angehalten zu werden. Und ihr Enthusiasmus über meine modernen Erziehungsmethoden hielt nur bis zur ersten Meinungsverschiedenheit. Ich musste bei den Kindern etwas durchsetzen, was sie nicht wollten. Gewalt war für mich kein Argument, mit Diskussionen konnten die Schüler nichts anfangen, und so kam es zum Eklat. Die größeren Jungen glaubten von jetzt an, einen Freibrief bei der dämlichen Lehrerin zu haben. Unsere Beziehung war unrettbar zerstört, und bald fühlte ich mich von der Situation, mit der ich nicht klar kam, überfordert. Mein fast pensionierter Kollege bekam Oberwasser, sah sich in all seinen Vorurteilen bestätigt und unterstützte mich in keiner Weise. Ich war unglücklich und wurde, wie in meiner Kindheit, krank. Zweimal musste ich ins Krankenhaus, ließ Mandeln und Nasenscheidewand entfernen, hatte aber trotzdem ständig Halsschmerzen und litt an chronischer Heiserkeit.

Ich kam ins Grübeln. Was hatte ich falsch gemacht? Ich wollte Begeisterung für eine interessante Sache wecken, bei Kindern und Eltern. Statt dessen gab es Streit, Zwist, Ärger – ein für mich unhaltbarer Zustand. Als die Schule nach zwei Jahren aufgelöst wurde, wie so viele dieser Zwergenschulen in jenen Jahren, nutzte ich die Gelegenheit, um mich für ein Jahr vom Schuldienst beurlauben zu lassen.

Karneval in Rio

Ich war enttäuscht von mir. Gleich bei meiner ersten ernsthaften Tätigkeit hatte ich versagt, hatte das Versprechen, das ich mir damals in der Blätterhöhle gegeben hatte, nicht eingehalten. Andererseits, versuchte ich mir Mut zu machen, hatte es auch schöne Zeiten in dem Dorf gegeben. Sicher würden sich Eltern und Kinder an mein Engagement erinnern. Ein Anfang, immerhin. Beim nächsten Mal würde ich ein Stück weiterkommen, ganz bestimmt. Trübsal blasen bringt nichts, beschloss ich energisch. Nach vorn schauen und neue Ideen entwickeln ist viel besser! Ich würde eine Reise machen. Das Reisen hat mir immer geholfen, unklare Lebenssituationen zu bewältigen. Unterwegs gelingt es mir, nur für den Augenblick zu leben, Verpflichtungen auf ein Minimum zu reduzieren und Sorgen zu vergessen.

Von meiner Mutter wusste ich, dass wir Verwandte in Brasilien hatten, die ein Geschäft in Blumenau führen, einer von Deutschen gegründeten Siedlung in Brasilien. Dort wollte ich hin, vielleicht im Laden helfen oder mich sonstwie nützlich machen. Konkrete Vorstellungen hatte ich nicht, ich wollte bloß weg, das Weitere würde sich ergeben. Nur eines wusste ich sicher: Beim Karneval in Rio würde ich meine Lebensfreude wiederfinden. Die farbigen Bilder von dem Spektakel hatten mich immer fasziniert. Jetzt wollte ich das alles hautnah erleben. Meine Freunde und Bekannten sparten nicht mit gut gemeinten Ratschlägen. Rio sei kein Pflaster für junge Frauen. Die Gewalt, der Schmutz, ich würde schon sehen, was ich davon hätte. Ein paar Freundinnen, die sich niemals auf eine solche Fahrt ins Ungewisse begeben würden, bewunderten meinen Mut. Ich bewunderte ihn selbst ein wenig. Ich wusste um das Risiko, aber auch um meine Bereitschaft dazu, der ich bis heute viele Abenteuer verdanke und die vielleicht mit der Flucht aus Ostpreußen zu tun hat. Wer einmal alles zurücklassen musste, dem fällt es beim zweiten oder dritten Mal nicht mehr so schwer. Was konnte mir schon passieren?

Ich verkaufte mein Auto und meine Möbel und stellte den Rest meiner Habe bei meiner Mutter unter. Das Ticket für die Schiffspassage hatte ich längst besorgt. Nur das Nötigste im

Gepäck, ging ich schließlich in Genua an Bord des großen weißen Dampfers mit Namen »Enrico«. Sofort fielen alle Sorgen der vergangenen beiden Jahre von mir ab. Ich freute mich wieder auf die Zukunft.

Als ich an der Reling stand und das Treiben der Menschen um mich herum beobachtete, sagte mir eine innere Stimme, dass ich auf dieser Reise nicht allein sein würde. Tatsächlich kam ich bald mit einer der Frauen, die meine Kabine teilten, ins Gespräch. Sie hatte Kassettenrecorder, Filmausrüstung und Tonbandgerät dabei und wollte damit zu den Indios. Wir wurden uns schnell einig: Sie würde mit zum Karneval kommen, und später würde ich sie auf ihrer Expedition begleiten. Von da an waren wir unzertrennlich und ständig mit einer kleinen Landkarte zugange, auf der wir unsere Reiserouten markierten, nur um sie am nächsten Tag wieder umzuwerfen. Es machte Spaß, etwas zu planen, nach dem wir uns nicht richten mussten. Wir hatten das Gefühl, alles sei möglich und wir allein seien die Herrinnen unserer Zeit und unseres Daseins. Als wir dann auch noch den Äquator gequert und den Winter hinter uns gelassen hatten, wusste ich endgültig nicht mehr, wohin mit meiner Lebenslust.

Beim Karneval in Rio feierten wir die Nächte durch, tanzten mit den Samba-Gruppen, lachten mit den Einheimischen und hatten vermutlich großes Glück, dass wir, zwei junge Europäerinnen auf großer Fahrt, ungeschoren davon kamen. Danach reisten wir etwa drei Monate lang durch Brasilien. Meine Gefühle waren zwiespältig, ich war überwältigt von dem lebhaften bunten Treiben und konnte gleichzeitig die unfassbare Armut der Menschen nicht ertragen. Familien hausten auf der Straße, vegetierten im Schmutz dahin, litten unter der Hitze. Überall sah man Kinder mit verstümmelten Gliedmaßen, bedeckt von Geschwüren und Fliegen. Ich ging durch die Favelas, musste weinen und war fassungslos über dieses Elend.

Mein Versprechen fiel mir wieder ein. Wir mussten etwas tun, sagte ich mir, wir durften nicht einfach zusehen, wie Menschen verhungerten oder starben, weil es keine Medikamente für sie gab, während wir Europäer im Überfluss lebten und unsere Ressourcen hemmungslos verschwendeten. Aber allein konnte ich hier nichts tun, auch wenn es mir jedesmal das Herz brach, wenn die Kinder mich bettelnd verfolgten, weil sie in der jungen blonden Frau eine reiche Weiße sahen. Sie wollten Geld von mir, doch ich hatte kein Geld.

In Blumenau machten wir einen Abstecher zu meiner Verwandtschaft, aber wir blieben nur wenige Tage. Nach dem, was wir gerade in den Dörfern gesehen hatten, war die Ignoranz der Zugewanderten kaum auszuhalten. Faul und träge seien die Einheimischen, höhnten sie, und selbst schuld an ihrem Elend: »Wir haben es schließlich auch zu etwas gebracht!« Ich war heilfroh, von diesen tüchtigen Germanen wegzukommen.

Als uns das Geld ausging, beschlossen wir nach Chile zu gehen, wo meine Freundin eine Familie kannte. Ich fing in einer deutschen Schule als Lehrerin an, ohne Vertrag, da ich nicht wusste, wie lange ich bleiben konnte – oder wollte. Bald war ich heilfroh, mich auf keinen Vertrag eingelassen zu haben, denn meine Situation entpuppte sich als äußerst unerfreulich, vor allem die Ungerechtigkeit machte mir zu schaffen. Im Unterschied zu den Kollegen, die von der deutschen Regierung eingestellt worden waren, wurde ich wie eine chilenische Lehrkraft bezahlt, das heißt, ich bekam nur ein Viertel des »deutschen« Gehalts, ein wahrer Hungerlohn. Nach einigen Monaten beendete ich diese unerquickliche Tätigkeit.

Santiago de Chile – Tor in eine andere Welt

Meine Freundin hatte einen guten Job in einer deutschen Firma gefunden. Gemeinsam bezogen wir ein Zimmer in Santiago de Chile, das uns eine Krankenschwester vermietete, die mit ihrer 17-jährigen Tochter seit dem Tod ihres Mannes allein über die Runden kommen musste. Jetzt waren wir keine staunenden Touristinnen mehr wie in Brasilien, nun hatten wir uns dem ungewohnten chilenischen Alltag zu stellen. Wie die Einheimischen kämpften wir täglich um unsere Stehplätze im Bus, falls der Bus überhaupt anhielt. Oft fuhr er einfach vorbei, weil jeder Quadratzentimeter bereits besetzt war. Manchmal hielt er, obwohl eigentlich niemand mehr hineinpasste. Dann wurde nachgeschoben, bis wirklich gar nichts mehr ging. Das Aussteigen war jedesmal eine echte Herausforderung. Überhaupt, die Menschen! Das ständige Gewimmel auf den Straßen! Ein ganz neues Bild für mich. Gegen Santiago de Chile war eine deutsche Großstadt wie Hamburg geräumig und leer. Ein Großteil der chilenischen Bevölkerung lebte damals in der Hauptstadt, der Rest verteilte sich auf Dörfer und kleinere Ortschaften.

Wir kannten inzwischen etliche Einheimische. Zu unseren Vermieterinnen hatten wir guten Kontakt, und irgendwann erzählten die beiden, dass ihnen der tote Ehemann und Vater immer mal wieder erscheine. Ich war sprachlos, so einen Unsinn hatte ich noch nie gehört. Für mich, die aufgeklärte Deutsche, war klar: Ein gestorbener Mensch ist tot, basta. So einen Unsinn hatten wiederum die freundlichen Vermieterinnen noch nie gehört. Jeder Tote lebe weiter, nur in anderer Form, erklärten sie uns Ungläubigen geduldig. Auch unsere anderen chilenischen Bekannten wussten von Erscheinungen zu berichten, so was war hier offenbar völlig normal. Wer keine Lust hatte, seine Kontakte über den Tod hinaus zu pflegen, holte sich bei Kräuterfrauen Tipps, wie man die ungebetenen Gäste aus dem Jenseits loswerden konnte. Unsere neuen Freunde sprachen viel von Energien, davon, wie böse Geister das Leben beeinflussen, es sei denn, man wisse sich zu schützen. Ich wollte das alles nicht glauben, belächelte heimlich den seltsamen Aberglauben und hielt mich für realistisch.

Das änderte sich, als ich meinen Nachbarn kennen lernte. Ein Kunstmaler, so alt wie ich, mit indianischem Blut in den Adern. Ein schöner und interessanter Mann, sehr philosophisch und nachdenklich. Enrique wollte ein Porträt von mir malen. Ich saß ihm mehrere Male Modell und erfuhr bei diesen Gelegenheiten viel über die Chilenen im Allgemeinen und diesen einen im Besonderen. Obwohl ich noch nicht gut Spanisch sprach, wusste Enrique immer, was ich sagen wollte. Wenn seine Angehörigen der radebrechenden Fremden höflich, aber verständnislos lauschten, konnte er immer »übersetzen«, was ich meinte. Ich war beeindruckt. Und als er mir sagte, er habe immer gewusst, dass ich eines Tages zu ihm kommen würde, wurde ich darüber hinaus nachdenklich. Er konnte mir sogar das Datum meines Reiseantritts nennen, und er zeigte mir ein Bild, das er gemalt hatte, während ich noch unterwegs war. Ein Bild, das eine Situation darstellte, die ich tatsächlich erlebt hatte.

Mir war das alles unheimlich. Bis mir einfiel, dass ich meinerseits auch eine Ahnung gehabt hatte. Damals in Genua, auf dem Schiff, als ich ganz deutlich eine Stimme hörte, die mir zusicherte: Du wirst nicht allein bleiben. Nun war ich auch nicht allein geblieben, hatte schnell eine Freundin gefunden, aber jetzt fragte ich mich doch, ob die Stimme nicht in Wirklichkeit diesen attraktiven jungen Mann gemeint hatte, der genauso hieß wie das Schiff.

Jedenfalls brachte er mich gehörig durcheinander. Unsere gegenseitige Anziehung war sehr intensiv, und Enrique behauptete, mich aus einem anderen Leben zu kennen. Ich wusste nicht, was ich davon halten sollte. Ein europäisch-überlegenes »Der spinnt« funktionierte nicht. Dafür gab es zu viele Situationen, die ihm Recht zu geben schienen. Manchmal stand er mitten in der Stadt plötzlich neben mir. Wenn ich dann sagte: »Was für ein Zufall«, lächelte er und erwiderte, dass es keine Zufälle gäbe. Er hätte auf einmal deutlich gespürt, dass er hierher fahren müsse: »Alles passt zusammen.«

Bald fing ich selbst an, Beobachtungen zu machen, bei denen es nicht mit rechten Dingen zugehen konnte. Ich wusste nicht so genau, ob mir das gefiel. Auf der einen Seite war ich fasziniert, auf der anderen Seite machte es mir Angst. Als Enrique mich fragte, ob ich ihn heiraten wolle, sagte ich ja. Obwohl alles in mir »Tu es nicht!« schrie. Unsere Ehe wurde ein Fiasko. Aber heute weiß ich, dass sie für uns beide wichtig und richtig war.

Erinnerung an ein Versprechen

Weil mein Mann in Chile nicht genug Bilder verkaufen konnte, um eine Familie zu ernähren, und ich mit meinem Hungerlohn unzufrieden war, beschlossen wir, nach Deutschland überzusiedeln. Mein Urlaubsjahr ging gerade zu Ende und ich bekam eine Stelle in Schwarzenbek bei Hamburg zugewiesen.

Die nächsten fünf Jahre nahmen mich ähnlich mit wie die Flucht und die Nachkriegsjahre. Ich war todunglücklich, ständig überfordert und verlor jeden Halt. Im Abstand von nicht mal einem Jahr wurden unsere beiden Kinder geboren. Sie sahen aus wie kleine Indios und machten mir viel Freude, forderten aber auch eine Menge Energie, die ich längst nicht mehr hatte. Ich unterrichtete die volle Stundenzahl und machte nebenbei das zweite Staatsexamen. Enrique lernte kein Deutsch, weshalb ich als seine einzige Ansprechpartnerin immer zur Verfügung zu stehen hatte. Als er den Philosophen Ortega y Gasset für sich entdeckte, waren meine »freien« Abende dahin. Kaum schliefen die Kinder, wollte mein Mann über Ortega plaudern. Ausreden ließ er nicht gelten. In keiner Situation. Und so wurde ich nach dem Motto »und bist du nicht willig, so brauch ich Gewalt« ein halbes Jahrzehnt lang drangsaliert. Dann ließ ich mich scheiden. Enrique musste Deutschland verlassen – ohne Rückkehrmöglichkeit. Ich atmete auf.

Während meiner Ehe hatte ich mich sehr verändert. Die lebensfrohe Unbeschwertheit meiner Internats- und Studienzeit war wie weggeblasen. Und jetzt, nach der Scheidung, war ich allein erziehende Mutter mit voller beruflicher Belastung. Ich wurde wieder krank. Die altbekannten Halsschmerzen plus Heiserkeit, dazu ein paar neue Allergien. Ich war Dauerpatientin bei verschiedenen Ärzten und fühlte mich ein paar Jahre lang als vom Leben betrogenes Opfer.

Aber so leicht ließen sich meine Lebensgeister nicht ausbremsen. Nach und nach entdeckte ich, dass meine schlimmen Erfahrungen auch ihr Gutes hatten. Während ich mich früher oft oberflächlich und uninteressant fühlte, hatte ich jetzt etwas Wesentliches zu verarbeiten. Das Leid hatte meine Fähigkeit zum Mitgefühl verstärkt. Und je mehr ich mich vom Gedanken, ein Opfer zu sein, verabschiedete, desto größer wurde mein Selbstvertrauen. Ich hatte viel geleistet in den vergangenen Jahren!

Ich zog mit meiner Tochter und meinem Sohn in ein Haus am Waldrand. Hier fühlte ich mich so wohl, dass mir das Versprechen wieder einfiel, das ich mir als kleines Mädchen in der Blätterhöhle gegeben hatte, nämlich mitzuwirken an einer positiven Veränderung der Welt. Ich wollte gleich damit anfangen, und zwar mit dem Nächstliegenden.

Schwarzenbek war damals eine Stadt ohne Ambiente. Das müsste sich doch ändern lassen! Mit einem Treffpunkt für Kreative zum Beispiel. Und warum nicht gleich in meiner Wohnung? In meinem Freundeskreis gab es Maler und Musiker, die mit mir gemeinsam das Kreativ-Zentrum planten. Wir funktionierten die unteren Räume, in denen ich wohnte, zu einer Galerie um. Für die Kinder gab es einen eigenen Bereich in der oberen Etage, wo sie ungestört waren. Nach einer Vernissage nur für geladene Gäste öffnete ich meine Türen zweimal in der Woche für alle. Mir schwebte ein harmonisches Miteinander vor, eine Gemeinschaft, in die sich jeder, so gut er konnte, einbringen und gleichzeitig von den anderen profitieren sollte. Ein künstlerisches Geben und Nehmen würde hier entstehen.

Nach kurzer Zeit entstand eine Gruppe, die sich regelmäßig bei mir traf. Wir lasen einander vor, wir schrieben ein Hörspiel, das wir gemeinsam produzierten. Wir sangen, spielten Theater und hatten viel Spaß. Das Ganze erinnerte mich an meine Internatszeit. Aber eigentlich war mir das alles viel zu wenig. Gut, wir hatten Spaß, aber was hatte das mit der Welt zu tun? Dann entdeckte ich das Kunsthaus und bekam ganz neue Mitspieler.

Das Kunsthaus – eine ideale Lebensform

Das Gebäude am Waldrand wechselte den Besitzer. Der neue Eigentümer witterte der Galerie wegen ein gutes Geschäft und erhöhte die Miete erheblich, obwohl ich ihm versicherte, dass meine Aktivitäten keineswegs kommerzieller Natur waren. Da traf es sich gut, dass mich in diesen Tagen eine Journalistin, die über meine Initiative berichtet hatte, auf einen Zeitschriftenartikel über das Kunsthaus in Geesthacht aufmerksam machte. Dort lebten und arbeiteten Künstler miteinander. Und: Eine Wohnung war noch frei! Ich rief unter der angegebenen Telefonnummer an, setzte mich danach sofort ins Auto und fuhr die 20 Kilometer nach Geesthacht. Die Wohnung war noch zu haben und sie war ideal für mich und die Kinder, weil es wieder getrennte untere und obere Räume gab. Zwei Wochen später zogen wir um.

Ein Jahr lang arbeitete ich noch in Schwarzenbek und pendelte täglich. Danach wechselte ich an die örtliche Grundschule, die meine Kinder inzwischen besuchten. In Geesthacht erlebten wir unsere schönsten gemeinsamen Jahre.

Das Kunsthaus galt als gelungenes Experiment. Hier wohnten fröhliche Menschen, die sich einen Traum verwirklicht hatten. Die Künstler lebten und arbeiteten zusammen in einer Hausgemeinschaft. Jeder hatte seine eigene abschließbare Wohnung, in die er sich zurückziehen konnte, wenn ihm danach zumute war. Dem Projekt lag ein wohldurchdachtes Konzept zu Grunde. Es gab eine Töpferei, ein Fotolabor, eine Galerie, eine Malschule und eine Goldschmiede. Außerdem wurden Kulturprogramme geplant und durchgeführt, ein wunderbares Angebot, das gut angenommen und viel beachtet wurde.

Es war ein Paradies, aber eines mit Verfallsdatum. Als ich zu der Truppe stieß, waren bereits die ersten Abnutzungserscheinungen spürbar. Einige Mitbewohner waren schon abgesprungen, und während der vier Jahre, die ich dort verbrachte, gab es viel Fluktuation. Meist zogen die Leute aus, weil es innerhalb der Gemeinschaft zu unlösbaren Konflikten kam. Mich beschäftigten diese Unstimmigkeiten sehr, erlebte ich sie doch in ähnlicher Form mit meinen Schülern, Kollegen, Freundinnen und Freunden und den eigenen Kindern. Was konnte ich tun, um diese Krisen zu bewältigen?

Ich fing an, Geschichten über menschliche Verhaltensweisen zu schreiben. Einer befreundeten Journalistin gefielen meine Texte so gut, dass sie sie ihrem Chefredakteur vorlegte. Der richtete mir eine eigene Rubrik in seiner Zeitung ein, wo fortan wöchentlich eine meiner Kolumnen erschien. Am Ende forderte ich die Leser immer auf, mir ihre Meinung dazu zu schreiben oder über eigene Erfahrungen zu berichten. Ich wollte mit meinen Artikeln, die immer vom sozialen Miteinander handelten, zum Nachdenken anregen. Lösungen hatte ich nicht anzubieten, nach denen sollte jeder für sich suchen.

Für mich als allein erziehende Mutter war das Modell einer Hausgemeinschaft ideal. Die Kinder hatten ständig Kontakt zu anderen Menschen. Gemeinsame Gartenarbeit stand auf dem Programm, Feste wurden geplant, gefeiert und nachbereitet. Wir sangen und tanzten miteinander, und dann waren da noch die Töpferei, die Malschule und der Fotokurs. Wenn ich abends einen Termin hatte, gab es immer jemanden, der für meine Kinder da war. Endlich musste ich nicht mehr alle Verantwortung allein tragen.

Die Jahre in Geesthacht brachten mir ein Stück meiner früheren Unbeschwertheit zurück. Aber ich merkte auch, dass meiner Entwicklung hier Grenzen gesetzt waren. Ich spürte, dass es für mich Möglichkeiten gab, die ich noch gar nicht kannte, die ich aber unbedingt kennenlernen wollte. Ich hatte schließlich ein Versprechen einzuhalten.

Eine Tür wird geöffnet

Der Wechsel zum Gymnasium machte meinem Jüngsten schwer zu schaffen. Plötzlich litt er an Angstzuständen, und meine hilflosen Beschwichtigungsversuche nach dem Motto »Du brauchst keine Angst zu haben«, »Ich bin doch da«, »Stell dich nicht so an« brachten überhaupt nichts. Ich begann mir ernsthafte Sorgen zu machen.

Während einer Lehrerfortbildung hatte ich ein paar Psychologiestudenten kennen gelernt, die ich jetzt auf das

Problem ansprach. Sie boten mir an, in ihrem Hamburger Institut eine Spieltherapie mit meinem Sohn zu machen. Bei einer solchen Behandlung wurde dem Kind von einer Studentin spielerisch Verständnis und Unterstützung vermittelt, während ein Elternteil im Gespräch mit einem anderen Studenten oder einer Studentin zu klären versuchte, welche Ursachen die psychische Störung haben und wie sie behandelt werden könnte. Das Ganze war Teil der Ausbildung und daher kostenlos. Ich erklärte mich damit einverstanden, die Gespräche in einem Spiegelraum zu führen, das heißt, ein Professor und seine Studenten konnten hinter den Einwegspiegeln alles verfolgen und den »Fall Schwermer« diskutieren. Da sie für mich unsichtbar blieben, fiel es mir nicht schwer zu vergessen, dass ich beobachtet wurde. Woche für Woche gingen nun mein Sohn und ich zur Therapie ins Hamburger Institut – eine Erfahrung, die mein Leben veränderte.

Damals, in den Siebzigerjahren, gab es zwar schon viele Therapiemöglichkeiten, doch insgesamt steckte die professionelle Behandlung psychischer Störungen noch in den Kinderschuhen. In meinem Kollegium war ich die erste Lehrerin, die sich auf so etwas einließ. Und während mein Sohn bereits nach zehn Sitzungen sein Gleichgewicht wiedergefunden hatte, brach für mich erstmal eine Welt zusammen.

Ich weinte. Jeden Mittwoch Nachmittag saß ich mit Robert – so hieß der Student – zusammen und weinte. Kaum hatte ich ein paar Sätze formuliert, kamen die Tränen. Ganze Sturzfluten von Tränen. Befreiende Fluten: Nach jeder Sitzung fuhr ich beschwingt nach Hause. Ich spürte, dass meine Tränen innere Blockaden lösten, neue Energien freisetzten. Ich lernte, bewusst zu atmen, meinen Atem zu lenken und zu beeinflussen genau wie meine Gedanken. Nie hätte ich es für möglich gehalten, dass ich eine solche Macht über mich selbst haben könnte.

Die Tränen hatten viel mit meiner latenten Opferrolle zu tun, mit dem Gefühl des Ausgeliefertseins, das mich stets begleitet (und bedrückt) hatte. Nach und nach erfuhr ich nun, dass ich nicht nur Opfer, sondern auch Täterin war. Ich musste mich von meiner Überzeugung trennen, dass die Bösen immer die anderen waren. Ich selber, lernte ich jetzt, konnte auch ganz schön austeilen. Natürlich hatte ich schon früher bemerkt, dass ich mich wehren konnte. Die Schuldgefühle, die ich immer dann empfunden hatte, wenn ich besonders grob gewesen war, kamen nicht von ungefähr. Aber ich hatte vor der Therapie nie eine Möglichkeit gesehen, mit diesen Schuldgefühlen umzugehen.

Jetzt bekamen die psychologischen Theorien meiner Studienzeit endlich einen Bezug zur Praxis. In den Sitzungen sammelte ich Aha-Erlebnisse und am Ende wusste ich: Jeder Mensch kann sich ändern, wenn er dazu bereit ist. Mir fiel das berühmte Fallbeispiel aus einer meiner Psychologievorlesungen ein: Zwei männliche Babies werden kurz nach der Geburt versehentlich vertauscht. Das eine stammt aus einer vornehmen Familie, das andere aus einer Verbrechersippe. Die Kinder werden älter und entwickeln Verhaltensweisen, die nicht in ihr jeweiliges Umfeld passen. Durch diese Auffälligkeiten wird die Verwechslung im Nachhinein aufgedeckt. Das Fazit schien damals klar: Verhaltensweisen werden ererbt, nicht erworben, gegen die Anlagen kommt keine Erziehung an, ein Verbrecher bleibt halt ein Verbrecher.

Aber stimmte das wirklich? Diese Frage hatte mich jahrelang beschäftigt. Und jetzt erfuhr ich die Antwort am eigenen Leibe: Niemand ist seinem Schicksal ausgeliefert, jeder hat die Möglichkeit, sein Leben zu gestalten. Diese Erkenntnis bestärkte mich darin, meinen Beruf als Lehrerin endgültig aufzugeben. Nach Abschluss meiner einjährigen Therapie mit Robert war mir klar, dass ich in der Schule, wie sie nun einmal war, meine Ideale nicht verwirklichen konnte. Als Lehrkraft hatte ich die vorrangige Pflicht, Leistungen zu erzielen, den Kindern Fakten beizubringen. Was ich eigentlich wollte, nämlich positive Veränderungen im sozialen Bereich zu bewirken, gehörte nicht zu meinen Aufgaben. Trotzdem hatte ich fünfzehn Jahre durchgehalten – jetzt aber gab ich frohen Herzens meine Beamtenposition auf.

Der Weg nach innen

Einige Mitbewohner des Kunsthauses hatten mit Meditationsübungen angefangen und berichteten begeistert von ihren beiden Lehrern. Bisher hatte ich mich nie mit transzendentaler Entspannung beschäftigt, aber durch einen Vortrag erfuhr ich, dass es beim Meditieren darum geht, die Gedanken, die ständig in unseren Köpfen herumwirbeln, zur Ruhe zu bringen. Könnten wir das überflüssige Geschwätz im Hirn abstellen, hieß es, gäbe es wunderbare geistige Entfaltungsmöglichkeiten. Der Meditierende käme mit bis dato unvorstellbaren Dingen in Berührung, er würde über sich selbst hinauswachsen. Es gäbe sogar Eingeweihte, die die Schwerkraft überwinden und ihren Körper zum Schweben bringen könnten.

Das mit dem Schweben kam mir zwar extrem unglaubwürdig vor, aber allein die Vorstellung, von meinen tyrannischen sorgenvollen Gedanken befreit und zu innerem Frieden geführt zu werden, war schon bestechend genug. Für 400 Mark buchte ich mit meinen Kindern eine Woche Meditation. Nach jeder Sitzung durften wir unsere inneren Erlebnisse mitteilen. Ich hatte keine. Keine Höhenflüge oder Schwebezustände oder Erleuchtungen. Ich war schon froh, wenn es mir mal gelang, nicht zwanghaft loszulachen. Meist gelang es mir nicht: Sobald ich zur Ruhe kommen sollte, ging's los mit dem Gekicher und Gepruste. Je größer die Gruppe war, desto ausführlicher geriet mein Gelächter. Wie unangenehm, wie peinlich, aber es wurde geduldet, keiner warf mich raus.

Nach ein paar Tagen hatte ich mich beruhigt und lernte abzuschalten. Dazu benutzte ich ein Mantra, das ich von den Lehrern bekommen hatte. Ich wusste nicht, was das Wort bedeutete und vermutete, dass ich deshalb auch keine Bilder damit verbinden konnte. Eine Bekannte, die mich vor der »Sekte« warnte, in die ich da geraten sei, klärte mich darüber auf, dass ich mit meinem Mantra eine indische Gottheit anrief. Was natürlich ganz fürchterlich und gefährlich für mich sei. Aber ich ließ mich nicht abschrecken und lauschte und spürte immer wieder in mich hinein, um herauszufinden, ob ich vielleicht doch in irgendeiner Weise manipuliert wurde. Da ich nichts dergleichen feststellen konnte, war ich sehr froh über die neu erworbene einfache Entspannungstechnik, die ich überall anwenden konnte. Wenn ich einfach nur dasaß, ohne Verdrehungen der Arme, Finger oder Beine, fiel keinem auf, dass ich mit geschlossenen Augen mein Mantra dachte.

Kurz darauf konnte ich feststellen, dass sich etwas verändert hatte. Jeden Tag nach dem Aufwachen sah ich plötzlich Bilder vor mir, die ich geträumt hatte. Und das geschah mir, die sich nie an ihre Träume erinnern konnte und sich daher nie sonderlich mit ihnen beschäftigt hatte! Jetzt wurden sie mir so wichtig, dass ich sogar anfing, ein Tagebuch beziehungsweise »Nächtebuch« zu führen, in das ich jeden Morgen eintrug, was ich von meinen Träumen behalten hatte. Ich las zahlreiche Traumbücher und mochte gar nicht mehr glauben, dass ich vor kurzem noch behauptet hatte, Träume seien Schäume. Träume waren, wie ich jetzt bemerkte, eine wunderbare Hilfe für die Bewältigung alltäglicher Konflikte. Tatsächlich wurde ich so sensibel dafür, dass ich mich abends mit einem Problem ins Bett legte, mir einen Traum dazu wünschte und am nächsten Morgen wusste, wie dem Problem beizukommen war. Ich spürte auch, dass ich insgesamt wacher wurde. Mehr im Augenblick lebte. Ich konnte mich jetzt, wann immer ich wollte, vollkommen entspannen. Die Gruppe gab ich dennoch bald auf, denn es gefiel mir nicht, einen Guru zu haben. Die Technik als solche aber leistet mir noch heute gute Dienste.

Das Wichtigste, was ich durch die Meditation lernte, war die direkte Verbindung zu meiner Seele. Ich spürte diesen »inneren Kern« jetzt so deutlich, dass ich mich fragte, wie ich je ohne ihn ausgekommen war. Nie mehr kam ich von nun an in die unangenehme Situation, mich nicht entscheiden zu können. Nicht, dass auf einmal alle Schwierigkeiten aus meinem Leben verschwanden, aber ich wusste jedesmal intuitiv, was zu tun war, eine Fähigkeit, die das Dasein erheblich vereinfachte. Eines Morgens erwachte ich mit dem deutlichen

Traum-Hinweis, ich möge nach Lüneburg umziehen, weil ich dort etwas Wesentliches lernen würde. Ich war sofort bereit dazu.

Ein Schritt nach vorn

Die vier Jahre im Kunsthaus hatten mir gut getan. Ich fühlte mich dort daheim und geborgen. Von einer Mitbewohnerin hatte ich viel über Ernährung erfahren, wir fasteten mehrmals zusammen und mein Gesundheitszustand besserte sich. Eigentlich konnte ich rundherum zufrieden sein: Durch die Therapie, die Meditationen, die vielen gemeinsamen Aktivitäten und eine »große Liebe«, die ich hier getroffen hatte, war mein Leben ins Lot geraten. Meine Freunde verstanden nicht, warum ich dieses Idyll verlassen wollte. Aber sie wussten auch nichts von dem Versprechen, das ich mir vor vielen Jahre gegeben hatte, und ich konnte es ihnen nicht erklären. Ich musste fort. Es gab noch zu viele Fragen, und die Antworten waren anderswo.

In Lüneburg fand ich am ersten Tag eine Wohnung. Der Vermieter wollte zwar lieber ein ruhiges Rentner-Ehepaar, ließ sich dann aber doch auf die allein erziehende Mutter mit ihren zwei pubertierenden Kindern ein. Erst später erfuhr ich, dass es normalerweise ein oft Monate dauerndes Unterfangen war, in der Studentenstadt eine Wohnung zu finden. Dass ich sofort fündig wurde und unser neues Heim zudem drei Zimmer hatte, für jeden eines, und trotzdem billiger war als das alte, nahm ich als Bestätigung dafür, dass dieser Umzug wichtig war.

Wir wohnten direkt neben der pädagogischen Fachhochschule, der heutigen Universität. Da ich arbeitslos war, nutzte ich meine Zeit zur Fortbildung und wurde Gasthörerin. Wie früher faszinierte mich die Psychologie am meisten. Als Schwerpunktfach wählte ich psychologische Beratung. Hier lernte ich, einfach nur zuzuhören. Mich im Gespräch zurückzunehmen, auf den anderen einzugehen. Was gar nicht so einfach ist. In Gruppen übten wir Beratungsgespräche, und ich erfuhr, wie ungesund Du-Botschaften sind, und erinnerte mich unbehaglich, wie oft ich selbst Sätze benutzte, die mit »Du hast aber...«, »Du musst...«, »Du brauchst nicht...« etc. begannen. Ich fing an umzulernen, ein mühsames Unterfangen.

Parallel zum neuen Studium entdeckte ich in Hamburg ein Institut für Gestalttherapie und startete eine vierjährige berufsbegleitende Ausbildung zur Therapeutin. Ein wichtiger Schritt, denn noch immer beschäftigte mich hauptsächlich die Dynamik des zwischenmenschlichen Umgangs, noch immer wollte ich Wege finden, das gegenseitige Misstrauen abzubauen und die Liebe füreinander zu stärken. Und wie sollte ich Menschen erreichen, ihnen behilflich sein, wenn ich meine eigene Besserwisserei nicht aufgab und dafür lernte, die Probleme anderer nachzuvollziehen?

Ich war 20 Jahre älter als die meisten meiner Kommilitonen. Ich lernte sehr viel von den jungen Leuten, und sie profitierten von meiner Lebenserfahrung. Ich merkte, wie gut es war, dass Jung und Alt zusammenkamen, und wie negativ sich die in unserer Gesellschaft so übliche »Schranke« zwischen den Generationen auswirkte. Hier gab es viel zu tun – aber jetzt ging es erstmal um mein eigenes Leben.

Eine Studentin nahm mich mit in ihre Friedensgruppe.

Hier wurde politische Arbeit geleistet. Es ging um Atomkraft, alternative Energien, Rassismus. Es ging um eine bessere Welt. In der Gruppe mischten ein paar Männer mit, die revolutionäre Ideen vertraten. Ich hatte lange und heftige Diskussionen mit ihnen, denn ihr Ansatz, durch Revolution zu verändern, gefiel mir nicht. Ich sprach lieber von Evolution. Meiner Ansicht nach sollte jeder Einzelne selbst dafür sorgen, dass er sich weiterentwickelte. Jeder Mensch müsse erst Verantwortung für sich und dann für das Ganze tragen, verkündete ich. Es bringe nichts, dem anderen den Weg vorzuschreiben, jeder müsse offen sein für alles, was geschehe. Die Begeisterung der jungen Herren hielt sich in Grenzen. Wieder einmal erlebte ich die Unvereinbarkeit von Theorie und Praxis, in jeder Hinsicht. Da waren auf der einen Seite meine wunderbaren Ideen und umwälzenden Gedanken und auf der anderen meine Kinder.

Meine Kinder flippen aus

Anders als in den Jahren meines ersten Studiums war es heutzutage nicht mehr üblich, dem Nachwuchs durch Schläge auf die Sprünge zu helfen. Durch die 68er-Bewegung hatte sich vieles geändert. An den Schulen war die Prügelstrafe seit langem verboten. Antiautoritäre Erziehung war angesagt, auch mich hatte diese Mode erwischt und machte mir jetzt, da meine beiden Süßen in die Pubertät kamen, ziemlich zu schaffen.

Die Kinder kamen im Lüneburger Gymnasium nicht zurecht. Für meine Tochter war es besonders hart, sie litt Höllenqualen, weil sie mit all den schicken »Püppchen« ihrer Klasse nicht mithalten konnte. Ich war immer noch arbeitslos, daher hatten wir nur sehr wenig Geld zur Verfügung. Für mich war das eine wichtige Erfahrung; ich hatte in meiner frühesten Kindheit bittere Armut kennen gelernt und konnte diese Bekanntschaft jetzt unter weit angenehmeren Verhältnissen »auffrischen«. Aber wer sollte das einem Teenager in den schwierigsten Jahren erklären? Das Mädchen weigerte sich schlichtweg, weiterhin das Gymnasium zu besuchten. Schweren Herzens ließ ich mich auf einen Wechsel zur Realschule ein, aber auch dort funktionierte meine Kleine nicht wie sie sollte. Ein Jahr später wurde sie auf die Hauptschule zurückgestuft, wo schließlich auch ihr Bruder landete.

Etwas Schlimmeres hätte mir nicht passieren können. Ich war todunglücklich, und die Vorwürfe der jeweiligen Lehrer, die allein mir die Schuld am Versagen meiner Kinder gaben, verschärften die Situation. Ich fühlte mich allein gelassen und überfordert und konnte den beiden Menschen, die mich am meisten brauchten, keine Stütze sein.

In meiner Not begann ich über das, was geschehen war, zu schreiben. Dadurch bekam ich den nötigen Abstand und mir wurde vieles klarer. Zum Beispiel fiel mir wieder ein, dass ich mir damals im Internat aufgrund eigener Erfahrungen fest vorgenommen hatte, meinen eigenen Kindern einmal jede Entscheidungsfreiheit zu lassen. Das hatte ich auch getan, doch statt mich meiner Konsequenz zu freuen, verfluchte ich jetzt die Konsequenzen. Dabei war den beiden durchaus bewusst, was ich ihnen ermöglicht hatte: Noch heute schwärmt meine Tochter davon, wie frei und selbstständig sie damals in Lüneburg sein durfte. Sie hatte sich entschieden, wie sie sein wollte, war nicht mit dem Strom geschwommen, sondern entschlossen ihren eigenen Weg gegangen.

Ich erinnere mich genau, mit welcher Akribie sie sich zurechtmachte, bevor sie durch die Straßen zog, um die Passanten mit ihrem Aussehen zu schockieren. Einmal zwirbelte sie ihre Haare zu zwei Hörnern auf und glich einem kleinen Teufelchen. Sie pinselte sich schrille Farben ins Gesicht oder rasierte sich den Kopf, ganz wie es ihr gefiel. Ihre Klamotten schneiderte sie selber, und es waren wirklich tolle Kreationen darunter. Manchmal entwarf sie für ihre Freunde das eine oder andere Outfit – in ihrem »Anderssein« war sie äußerst kreativ.

Zwischendurch gelang es mir immer wieder einmal, den Kapriolen meiner Kinder positive Seiten abzugewinnen. Dann dachte ich, dass ihr Ausstieg aus der Normalität keinem Defizit entsprang, sondern eine Protesthaltung war, ein Angriff auf starre gesellschaftliche Normen. Trotzdem war mir das alles furchtbar peinlich, völlig zu Recht, wie meine kleinstädtischen Mitbürger fanden. Ich konnte nicht aus meiner Haut, mochte nicht negativ auffallen, wollte nie wieder »Lumpenpack« sein.

Ganz anders mein Sohn, der stoisch seinen Irokesen-Haarschnitt in die Schule trug, wo er mit Hohn und Spott überschüttet wurde. Täglich stand er das durch, und ich fragte mich oft, woher er die Kraft dazu nahm. Einmal gab es seinetwegen sogar eine Klassenkonferenz, auf der entschieden werden sollte, ob er wegen seines provokanten Äußeren von der Schule fliegen würde. Für diese Konferenz schrieb er einen Aufsatz über die NS-Konzentrationslager, in denen Menschen verschwanden, die den Machthabern nicht passten. Er bestand darauf, dass jeder sich kleiden könne, wie er wolle. Sein Aufzug war ein Protest gegen das Unrecht in unserer Gesellschaft, gegen Rassismus und soziales Gefälle.

Ich wurde damals oft als »Mutter der Punks« bezeichnet. Ein Vorfall wurde sogar bundesweit bekannt: Die Polizei brachte meine Tochter und ihre Freundin mit dem »Peterwagen« zur Müllkippe. Dort mussten die beiden Mädchen aussteigen und die zehn Kilometer zurück laufen. Sie waren so wütend, dass meine Tochter sich an die Presse wandte. Kurz darauf erschien ein Bericht über den »Staat, der Menschen zum Müll wirft«.

Meine Kinder sind längst keine »Punks« mehr. Sie kleiden sich heute beide unauffällig. Aber angepasst haben sie sich nicht. Für beide gibt es in dieser Gesellschaft zu viele Ungereimtheiten, die sie nicht akzeptieren. In der Gosse gelandet sind sie trotzdem nicht: Sie haben sich ihre Kreativität erhalten und tun heute Dinge, die ihnen am Herzen liegen.

Ganz unten

Zwei Jahre Armut waren dann doch genug, und als mir eine Stelle an der Volkshochschule Lüneburg angeboten wurde, griff ich zu. Ich sollte den hiesigen Analphabeten Lesen und Schreiben beibringen. Ich war zunächst verblüfft – ich hatte nicht gewusst, dass es in Deutschland trotz Schulpflicht so viele Menschen gab, die nicht imstande sind, auch nur einfachste Wörter zu entziffern. Meine neuen Schüler waren eine sehr gemischte Truppe. Einige hatten große psychische Probleme, lebten in Heimen, in betreuten Wohngemeinschaften oder bei ihren Eltern. Andere waren ganz normale Bürger mit Führerschein und Arbeitsplatz, von denen keiner ahnte, dass sie weder lesen noch schreiben konnten. Diese Menschen orientierten sich im Alltag an anderen Dingen und zeigten sich äußerst findig, wenn es darum ging, ihr Handicap zu verbergen.

Die Lehrtätigkeit war extrem mühsam. Ich erfand eigene anschauliche Methoden, den Menschen die Buchstaben nahe zu bringen, aber immer, wenn ich dachte: Jetzt haben sie's, wenigstens diesen einen Buchstaben werden sie sich für alle Ewigkeiten merken, stellte sich heraus, dass in der nächsten Stunde alles wieder weg war. Meine Schüler konnten sich Form und Bedeutung der Schriftzeichen partout nicht merken. Ich war fassungslos. Mit Kindern zu lernen war völlig anders. Denen konnte man das Alphabet, Buchstabe für Buchstabe, mit Leben füllen, und sie verleibten sich die neuen Zeichen in Windeseile ein. Hatten sie erstmal das Prinzip verstanden, setzten sie es einfach um. Als ich noch an der Grundschule unterrichtete, war ich immer wieder verblüfft darüber, wie schnell das bei manchen ging. Meine Tochter war ein solches Beispiel. Vor ihrer Einschulung hatte sie immer dann, wenn ich keinen Babysitter auftreiben konnte, in meiner Klasse in der hintersten Reihe gesessen, wo sie sich mit Malen oder Bilderbüchern beschäftigten sollte, statt dessen aber ganz nebenbei lesen lernte. Mit fünf Jahren überraschte sie mich damit, dass sie mir aus der Zeitung vorlas. Ich war natürlich stolz auf mein intelligentes Kind und freute mich auch über meine anderen aufgeweckten Schüler. Mit denen hingegen, die langsamer kapierten, hatte ich immer schon wenig Geduld gehabt.

Das fiel mir jetzt wieder ein. Und während ich mich über meine begriffsstutzigen »Großen« ärgerte, glaubte ich doch auch, dass mir diese Aufgabe zugefallen war, weil ich zu hochmütig auf andere herabsah und »schlaue« Menschen den »dummen« vorzog. Hier musste ich nun erfahren, dass die so genannten Dummen über ihre ganz eigene Art von Intelligenz verfügen und sehr individuelle Stärken haben konnten. Ich lernte, Hochachtung und Respekt vor Leuten zu haben, die ganz unten auf der sozialen Leiter standen. Sie konnten vielleicht nicht lesen, aber blöd waren sie deshalb noch lange nicht! Betroffen musste ich feststellen, dass diese erwachsenen Schüler auf ihre Weise zu meinen Lehrern wurden.

Die zwei Jahre an der Lüneburger Volkshochschule veränderten mich von Grund auf. Ich kam anderen Menschen näher, als ich es je zuvor für möglich gehalten hätte. Es war eine intensive Nähe, die etwas mit Liebe zu tun hatte. Der Wandel machte sich auch in meinem alltäglichen Umfeld bemerkbar. Ich war immer eine leidenschaftliche Leseratte gewesen, stolz auf meine gut bestückten Bücherregale. Aber plötzlich verlor ich jedes Interesse daran. Während meiner gesamten Tätigkeit an der Volkshochschule las ich keinen einzigen Roman, und am Ende gab ich meine ganze Bibliothek ins moderne Antiquariat.

Ich habe diesen Schritt niemals bereut. Zwar habe ich später wieder gern gelesen, aber ohne die Leidenschaft, ohne die Besitzseligkeit von früher. Statt dessen warf ich mich auf mein neues »lebendiges« Leben, auf eine sinnliche Existenz, in der Gerüche, Klänge, Gefühle und Zeichen mehr Orientierungshilfe boten als das Bücherwissen meiner jüngeren Jahre. Selbst die Brille, die ich seit meiner Kindheit tragen musste, blieb jetzt in ihrer Hülle. Angeregt durch das Beispiel meiner Schüler, übte ich, überall ohne »Leseübung« über die Runden zu kommen.

Umzug in die Großstadt

Ich verließ Lüneburg, um in Dortmund eine Fortbildung zur Bewegungstherapeutin zu machen. Nach dem idyllischen Lüneburg mit seinen Gassen, malerischen Häusern und den kunstvoll gepflasterten Plätzen war die Großstadt ein Kulturschock. Dortmund war eine Arbeiterstadt mit grauen Häusern, schmutzigen Straßen, Krach und Gestank. Aber dennoch fühlte ich mich dort nach einer Weile zu Hause. Und ich blieb, auch nach meiner einjährigen Fortbildung. Irgendetwas hielt mich hier, obwohl ich mir immer wieder sagte, dass ich fortgehen, mir in den Bergen oder einer anderen schönen Landschaft eine Bleibe suchen sollte. Als Psychotherapeutin konnte ich mich überall niederlassen. Aber ich blieb. Vielleicht lag es an den Obdachlosen und Bettlern, die mir überall begegneten, an den alten Frauen, die in Pantoffeln zum nächsten Kiosk schlurften, und an den vielen Ausländern, die auch nach vielen Jahren in Deutschland kaum Deutsch sprachen. Menschen am Rande unserer Gesellschaft, die mich berührten. Hier in der Großstadt konnte ich nicht wegsehen, hier hatte ich die Armut stets vor Augen. Ich fragte mich, was ich tun könnte, um den sozial Benachteiligten zu helfen. Wo konnte ich meine Kräfte am sinnvollsten einsetzen?

Durch meine Ausbildung zur Therapeutin hatte ich zwar theoretisch die Möglichkeit, für ein liebevolleres Miteinander der Menschen einzutreten, ihnen dabei zu helfen, sich nicht gegenseitig das Leben zur Qual zu machen, aber praktisch befand ich mich in einem Dilemma. Die Kosten für eine Gestalttherapie wurden nicht von den Krankenkassen übernommen, meine Klienten mussten also privat zahlen. Daher behandelte ich ausschließlich etablierte Personen, die mit der für mich so quälenden, allgegenwärtigen Armut nichts zu tun hatten. Genau das aber wollte ich nicht.

Hinzu kam die Erkenntnis, wie gefangen die meisten Menschen in ihrer jeweiligen kleinen Welt waren, wie isoliert das Individuum in dieser Gesellschaft war, und dass ich einzelnen Menschen zwar ein Stück weit aus ihrer Einsamkeit und Not helfen konnte, aber dass das, so empfand ich es jedenfalls, nur ein Tropfen auf dem heißen Stein war oder nicht einmal das.

Als Bewegungstherapeutin oder Motopädin arbeitete ich mit verhaltensauffälligen Kindern. Die »Sitzungen« in einer kleinen Turnhalle waren extrem lebhaft. Wir tobten, rannten und spielten alle zusammen. Gemeinsam schmeckten, fühlten, rochen, lauschten und sprachen wir. Endlich konnte ich all meine Erfahrungen und Kenntnisse einbringen. Am schönsten war die Erfahrung, dass diese Kinder jenen Schülern sehr ähnlich waren, die mir die ersten Berufsjahre so schwer gemacht hatten. Mit dem Unterschied, dass diese hier mich liebten und dass ich sie liebte. Ich ging noch weiter und versöhnte mich mit allen Kindern, die ich je kannte und kennen würde – auch wenn sie mitunter grausam unleidlich sein konnten. In Dortmund wurde für mich, wie es in der Gestalttherapie heißt, »eine Gestalt geschlossen«.

Ich arbeitete auch mit Ausländerinnen. Es gab einen Verein, in dem ich einmal in der Woche einen Entspannungs- und Bewegungskurs für Frauen anbot. Dazu gehörten gymnastische Übungen, Tänze, Phantasiereisen und Meditationen. Hinterher wurden die Köstlichkeiten verzehrt, die meine Klientinnen mitgebracht hatten – ein Geben und Nehmen, endlich wieder einmal. Und wieder lernte ich durch den Kontakt mit anderen Kulturen eine ganze Menge dazu.

Doch meine Dortmunder Berufstage waren gezählt. Zwar fühlte ich mich dort wohl und als Therapeutin am rechten Platz, aber ich spürte, dass das nicht mein endgültiger Job bleiben würde. In meinen Meditationen bat ich um Fingerzeige für meine Zukunft, und eines Tages erhielt ich sie.

Schulung in Spiritualität

Ich begegnete einer Heilerin, die in ihren Seminaren und Einzelsitzungen mit Engeln arbeitete und oft von Gott sprach. Sie behauptete, dass alles, was mir passierte, zu meinem Besten war. Mir kam das höchst unwahrscheinlich vor. Schmerzen und Leid und das Gefühl, nicht von der Stelle zu kommen, das konnte doch nicht gut für mich sein. Jedenfalls wollte ich es so nicht haben. Die Heilerin sah das jedoch anders und beschwor mich, dankbar für alle Prüfungen zu sein. »Es sind Geschenke für dich, damit du schneller verstehst. Nimm sie an. Du bist auf die Erde gekommen, um an einer schöneren Welt mitzuwirken, in der die Menschen liebevoller miteinander umgehen.«

Nun ja, das wusste ich bereits. Aber bislang war ich auf diesem Weg noch nicht besonders weit gekommen. Wo um alles in der Welt war denn nun mein Platz, von dem aus ich wirken und wandeln konnte? Das würde ich bald herausfinden, versicherte die Heilerin und bot mir ihre Unterstützung an. Für einige Monate wurde ich ihre Schülerin und erhielt wunderbare Einblicke in eine Welt, die mir bis dahin verborgen geblieben war. Es ging vor allem darum, die spirituelle Wirklichkeit wahrzunehmen, ein Gespür dafür zu entwickeln, von guten Mächten gestützt und getragen zu werden, Mächten, denen man wach und offen entgegentreten musste, um deren Hilfe man bitten konnte, sofern man imstande war, sie anzunehmen.

Ich entdeckte die Engel für mich, und sie gaben sich mir erfreut zu erkennen. Ich spürte den Urquell allen Lebens und mich als Teil davon. Der göttliche Funke in mir machte sich bemerkbar – vieles, was ich früher nur ahnte, wurde bestätigt. Diese Schulung war aber nicht nur deshalb ein großes Geschenk für mich. Sie führte mich auch zu größerer Akzeptanz meiner Mitmenschen, denen ich so verzweifelt nahe zu sein wünschte, und gegenüber denen ich doch hartnäckige Vorbehalte hegte, die ich stets zu unterdrücken versuchte. Das ließ meine Lehrerin jetzt nicht mehr zu. Ich hatte hinzuschauen, Farbe zu bekennen, mich meinen Vorurteilen zu stellen. Drei Hausaufgaben musste ich wöchentlich lösen und am Ende der Woche darüber berichten. Anschließend wurde ich korrigiert oder bestätigt; immer gab die Heilerin mir Hinweise, die weiterhalfen.

So musste ich mich einmal in die Fußgängerzone setzen, die Passanten beobachten und auf mich wirken lassen. Entsetzt stellte ich fest, wie oft ich dachte: »Der sieht aber komisch aus.« Kurz: Ich bewertete meine lieben Nächsten, als stünde mir das zu. Zerknirscht beichtete ich mein Fehlverhalten und kriegte nur sanft zu hören: »Verurteile dich nicht. Du bist schon auf dem Weg der Liebe, und du bekommst ständig neue Chancen zum Üben. Was du an anderen kritisierst, hat mit dir selbst zu tun. Wenn du dich annehmen kannst, wie du bist, wirst du auch die anderen annehmen können.«

Ein anderes Mal schickte sie mich mit einem Blumenstrauß in die Stadt – und mit dem Auftrag, die Blumen einer wildfremden Person zu schenken. Ich sollte lernen, mich mutig unbekannten Menschen zu nähern. Es dauerte lange, bis ich mich endlich traute, das Gebinde weiterzureichen. Zu groß war meine Angst vor Ablehnung oder Gelächter. Die Frau, der ich die Blumen schließlich in die Hand drückte, dachte gar nicht daran, mich auszulachen, sondern freute sich der unverhofften Gabe. Bei der späteren Besprechung wies meine Lehrerin darauf hin, dass es für mich in Zukunft sehr wichtig werden könnte, unbefangen auf Fremde zuzugehen.

Auch eine dritte Aufgabe sollte mich auf künftige Anforderungen vorbereiten. Ich wurde mit einem leichten Sommerkleid und klobigen Bergschuhen über die Fußgängerpromenade geschickt. Und das mir, die nie auffallen, nie mehr »Lumpenpack« geschimpft werden, nie mehr aus dem Rahmen fallen wollte. Einmal schlich ich die gut frequentierte Straße hoch, dann schlüpfte ich schnell in die Sandalen, die ich eigens eingepackt hatte. Die spöttischen Blicke hatten mir doch sehr zu schaffen gemacht.

Meine Lehrerin erklärte mir, dass ich mich unbedingt von der Meinung anderer unabhängig machen müsse, wenn ich meinen Weg konsequent verfolgen wolle. »Du wirst bald öffentliche Aufmerksamkeit erregen und viel mit den Medien zu tun haben. Da darfst du dich dann nicht zieren.«

Diese Schulung war eine gute Vorbereitung auf das, was kommen sollte. Ich fühlte mich sicherer, aufgehoben in einem größeren Zusammenhang. Aber meine eigentliche Lebensaufgabe hatte ich immer noch nicht gefunden.

Ich arbeitete jedoch daran. Zwei Jahre lang meditierte ich in jeder freien Minute, ließ mich von nichts und niemanden ablenken, versuchte herauszufinden, wie ich mich noch sinnvoller betätigen könnte. Es gab Menschen, die in ähnlicher Situation ins Kloster gingen oder in einen Ashram. Aber das war nichts für mich. Ich wollte hier in der Großstadt eine Lösung finden, mitten im Geschehen. Wenn es so etwas gab. An manchen Tagen fühlte ich mich am Rand der Verzweiflung.

KAPITEL 2

Die »Gib-und-Nimm-Zentrale«

Eine zündende Idee

Eines Morgens hörte ich im Radio einen Bericht über einen Tauschring in einem Dorf in Kanada. Der Ring war entstanden, nachdem die einzige örtliche Fabrik, die fast alle Familien mit Arbeit versorgt hatte, pleite ging. Um ihr Überleben zu sichern, hatten sich die Bewohner zusammengetan und dieses Modell entwickelt, das, so simpel es klang, offenbar funktionierte: Jeder Einzelne gab seine speziellen Fähigkeiten in einen imaginären »Topf«, aus dem alle anderen sich bedienen konnten. Nach dem Motto »jeder kann was, was nicht jeder kann« entstand ein vielfältiges Angebot. Schreinern, gärtnern, mauern, massieren, Haare schneiden, backen, kochen, Kinder hüten, Auto reparieren – alles war drin im »Topf«, wurde gesammelt und verteilt. Wer eines der Angebote wahrnahm, musste es bei der allgemeinen Sammelstelle verbuchen lassen. Bezahlt wurde nicht wie üblich mit Geld, sondern die jeweiligen »Schulden« wurden mit dem jeweiligen »Guthaben« aus erbrachter Eigenleistung verrechnet.

In dem Bericht wurden Beispiele genannt, die das Prinzip verdeutlichten: Ein Mann repariert das Auto der Nachbarin. Dafür braucht er fünf Stunden, die ihm gutgeschrieben werden. Will er etwa seine Wohnung renovieren, holt er sich Hilfe von jemandem, der tapezieren, Teppiche verlegen etc. kann. Dadurch schrumpft sein Guthaben. Die Nachbarin mit dem Auto arbeitet unterdessen ihre »Schulden« ab, indem sie für andere Dörfler Kinder hütet.

Die Methode leuchtete mir sofort ein. Denn neben der Tatsache, dass hier ohne finanziellen Aufwand lebenswichtige Dinge erledigt werden konnten, entstand durch ein aus der Not geborenes Modell plötzlich ein lebendiges Miteinander. Zeit, die vorher für eintönige Fabrikarbeit draufgegangen war, stand jetzt für den Kontakt mit anderen Dorfbewohnern zur Verfügung. Zwei Fliegen mit einer Klappe, dachte ich und war begeistert. Das konnte die Lösung sein, nach der ich so lange gesucht hatte. Eine realistische Möglichkeit, zu einem menschlichen Umgang mit Armut und Isolation zu finden.

Aufgeregt erzählte ich meinen Freundinnen von dem kanadischen Experiment, und sie waren ebenso angetan wie ich von der Idee, ohne Geld über die Runden zu kommen. Allerdings wandten einige ein, dass derlei wohl nur auf dem Lande möglich sei, wo die Menschen einander ohnehin besser kennen als in den großen Städten. Vielleicht hatten sie recht, aber ihre Skepsis hielt mich nicht davon ab, mit der Planung eines Tauschrings zu beginnen. Als erstes, soviel hatte ich immerhin schon kapiert, galt es, öffentliche Aufmerksamkeit für mein Vorhaben zu gewinnen. Also schrieb ich eine Pressemitteilung etwa folgenden Inhalts:

»In unserer Gesellschaft herrscht in vielen Bereichen ein großes Ungleichgewicht. Betrachten wir zum Beispiel den Arbeitsmarkt, stellen wir fest, dass auf der einen Seite viele Menschen überlastet und völlig erschöpft sind, und es auf der anderen Seite viele Arbeitslose gibt, die sich damit quälen müssen, ihre Tage einigermaßen sinnvoll zu gestalten. Beide Gruppen sind nicht gerade glücklich. Die einen vereinsamen, weil sie keine Kräfte für irgendwelche Aktivitäten neben ihrer Arbeit haben, die anderen ziehen sich zurück, weil sie sich wertlos und nutzlos vorkommen und niemand sie braucht. Hier könnte Abhilfe geschaffen werden: Wenn diejenigen, welche viel Zeit zur Verfügung haben, diese mit jenen teilten, die keine haben, wäre beiden Gruppen geholfen. Ich möchte meine Freizeit für die Gründung eines Tauschrings einsetzen, in dem Fähigkeiten, Dienstleistungen und Nutzgegenstände geteilt und getauscht werden können, ohne dass Geld dabei eine Rolle spielt. Auf diese Weise könnten sich alle alles leisten, die Diskrepanz zwischen Arm und Reich wäre aufgehoben und eine neue Form des sozialen Miteinanders erreicht. Da in unserer Zeit das Gleichgewicht zwischen Geben und Nehmen gestört ist, werde ich den Tauschring ›Gib-und-Nimm-Zentrale‹ nennen.«

Mit diesem Text klapperte ich die Dortmunder Tageszeitungen ab, stieß auf Interesse, und schon am nächsten Tag erschienen überall Artikel über mein Vorhaben – mit einem Foto von mir.

Während ich über die Umsetzung meines Vorhabens nachdachte, fielen mir die Mitfahrzentralen ein, die es seit Jahren in jeder Stadt gab. Eigentlich war das Prinzip dasselbe: Für wenig Geld kauften Menschen, die nicht selbst fahren konnten oder wollten, sich für die Dauer einer Reise in ein fremdes Auto ein, dessen Besitzer wiederum erstens einen Teil seiner Aufwendungen für Benzin erstattet bekam und zweitens als Dreingabe Gesellschaft und Unterhaltung. Drittens wurde das Fahrzeug ökonomisch und ökologisch genutzt, indem es bei gleichbleibendem Spritverbrauch nicht nur einen Menschen ans Ziel brachte, sondern zwei, drei oder vier. Die

Mitfahrzentralen wurden rege genutzt, manche Autofahrer reizte der Spaßfaktor, andere die Möglichkeit, Benzinkosten zu teilen.

Jedenfalls lagen diese Unternehmen genau auf meiner Linie. Teilen, Kontakte herstellen, Ressourcen sinnvoll nutzen. Im ganzen Land hatten Mitfahrzentralen sich durchgesetzt, ich stellte mir vor, dass die »Gib-und-Nimm-Zentralen« sich im selben Maße ausbreiten würden. Allerdings hatte ich nicht vor, davon zu profitieren. Ich wollte nur den Anstoß geben, die ganze Sache in Schwung bringen und mich dann zurückziehen, um nach neuen Aufgaben zu suchen. Aber es sollte anders kommen.

Der Beginn von »Gib-und-Nimm«

Nachdem die Zeitungsartikel über mich erschienen waren, meldeten sich zahlreiche Interessenten bei mir, und für jeden legte ich eine Karteikarte an. Ich verzichtete bewusst auf persönliche Angaben wie Beruf, Alter und Ähnliches. Die Leute sollten nicht gleich in eine Schublade gesteckt werden, jeder sollte sich nach Lust, Können und Bedarf entscheiden: für Tätigkeiten, die er einbringen, und Angebote, die er annehmen wollte. Was entschieden leichter gedacht und gesagt als getan war.

Die ersten Anrufe kamen von Hausfrauen, die, nachdem ihre Kinder aus dem Gröbsten raus waren, viel Zeit zur Verfügung hatten. Sie waren eher am Geben als am Nehmen interessiert. Die meisten wollten kranke Menschen pflegen, für andere da sein, so wie sie es ein Leben lang gewohnt waren. Meinen Hinweis, dass sie sich bitte auch Gedanken ums Nehmen machen sollten, empfanden viele als lästig. Nehmen passte nicht in ihr Daseins-Konzept. Aber ich ließ nicht locker, mir lag nicht an Opfern gelangweilter Hausfrauen, sondern an wirklichem Austausch, an einem Gleichgewicht innerhalb der »Gib-und-Nimm«-Beziehungen.

Also verwickelte ich die Bewerberinnen in Gespräche über den Begriff »Ehrenamt«, über die ungerechte Einschätzung der Hausfrauentätigkeit, die weder als Beruf galt noch kaum je entlohnt wurde, über die schwierige Rolle der Frau im Berufsleben, und am Ende signalisierten die Interessentinnen zögernd Bereitschaft, die eine oder andere Dienstleistung in der Sparte »Nehmen« eintragen zu lassen. Meist handelte es dabei um Handwerkliches oder um Hilfe bei der Gartenarbeit.

Dass ich diese Frauen so mühsam zum Annehmen von Angeboten überreden musste, stimmte mich nachdenklich. Ich hatte eigentlich damit gerechnet, die Leute vom übermäßigen Nehmen abhalten und eher zum Geben bewegen zu müssen. Es blieb jahrelang ein Hauptproblem. Die Menschen hatten in der Kirche gelernt, dass Geben seliger sei als Nehmen, und auch im alltäglichen Sprachgebrauch war »nehmen« in die Nähe von stehlen oder rauben gerückt. Irgendwie schien niemand was damit zu tun haben zu wollen.

Aber mir war wichtig, beide Begriffe gleichwertig zu nutzen. Nur so konnte Bewegung in den Tauschring kommen. Ich blieb also, aller entmutigenden Erfahrungen zum Trotz, bei meiner Ausgangsposition: Jeder, der mitmachen wollte, musste sich dafür entscheiden, etwas zu geben und dafür anderes anzunehmen. Die jeweiligen Wünsche wurden auf Karteikarten notiert, und für den Anfang übernahm ich es, meine verschiedenen Klienten untereinander zu vermitteln. Eine äußerst verzwickte Aufgabe, wie sich bald herausstellte.

Da sich noch keine wirklich Hilfsbedürftigen gemeldet hatten, brachte ich Menschen zusammen, die eine ähnliche Lebensgeschichte hatten. Da waren zum Beispiel die beiden Rentnerinnen, die mir am Telefon unabhängig voneinander erzählt hatten, dass sie sich nach dem Tod ihres Mannes einsam und unausgefüllt fühlten. Sie würde schrecklich gern mal am Wochenende eine Städtetour unternehmen, gestand die eine. Aber bitte nicht allein! Ein paar Tage vorher hatte die andere ganz ähnliche Wünsche geäußert. Also gab ich die jeweiligen Telefonnummern weiter, mit der Bitte, sich nach erfolgter Kontaktaufnahme wieder bei mir zu melden. Zwei Wochen lang hörte ich von keiner der beiden, und als ich schließlich bei der einen anrief, musste ich mir von meiner empörten »Kundin« einiges anhören. Schon am Telefon hätte man sich gestritten, die andere habe sie nur belehren wollen, und am liebsten würde sie jetzt aus dem Projekt aussteigen. Irgendwie sei die Sache mit der »Gib-und-Nimm-Zentrale« wohl doch nicht das Richtige für sie. Zwar konnte ich die alte Dame zum Bleiben überreden, aber sie hatte mich ganz schön ins Grübeln gebracht. Anonym funktionierte die Sache offenbar nicht, es schien dringend geboten, die »Tauschringler« zum Kennenlern-Treff zu bitten.

Zwei Monate später war es so weit. Ich hatte ein Gebäude in der Nachbarschaft aufgetrieben, das renoviert werden sollte und in dem wir uns jederzeit mietfrei versammeln durften, wenn wir dafür bei den anfallenden Arbeiten halfen, was ein Zehnertrupp von »Gib-und-Nimm« auch prompt erledigte.

Ich hatte von Anfang an feste Zeiten, zu denen ich telefonisch erreichbar war. Montag von 18 bis 20 Uhr, Donnerstag von 10 bis 12 Uhr und Freitag von 15 bis 17 Uhr. Jetzt kam ein regelmäßiger Abendtermin für ein Treffen hinzu: Jeden ersten Dienstag im Monat tagten die Tauschringler von 20 bis 22 Uhr. Wie sich herausstellte, war es höchste Zeit, denn unter den inzwischen 70 Beteiligten hatte es schon eine Menge Unstimmigkeiten gegeben.

Das erste gemeinsame Treffen

Am ersten Abend kamen etwa vierzig Menschen, zwei Drittel Frauen, ein Drittel Männer, ein Zahlenverhältnis, an dem sich in den nächsten Jahren wenig ändern sollte. In dem kleinen Saal konnten wir die Tische so aufstellen, dass alle in einer Runde Platz hatten. Auf diese Weise schaute jeder jeden an, und so wollte ich es haben. Zu Anfang sollte jeder sagen, was er zu geben und was er zu nehmen gedachte. Für mich war das sehr spannend, denn auf einmal entdeckte ich Übereinstimmungen und Ergänzungen, die mir vorher entgangen waren. Während ich gebannt lauschte, entstand in einer Ecke des Raums Unruhe. Drei junge Frauen, die dort nebeneinander saßen, kommentierten unüberhörbar die Beiträge der Runde. Plötzlich sprangen sie auf, verkündeten ungeduldig, dass sie jetzt draußen auf dem Flur eine Zigarette rauchen würden, und verließen geschlossen den Raum. Der Rest der Gruppe beschloss, eine allgemeine Pause einzulegen.

Ich ging zu den drei Frauen, die mich ziemlich ärgerlich in Empfang nahmen. Sie waren erbost darüber, dass einige Teilnehmer sich endlos über ihre jeweiligen Angebote ausgelassen hatten. Vor allem zwei Rentner hätten sich aufgespielt wie alte Gockel. Zwar war auch mir aufgefallen, dass nicht jeder Anwesende die Würze der Kürze zu schätzen schien. Andererseits mochte ich aber keinen unterbrechen, weil jeder Beitrag mir interessant vorkam. Und nun bekam ich von dem empörten Damen-Trio zu hören, dass ich völlig strukturlos sei, mir offensichtlich keinerlei Gedanken über eine Tagesordnung gemacht hätte und dass das ganze Treffen reine Zeitverschwendung sei.

Verblüfft begann ich mich zu rechtfertigen. Es ginge mir nicht um straffe Strukturen, sondern darum, jeden Einzelnen in seiner Individualität ernst zu nehmen, keinerlei Erwartungshaltungen einzunehmen, sondern mich vom Augenblick überraschen zu lassen.

Ich versuchte wirklich, das alles zu erklären, stieß aber auf Unverständnis. Wie sich herausstellte, engagierten die drei Frauen sich auch in anderen Vereinen, aus denen sie viel effizientere Organisationsstrukturen kannten. Ich hielt dagegen, dass wir im Tauschring doch etwas ganz Neues ausprobieren und einen komplett anderen Umgang miteinander pflegen wollten, aber meine Argumente verpufften. Ich fühlte mich überfahren und beschloss, künftig nicht mehr alles allein zu machen und Verantwortung abzugeben.

Nach der Pause erklärte ich, dass die Vorstellungsrunde etwas zügiger vonstatten gehen sollte und dass ich nicht mehr bereit sei, die »Gib-und-Nimm«-Zentrale im Alleingang zu leiten. Die Anwesenden konnten das verstehen und stimmten einhellig für eine Vereinsgründung. Meine drei zornigen Damen erklärten sich bereit, die Vorbereitungen dafür zu übernehmen, eine kleine Arbeitsgruppe zusammenzustellen, einen Notar zu suchen etc. Mir war alles recht, aber dieser Abend gab mir doch eine Menge zu denken.

Wie sich bei diesem ersten Treffen gezeigt hatte, waren die Teilnehmer sehr unterschiedlich. Alle Bevölkerungsschichten, Berufs- und Altersgruppen waren vertreten. Politisch Engagierte trafen auf Menschen, die nur ihre Ruhe haben wollten. Rentner saßen neben Studenten, Arbeiter neben Intellektuellen, aufgeputzte Damen neben unscheinbar wirkenden Mauerblümchen. Auch die Charaktere hätten gegensätzlicher nicht sein können. Schüchterne und diskrete Menschen wurden plötzlich mit Aufschneidern und Wichtigtuern konfrontiert. Spannungen waren programmiert.

Für mich bedeutete das Aufeinandertreffen so unterschiedlicher Menschen eine große Chance, noch mehr über die verzwickten menschlichen Verhaltensweisen zu lernen. Ich war nach wie vor auf der Suche nach einer Möglichkeit, mehr Wohlwollen füreinander zu wecken. Meine ideale Gesellschaft war eine, in der Toleranz und Akzeptanz herrschten. Druck und Zwang würden abgebaut und durch freiwillige Selbstkontrolle und Eigenverantwortung ersetzt.

Die Vorbereitungsgruppe schlug als Logo für die »Gib-und-Nimm-Zentrale« sechs miteinander verbundene Lilien vor. Ich war sofort einverstanden. Lilien sind ein Symbol für Liebe. Und bei »Gib-und-Nimm« sollte es auch um Liebe gehen. Das erste Treffen hatte allerdings auch gezeigt, wie es um unser Zusammenleben wirklich bestellt war. Als Erstes wurden nicht die guten, sondern die schlechten Seiten unseres Experiments hervorgehoben. Meist wenig konstruktive Kritik war schneller zur Stelle als Verständnis. Im Allgemeinen ging es dabei weniger um Veränderung als um Profilierung. Wer andere klein machte, erschien (sich) selbst größer. Und noch etwas zeigte sich an diesem Abend: Der Mensch wurde nach seiner Funktionstüchtigkeit bewertet. »Leistungsträger« waren gefragt, die anderen wurden kaum geduldet. Doch bei »Gib-und-Nimm« würde sich das bald ändern.

Die erste Liste

In den ersten Monaten führte ich meine Kartei sehr konsequent. Alle neuen Bewerber wurden aufgenommen, und ich bat hartnäckig um Rückmeldung nach erfolgter Tauschaktion. Die trug ich dann mit Datum auf der Rückseite der entsprechenden Karte ein. Allerdings gab es nur wenig Rückmeldungen, und allmählich war ich etwas frustriert. Dennoch hoffte ich unverdrossen auf die neue Technologie. Wenn ich hundert Leute beisammen hatte, wollte ich die »Gib-und-Nimm«-Verwaltung auf Computer umstellen beziehungsweise umstellen lassen. Dies war schließlich ein Tauschring, oder nicht? Bei unserem dritten Treffen war's dann soweit: Wir hatten hundert Menschen im Ring, und das Einzige, was jetzt noch fehlte, war jemand, der etwas von Computern verstand. An diesem Abend würde er auftauchen, da war ich mir sicher, und als etwas verspätet ein atemloser Jüngling hereinstürzte, begrüßte ich ihn mit den Worten: »Da kommt ja unser Computermann!« Tatsächlich hatte der Neuankömmling soeben eine Einführung in verschiedene Systeme hinter sich gebracht, einen PC angeschafft und brannte geradezu darauf, seine Kenntnisse sinnvoll einzusetzen. Wie es der (für uns) glückliche Zufall wollte, war er gerade arbeitslos und hatte reichlich Zeit, eine auf »Gib-und-Nimm« passende Struktur zu erstellen.

An diesem Abend beschlossen wir, nur Vornamen und Telefonnummern auf die Mitgliederliste zu setzen. Künftig sollte sich auf den Anmeldeformulare der Unterzeichner oder die Unterzeichnerin mit der Veröffentlichung seiner/ihrer Telefonnummer einverstanden erklären. Nur zwei Frauen sprachen sich dagegen aus, ihre Nummern würden demnächst jedesmal extra abgerufen werden.

In den Anfängen von »Gib-und-Nimm« wurde oft darüber diskutiert, wie man sicherstellen könnte, dass das Vertrauen, das die Teilnehmer untereinander aufbringen mussten, nicht missbraucht würde. Die durchaus berechtigten Ängste – immerhin hatten hier ständig fremde Menschen miteinander zu tun – wurden sehr ernst genommen, allerdings stellte sich immer wieder heraus, dass es eine wirkliche Absicherung nicht geben konnte. Am Ende landeten wir immer wieder bei der Eigenverantwortung.

Zwecks Datenübertragung von den Karteikarten in den Rechner traf ich mich an einem Wochenende mit unserem neuen Computermann. Ich diktierte das, was ich hatte, in den PC, anschließend überlegten wir gemeinsam, wie unsere Verwaltung am besten zu strukturieren wäre. In unseren ersten Listen tauchten noch beide Begriffe, also »Gib« und »Nimm«, auf und die jeweiligen Angebote waren alphabetisch geordnet.

So gab es unter »Autofahrten« Anbieter, die jemanden auf Touren in andere Städte mitnehmen wollten. Andere boten sich für Transporte innerhalb Dortmunds an. Noch andere stellten ihr Auto zur Verfügung. Dies alles war unter »Gib« zu finden. Gleich darunter hatten wir das dazugehörige »Nimm« eingerichtet, also alle Wünsche aufgelistet, die mit Hilfe von »Autofahrten«-Angeboten erfüllt werden konnten. In der »Nimm«-Rubrik waren meist Putzhilfen oder Handwerker gesucht, oft auch jemand für tägliche oder wöchentliche Kinderbetreuung. Bald stellten wir fest, dass Angebot und Nachfrage nicht immer vereinbar waren. So meldeten sich zum Beispiel nur wenige Handwerker bei uns, und wenn, dann stellten sie unter »Gib« nicht ihre beruflichen Fähigkeiten zur Verfügung, sondern Tätigkeiten, die sie hobbymäßig betrieben. Von der gemeinsamen »Gib-und-Nimm«-Liste verabschiedeten wir uns ziemlich schnell. Verteilt wurden jetzt nur noch die Angebote, die »Nimm«-Auflistung konnte zunächst noch auf den Treffen eingesehen werden, später verzichteten wir ganz darauf.

Die Datenübergabe war eine große Erleichterung für mich. Endlich gab es noch jemanden, der Einblick ins tägliche Geschehen hatte. Die Vorbereitungsgruppe der drei zornigen Damen kümmerte sich ausschließlich um Vereinsstrukturen und hatte nichts mit den einzelnen Teilnehmern zu tun. Die Neuzugänge waren bislang allein über mich gelaufen, nach der Umstellung meldeten sie sich direkt bei der Computerstelle. Die Tauschaktionen waren davon nicht betroffen. Da die Listen jede Woche verteilt wurden, konnten die Mitglieder untereinander tauschen, wie und was sie wollten, ohne mich oder andere einzuschalten. Allerdings bestand ich nach wie vor darauf, dass die erfolgten Aktionen gemeldet und im Computer gespeichert wurden, damit wir den Überblick behielten.

Die gemeinsame Arbeit am PC hatte mir einen Riesenspaß gemacht, und ich dachte hinterher lange darüber nach, was eigentlich passiert war. Zwei Leute hatten ihre Sache gut gemacht, ohne Druck, ohne Zwang und doch hochprofessionell. Gemeinsam hatten wir an den neuen Strukturen herumgebastelt. Meinungsverschiedenheiten waren in freundlicher Atmosphäre ausdiskutiert worden, und am Ende hatte es immer eine Lösung gegeben. So sollte Arbeit wohl sein. Nur bei einem Thema waren wir geteilter Meinung gewesen. Ein Thema, über das wir uns auch später nicht einigen konnten.

»Gib-und-Nimm« und das Geld

Bei der Gründung von »Gib-und-Nimm« war es für mich vor allem um die leidige Beziehung zum Geld gegangen. Täglich konnte ich beobachten, wie sehr alle Welt am Mammon hängt, wie sehr ein Leben an Qualität verliert, wenn die Finanzen in Unordnung geraten. Und viel zu oft hatte ich mit ansehen müssen, dass Menschen in Armut elend dahinvegetierten und keinen Ausweg aus ihrer (Geld-)Not sahen. Bei »Gib-und-Nimm« hingegen gingen die Tauschaktionen ohne Bezahlung (im üblichen Sinne) über die Bühne, und so entstanden ganz neue Existenzgrundlagen. Geld, soviel war mir von Anfang an klar, sollte bei »Gib-und-Nimm« keine Rolle spielen. Trotzdem nahm ich von jedem Teilnehmer eine Art »Eintritt« von zwanzig Mark, um meine Telefon- und sonstigen Kosten zu decken. Einnahmen und Ausgaben trug ich in ein kleines Vokabelheft ein, das ich allerdings nicht sehr akribisch führte. Im Gegenteil, oft ließ ich auch mal Fünfe gerade sein. Wie häufig hatte ich mich darüber aufgeregt, wenn im Laden jemand die Ware zurücklegen sollte, nur weil ihm fünf Pfennige fehlten. Und während einer Bahnfahrt hatte ich einmal mitbekommen, wie eine junge Frau aufgefordert wurde, den Intercity zu verlassen. Sie hatte nicht gewusst, dass sie einen speziellen Zuschlag hätte zahlen müssen und konnte jetzt nicht nachlösen, weil sie kein deutsches Geld dabei hatte. Sie war Musikerin und auf dem Weg zu einem Konzert. Verzweifelt und vergeblich versuchte sie, dem Schaffner klar zu machen, wie wichtig es für sie war, pünktlich anzukommen. Ihre Freunde hätten ihr das Ticket geschickt und dabei den Zuschlag vergessen. Schließlich mischte ich mich ein und zahlte die sechs Mark für sie. Das Mädchen bedankte sich ganz reizend, der Schaffner aber war verblüfft und mochte gar nicht glauben, dass ich mein kostbares Geld für eine mir völlig Fremde hergab. Es war eine dieser Situationen, die mir vor Augen führten, welchen übertriebenen Stellenwert bare Münze in unserem Sozialgefüge hatte.

Ich wollte anders damit umgehen. Lockerer, der jeweiligen Situation angemessen. Eine Einstellung, mit der ich bei meinem neuen Computermann allerdings keinen Blumentopf gewinnen konnte. Wir verstanden uns blendend – bis er dahinter kam, wie ich mit Geld umging. Er regte sich fürchterlich darüber auf, dass noch nicht einmal die Hälfte der hundert Mitglieder ihre zwanzig Mark bezahlt hatten. Für ihn war das schlichte Schlamperei, die Großzügigkeit dahinter vermochte er nicht wahrzunehmen. Auf unserem nächsten Treffen wurde das leidige Thema ausgiebigst behandelt. Fassungslos beobachtete ich, wie die Gemüter sich immer mehr erhitzten. Diejenigen, die noch nicht bezahlt hatten, wurden unverhohlen als Schmarotzer bezeichnet. Eine junge Türkin, die zum ersten Mal dabei war und ihren Beitrag noch nicht gezahlt hatte, fühlte sich persönlich angegriffen und verließ die Gruppe unter Protest und für immer. All meine Vermittlungsversuche scheiterten kläglich. Wenn's um Geld ging, ließen meine Tauschringler nicht mit sich reden.

Mein Dilemma während der ersten vier Jahre bei »Gib-und-Nimm« bestand vor allem darin, dass ich meine Gedanken und Ideen nicht klar genug mitteilen konnte. Jedesmal fing ich an, mich kläglich damit zu rechtfertigen, dass die Ergebnisse nun mal bei jedem Experiment auf sich warten lassen. Für mich war die Zentrale ein Experiment, und natürlich konnte keiner wissen, wohin das alles führen sollte. Ich wusste aber, dass es mir ganz speziell um Großzügigkeit und Offenheit ging, um einen neuen Umgang miteinander und auch mit dem Geld. Ich wusste, dass einige Mitglieder bettelarm waren. Manchmal steckte ich ihnen etwas zu, nicht immer aus meiner eigenen Tasche. Gelegentlich nutzte ich den »Gib-und-Nimm«-Etat. Das schien mir sinnvoll, nützlich und angebracht, aber meine Haltung stieß bei fast allen auf tiefstes Unverständnis.

Auf unserer ersten Jahreshauptversammlung erreichten die Missstimmigkeiten den Siedepunkt. Obwohl sich alle Beteiligten bei der Vereinsgründung damit einverstanden erklärt hatten, einen anderen Umgang mit materiellen Dingen zu pflegen, war das Entsetzen groß, als sich herausstellte, dass die Abrechnung nicht auf Heller und Pfennig stimmte. Ich verstand die ganze Aufregung nicht. Wir hatten niemandem

Rechenschaft abzulegen, bis zu einem bestimmten Gewinnbetrag kontrollierte das Finanzamt nicht. Wo also, um alles in der Welt, war das Problem? Was war nur so schwierig daran, die alten Strukturen aufzulösen? Woran hielten wir da fest?

Verrechnungen

Ein halbes Jahr nach dieser Hauptversammlung tauchte eine junge Frau von der Universität bei uns auf. Sie hatte einen Forschungsauftrag für Ökologie und Umwelt, ein Schwerpunkt ihrer Arbeit waren neue Wege für Arbeit und Umweltschutz. Sie hatte Tauschringe in anderen Ländern kennen gelernt. In England etwa gab es derlei bereits seit zehn Jahren, und ein bisschen von den dortigen Erfahrungen konnte die Wissenschaftlerin jetzt an uns weitergeben. Bei diesem Treffen wurde vor allem das Thema »Verrechnung« behandelt. Wenn »Gib-und-Nimm« der reinen Nachbarschaftshilfe entwachsen und eine politische Dimension gewinnen sollte, erklärte die junge Frau, dann kämen wir nicht um eine exakte Abrechnung herum. Zu Demonstrationszwecken hatte sie ein englisches Formular mitgebracht, auf dem die dortigen Tauschring-Teilnehmer ihre Aktionen in Tabellenform eintragen konnten. In den meisten britischen Ringen gab es eine künstliche Währung, die an einer Buchungsstelle gesammelt und kontrolliert wurde.

Allein der Gedanke an eine solche Kontrolle ließ die meisten Anwesenden aufschreien. Wir wollten keine Kontrolle, wir wollten Freiheit und Spaß! Ein paar Mitglieder plädierten aber doch für die neue Idee. Schließlich einigten wir uns auf einen Kompromiss: Wir würden ein Aktionsblatt entwerfen, auf dem jeder jeden Vorgang verzeichnen sollte: das Datum, den Tauschpartner, die Aktion, das Plus oder Minus und die Bilanz. Zu jeder Angebotsliste würde es künftig automatisch dieses Blatt geben, das jeder für sich gewissenhaft zu führen hätte. Für eine Stunde Arbeit sollte es jetzt zwei Punkte geben, die wir *dots* nannten, was einerseits Pünktchen bedeutete und andererseits auf Dortmund hinweisen sollte. Für geleistete Dienste würde es ab sofort Pluspunkte geben, für empfangene Minuspunkte. Wer diese Abrechnung nicht wollte, musste nicht mitmachen. Unsere Selbstkontrolle war freiwillig, und so sollte es auch bleiben.

Für mich war die Kompromisslösung ein wichtiger Einschnitt. Seit einiger Zeit hatte ich leichten Unmut verspürt, wenn ich an »Gib-und-Nimm« dachte, und ganz allein für mich Bilanz gezogen: Beinahe dreißig Wochen lang hatte ich mindestens sechs, in letzter Zeit sogar mehr als zehn Stunden wöchentlich gegeben und nur sehr wenig dafür genommen. Mein persönliches Gleichgewicht zwischen Geben und Nehmen war empfindlich gestört, daher spornte das neue Aktionsblatt mich an. Ich durchstöberte die Liste nach attraktiven Angeboten und stieß auf eine Spanierin, die vor kurzem bei uns eingetreten war und noch kein Deutsch sprach. Mit ihr verabredete ich mich, um meine Spanisch-Kenntnisse aufzufrischen. Wir trafen uns in der Stadt, ich führte sie herum, zeigte ihr dies und das, erklärte ihr deutsche Gewohnheiten, sie korrigierte mich, wenn ich Fehler machte, und wir lachten viel an diesem Nachmittag. Anschließend lud ich sie in meine Wohnung ein, wo wir gemeinsam kochten und aßen. Danach kramte ich mein Aktionsblatt hervor und begann mit der Abrechnung. Wir hatten vier Stunden zusammen verbracht, das wären acht Plusdots für meine Lehrerin, wäre da nicht mein Eigenanteil: die Zutaten für das Essen, das Herumführen und Erklären. Die Spanierin fand meine Verrechnungsweise absurd. Ein schöner Nachmittag sei's gewesen und basta! Aber für mich war das Abrechnen nicht nur ein Spiel, mir war es wichtig, es endlich einmal für mich zu tun. Wir einigten uns schließlich auf drei Pluspunkte für sie und drei Minuspunkte für mich.

Von nun an sah ich zu, dass ich meine angesammelten Pluspunkte eintauschte, was meine Stimmung erheblich verbesserte. Ich hatte angefangen, über meine »Gib-und-Nimm«-Erfahrungen zu schreiben, anfangs nur für mich allein, um meinen Frust abzulassen und meine Erkenntnisse festzuhalten. Aber als unserem Verein ein Grafiker beitrat, der viel Erfahrung darin hatte, kleine Broschüren zu gestalten, kam mir die Idee, ein paar meiner Dots bei ihm auszugeben. Er bearbeitete meine »Sterntaler«-Texte, die ich dann drucken ließ. Für Geld – mit meinen Pluspunkten konnte ich in der Druckerei nichts anfangen. Vorerst nicht. Nachdem ich für »Sterntaler 1-3« brav gelöhnt hatte, gab's Heft vier und fünf im Tausch, so dass ich meine Werke jetzt auch verschenken konnte.

Wenn es um leibliche Genüsse ging, funktionierte »Gib-und-Nimm« am besten. In der Rubrik »Kochen« gab es besonders viele Angebote. Es wurde griechisch, türkisch, persisch oder deutsch gekocht. Eine Bäckerin bot frisches Brot an, Kleingärtner warfen ihr selbstgezogenes Obst und Gemüse in den Ring. Auch ich bediente mich eifrig aus dem Topf und stellte fest, dass ich weit weniger Geld für meinen Unterhalt benötigte als zuvor. Daraus ergab sich, dass ich auch weniger arbeiten musste. Da ich selbstständig war, konnte ich meine Therapiestunden reduzieren und dafür mehr bei »Gib-und-Nimm« tun. Ganz allmählich hatten sich meine Schwerpunkte verschoben.

Durch das Aktionsblatt fand ich zu einem Gleichgewicht des Gebens und Nehmens, ohne dass mich jemand dabei kontrollieren musste. Ich selbst hatte aus der täglichen Kontrolle ein Spiel gemacht, das ich allen anderen nur empfehlen konnte. Einige wenige folgten meinem Beispiel, die meisten hielten diese Selbstkontrolle allerdings für überflüssig.

Konflikte

Ein Idyll war »Gib-und-Nimm« von Anfang an nicht gewesen. Aber die meisten unserer Konflikte brachten uns weiter. Anders als im Rest der Republik gab es bei uns wenig Kämpfe um das liebe Geld – von den Streitereien zu Beginn des Projekts mal abgesehen. In der freien Wirtschaft war das Prinzip klar: Der Beste siegte, Versager fielen durchs Raster, und wer nicht mithalten konnte, hatte einzupacken. Die Konkurrenz stand schon bereit, und irgendein williger Leistungsträger würde sich immer finden. Bei uns war die Situation schwieriger. Mit Leistungsdruck und Konkurrenz wollten wir nichts zu tun haben, uns ging es darum, die Werte jedes Einzelnen zu entdecken und schätzen zu lernen. Unser Credo lautete: Jeder hatte etwas zu bieten, das der Gesellschaft oder einem anderen Menschen nützlich sein konnte.

Damit waren Konflikte vorprogrammiert, die mehr mit der Selbsteinschätzung als mit der Fremdeinschätzung zu tun hatten. Der fehlende Kontrolldruck war eine echte Herausforderung. Da bei uns nicht geprüft oder anhand von Referenzen gecheckt wurde, was ein Neuzugang zu bieten hatte, konnte jeder, der zu uns stieß, sich nach Belieben in bestimmte Rubriken eintragen. Mit einer lebenswichtigen Ausnahme: Wer immer behauptete, ein qualifizierter Elektriker zu sein, musste nachweisen, diesen Beruf mal ausgeübt zu haben. Bei aller Liebe zur Freiheit wollten wir nicht riskieren, dass uns unsere Häuser über den Köpfen abbrannten. Auf allen anderen Gebieten aber ließen wir den Teilnehmern freie Hand, sich in der Gemeinschaft zu verwirklichen. Ein Hauptquell für Unstimmigkeiten, wie sich sehr rasch herausstellte.

Eine chronisch überarbeitete Frau, die bei uns Mitglied wurde, machte nur negative Erfahrungen. An ihren freien Samstagen wollte sie den Garten auf Vordermann bringen und kontaktierte nacheinander zwei Tauschringler, die sich auf diesem Gebiet für kompetent erklärt hatten. Der erste erschien gar nicht, der zweite wollte erstmal eine Runde plaudern. Er hatte psychische Probleme und war mehr an menschlicher Anteilnahme interessiert als an Gartenarbeit. Das Gespräch über seine persönlichen Belange erschöpfte ihn dann so sehr, dass seine Hilfe kaum mehr ins Gewicht fiel. Nach weiteren vergeblichen Versuchen, sich mit »Gib-und-Nimm« das Leben zu erleichtern, verließ die arme Frau enttäuscht die Gruppe. Zwischenzeitlich war sie schon dazu übergegangen, direkt zu tauschen, weil das Prinzip des Ringtauschs, bei dem die Schulden des einen durch einen anderen beglichen werden, bei ihr gar nicht funktionierte. Eine

Putzhilfe etwa, die drei Stunden in der Woche zu ihr kam, durfte dafür an einem dreistündigen Yoga-Kurs teilnehmen, den die Frau anbot. Eine gerechte Sache, im Prinzip, aber es ist nun mal so, dass nicht jeder putzen kann. Obwohl das Reinigen von Wohnräumen nicht unbedingt die höchstangesehene Arbeit ist, will es doch gelernt sein. Was nützen geputzte Fenster, die so streifig sind, das keiner durchblicken kann? Was hilft es, wenn jemand für die Arbeit einer halben Stunde ganze drei davon braucht? Schließlich merkte das auch die selbsternannte Putzhilfe und ließ die Sache sein. Die nach wie vor chronisch überarbeitete Ex-Tauschringlerin stellte eine Frau ein, die für Geld prima und flink Fenster polierte, und das war's dann mit ihrer Erfahrung bei »Gib-und-Nimm«.

Es gab viele solcher Beispiele. Natürlich wurde das Thema auf unseren Treffen angesprochen. Immer wieder wurde eindringlich darum gebeten, keine Leistungen anzubieten, die nicht erbracht werden konnten. Aber wo fing eine Leistung an? Wie schnell musste jemand sein? Wo blieben in diesem Zusammenhang behinderte Menschen, die einen ganz anderen Rhythmus haben?

Wir gingen dazu über, bei den Erstgesprächen darauf hinzuweisen, dass sich bei uns keiner beweisen müsste. Es ginge hier nicht so zu wie in der freien Wirtschaft. Der Schwerpunkt läge auf Nachbarschaftshilfe, nicht auf Glanzleistungen. Tatsächlich ging es vielen Teilnehmern vorrangig um die Kontakte, und hier war »Gib-und-Nimm« eine durch und durch gelungene Sache. Wir taten etwas gegen Isolation und Einsamkeit und für die Verbesserung sozialer Strukturen. Aber für diese Dinge, die mit Können und Kompetenz zu tun hatten, brauchten wir Toleranz und Geduld. Das Problem war, dass wir selbstverständlich Erwartungen hatten. Unser Modell musste, so oder so, funktionieren. Leistungen, wie immer wir sie definierten, mussten erbracht werden.

Auch andere Tauschringe kannten diese Problematik. Jemand aus einer Gruppe in einer anderen Stadt erzählte mir, wie zwei der dortigen Teilnehmer bei einer Renovierungsaktion zusammenarbeiteten. Der eine war gelernter Maler und konnte fünf Fensterrahmen streichen, während der andere nur einen schaffte. Die Fragen waren überall dieselben: Wie sollten solche Leistungsunterschiede verrechnet werden? War die Abrechnung nach Stunden nicht ungerecht?

Viele Mitglieder verließen den Verein, weil diese Probleme für sie nicht letztgültig und befriedigend gelöst werden konnten. Das Prinzip Stunde für Stunde erschien ihnen, die aus dem normalen Berufsleben ganz andere Kriterien gewohnt waren, völlig unangemessen. Ein Therapeut etwa, der im »wirklichen Leben« für eine Stunde hundert Mark abrechnen konnte, beschwerte sich über die vielen Dots, die er für eine Puppe, die eine andere Teilnehmerin gebastelt hatte, bezahlen musste. Das stünde doch in keiner Relation, schimpfte er. Die Tatsache, dass die Bastelei viele Stunden in Anspruch genommen hatte, interessierte ihn nicht. Entrüstet verließ er den Verein. Es gab mittlerweile eine Menge Austritte, was nicht zuletzt an den vielen ungeklärten Fragen lag. Wir versuchten hier etwas ganz Neues, und dafür gab es einfach noch keine bewährten Regeln. Das machte vielen Mitgliedern zu schaffen und manche von ihnen kehrten zum Altbewährten zurück, mochte es auch noch so einschränkend und unangenehm sein. Immerhin wusste man, woran man war.

Ich war bei »Gib-und-Nimm« an meine Grenzen gestoßen. Zwar ging ich weiterhin davon aus, dass die meisten Mitglieder sich, ebenso wie ich, nach einer besseren Welt sehnten, nach einem schöneren Miteinander. Aber anders als zu Anfang sprach ich nicht mehr direkt aus, was mich bewegte. Früher hatte ich immer gesagt, was mir nicht passte, mir war egal gewesen, wer was machte, weil jeder für jeden stehen sollte und das Ziel eine allgemeine Bewusstseinserweiterung war. Meine Freundinnen und Freunde hatten sich an meine unvermittelte, manchmal undiplomatische Art gewöhnt, und wir kamen immer zu einer Lösung. Bei »Gib-und-Nimm« aber war das anders. Es gelang mir nicht, das gegenseitige Misstrauen abzubauen. Meine Bemerkungen und Beobachtungen wurden nicht als Chance zur Konfliktverarbeitung begriffen, sondern als Angriffe verstanden. Immer häufiger geriet ich in die Schusslinie, und das gefiel mir gar nicht.

In unserem Verein fehlte die Offenheit, Dinge zu bereinigen. Stattdessen schwelte Ungeklärtes giftig vor sich hin. Die Interessen gingen auseinander, und oft wurde mir vorgeworfen, ich wollte aus einer Gemeinschaft, die sich aus pragmatischen Gründen zusammengefunden hatte, eine Selbsterfahrungsgruppe machen. Darum ging es mir aber gar nicht, ich hatte nur versucht, gegenseitiges Vertrauen herzustellen und ein intensiveres Zusammensein zu entwickeln, alte Strukturen aufzubrechen und durch neue zu ersetzen. Nur zu tauschen war mir einfach zu wenig.

Natürlich passte ich mich den allgemeinen Wünschen an; ich wollte niemandem etwas aufzwingen. Allerdings wollte ich auch mir selber treu bleiben, und das gestaltete sich zunehmend schwieriger. Ich fing an, kleine Geschichten zu schreiben, die ich manchmal weitergab oder vorlas. Auf einem der Treffen spielte ich sogar eine dieser Geschichten vor. Ich stellte einen Stuhl in die Mitte des Raums, setzte mich und fing an zu jammern, über die schleppenden Angelegenheiten bei »Gib-und-Nimm«, darüber, dass ich keine Erfolge sähe und so weiter. Dann stand ich auf und näherte mich dem Stuhl von rechts, wobei ich den Part eines Schwermer-Kritikers übernahm. Jetzt prangerte ich die Strukturlosigkeit der »Vereinsleitung« an und schlug vor, ein richtiges Konzept zu entwerfen. Danach begab ich mich auf die andere Seite des Stuhls und schlüpfte in die Rolle einer anderen Teilnehmerin, die ich davon schwärmen ließ, wie locker und frei hier alles sei, ein toller Verein ohne Regeln und Vorschriften. Anschließend setzte ich mich wieder und kommentierte beide Positionen aus meiner Warte. Diese Form der Auseinandersetzung gefiel den Zuschauern, und wir diskutierten noch lange über das Thema.

Immer wieder bekam ich von ehemaligen Mitgliedern zu hören, dass sie ausgestiegen wären, weil das Tauschen nicht richtig klappte. Mich nervte dieses Gejammer. Die Frustrationsschwelle der meisten lag viel zu niedrig. Statt die Schwierigkeiten zur Diskussion zu stellen, zogen sie sich kommentarlos zurück. Statt mitzuwirken, geduldig am neuen Netz zu arbeiten und die Sache in Bewegung zu bringen, sprangen sie ab. Ich vermisste in diesem Verein die Bereitschaft, sich wirklich auf ein neues Miteinander einzulassen, unabhängig von Maßstäben, die normalerweise zählen. Aber vielleicht würde das Fest uns weiterbringen.

Unser erstes Fest fand in dem Nachbarschaftshaus statt, in dem wir uns regelmäßig trafen. Wir hatten Glück, den Saal für das geplante Wochenende zu bekommen; das Gebäude war meist ausgebucht. Aber die Betreiber mochten unseren Verein und taten, was sie konnten. Ein Sozialarbeiter malte ein Reklameschild, das er ein paar Tage vor der Feier über der Eingangstür aufhängte. Wir durften die Küche und ein paar zusätzliche kleine Räume benutzen. Außerdem würde der Hausmeister uns beim Dekorieren, Um- und Aufräumen helfen. So viel Zuwendung freute mich sehr, und ich fühlte mich plötzlich im Nachbarschaftshaus wie zu Hause.

Am Vorabend des Festes wurden die einzelnen Programmpunkte festgelegt. Wir beschlossen, hauptsächlich unterschiedliche Angebote aus der Gib-Liste vorzustellen. So wollte der Computermann eine Rechner-Ecke einrichten und interessierte Teilnehmer in die Welt der Neuen Medien einführen. Eine Frau aus unserer Gruppe hatte gerade ein Seminar über Umweltschutz und Müllverarbeitung besucht und war begierig, ihr neu erworbenes Wissen unters Fest-Volk zu bringen. Und zwei andere Teilnehmerinnen, die mit Malunterricht auf der Liste standen, würden einen Blitzkurs anbieten. In einem der kleineren Räume sollten zwei Beiträge über »Gib-und-Nimm« gezeigt werden, die kürzlich im Fernsehen gelaufen waren. In einem anderen Zimmer würden wir unterschiedliche alternative Heilmethoden demonstrieren: Fußreflexmassage, astrologische Beratung und Bachblütentherapie. Die paar Hobbyschriftsteller im Verein wollten einige ihrer Geschichten vorlesen, außerdem war Gesang zur

Gitarre geplant. Einige Hausfrauen hatten versprochen, Kaffee und Kuchen zu servieren. Kurz: Alle waren Feuer und Flamme und freuten sich auf unser erstes Fest.

Alles klappte perfekt, das Haus war für uns geöffnet, der Hausmeister stand bereit, die Anbieter richteten eifrig ihre Stände ein. Jetzt fehlten nur noch die »Nehmer«. Zwei Stunden später war immer noch kein Gast in Sicht. Schließlich fanden wir uns damit ab, dass fast nur »Geber« vor Ort waren. So war nun mal die Situation bei »Gib-und-Nimm«: Beim Nehmen taten die meisten sich nach wie vor schwer.

Wir nutzten den Festtag dazu, miteinander ins Gespräch zu kommen. Auch das heikle Thema der Angebots-Akzeptanz kam aufs Tapet. Tatsächlich stellte sich heraus, dass es für die meisten erheblich leichter war, etwas zu geben als etwas anzunehmen. Akzeptierten sie Angebote, kamen sie sich oft wie Bettler vor, und kaum einer konnte richtig einschätzen, wann der Ausgleich zwischen Geben und Nehmen erreicht war. Viele horteten ihre Dots und widmeten dem Verein wesentlich mehr Zeit, als sie auf der anderen Seite durch empfangene Dienstleistungen einsparten. Weil wir alle gerade so ehrlich zueinander waren, kam endlich auch der wunde Punkt der Angelegenheit zur Sprache: Beim Geben, kristallisierte sich im Laufe der Gespräche heraus, spielte durchaus auch das Gefühl der Macht eine Rolle. Während, umgekehrt, beim Nehmen so etwas wie Ohnmacht spürbar wurde.

Später diskutierten wir über echte Armut, über die vielen Obdachlosen der Stadt, denen nichts gegeben wurde. Plötzlich waren sich alle einig, und meine Enttäuschung über die geringe Beteiligung an unserem Fest wich der Begeisterung darüber, dass sich endlich, endlich anbahnte, was ich mir so sehr gewünscht hatte: Vertrauen, Offenheit und die Bereitschaft, sich gemeinsam auf Experimente einzulassen.

Es war insgesamt ein gelungener Tag. Die Frau mit dem Umweltseminar streute ihr Wissen unter die Leute, die Gitarrenspielerin begleitete unseren Gesang, wir schauten uns die Filme an und sprachen darüber. Später lasen zwei Teilnehmerinnen ihre Kurzgeschichten vor. Dabei war die eine so bewegt, dass sie ihren Text nicht zu Ende bringen konnte. Doch niemand belächelte diese »Schwäche«, im Gegenteil. Eine andere Frau las die Geschichte bis zum Schluss vor, und dann wurde sehr einfühlsam über den Inhalt gesprochen.

Am nächsten Tag rief die Frau, die ihre Lesung unterbrechen musste, bei mir an. Normalerweise wäre ihr eine solche Situation sehr peinlich gewesen, sagte sie, aber am gestrigen Abend hätte sie nichts dergleichen empfunden. Sie hatte sich statt dessen aufgehoben und verstanden gefühlt, ganz anders als in anderen Gruppen, beteuerte sie. Dort nähme sie sich immer zusammen, stets darauf bedacht, nicht zu viel von sich preiszugeben. Ich bedankte mich von Herzen für so viel Offenheit und Vertrauen. Das Fest hatte mir Hoffnung gemacht. Wenn wir nur weiterhin so miteinander umgehen könnten, dann wäre es tatsächlich möglich, etwas Neues zu schaffen, eine Gemeinschaft, in der jeder angenommen wird, in der alle gleich wertvoll sind. Ein Bildbericht über das Fest in der Zeitung versetzte mir allerdings wieder einen Dämpfer. Das Ganze kam rüber wie ein gemütliches Häkelkränzchen: keine Spur von politischem Ansatz. Das sollte bei unserem nächsten Fest anders werden!

Ein paar Monate später verhandelten wir erneut mit dem Nachbarschaftshaus, und diesmal stellten uns die Betreiber fast alle Räume zur Verfügung. Wieder wurden Stände eingerichtet, es gab Kaffee, Kuchen, ein kaltes Büfett, Getränke. Keiner brauchte eine Geldbörse, jeder durfte sich bedienen. Es gab sogar ein paar Tische mit ausgemusterten Sachen, eine Art Flohmarkt, und auch hier konnte jeder gratis zugreifen.

Zum zweiten Fest erschienen mehr als hundert Leute, darunter viele Neugierige, von denen etliche unserem Verein beitraten. Es war ein buntes Treiben mit intensiven Gesprächen, und alle hatten ihren Spaß. Fremde Menschen verabredeten sich zu gemeinsamen Aktivitäten. Drei Frauen taten sich spontan zum Sonntagsausflug zusammen: Die eine wollte ihr Auto zur Verfügung stellen, die zweite den Picknickkorb spendieren, die dritte die schönste Reiseroute auskundschaften. Zwei allein erziehende Mütter entschlossen sich zum regelmäßigen »Kindertausch« – mal sollte die eine den Nachwuchs hüten, mal die andere. Wir waren begeistert. So konnte das Ganze wirklich in Schwung gebracht werden, so konnte Vertrauen geschaffen werden, ganz spielerisch und doch dauerhaft. Wir blieben dran: Es gab weitere Feste, auf denen abends sogar getanzt wurde.

Ein Haus für »Gib-und-Nimm«

Jetzt waren wir also endlich eine Art Familie, und eine Familie braucht ein Heim. Es gab das Bedürfnis nach einer festen Bleibe, wir hatten oft über dieses Thema gesprochen. Bislang hangelten wir uns so durch: Feste Anrufzeiten, das monatliche Treffen, die Feiern, aber das Wahre war das alles nicht.

Um uns weiterzuentwickeln, benötigten wir einen jederzeit zugänglichen Treffpunkt, da waren sich alle einig.

Eines Tages fragte mich eine Teilnehmerin, ob wir nicht Lust hätten, an ihren Arbeitsplatz überzusiedeln. Es gäbe einen geräumigen Flur, in dem wir uns einrichten und neue Mitglieder empfangen könnten. Und ob wir Lust hatten! Das Haus war zentral gelegen, ein Verein hatte dort seine Räume, ansonsten tagten hier Studenten von der benachbarten Fachhochschule. Im Untergeschoss stand sogar eine Wohnung leer, die allerdings in desolatem Zustand war.

Zunächst stand uns nur der Flur mit einer »Gib-und-Nimm«-Pinnwand zur Verfügung. Aber nach und nach freundeten wir uns mit den anderen Nutzern des Gebäudes an, und schon bald planten wir gemeinsame Aktionen. Erst einmal renovierten wir die leerstehende Wohnung und richteten dort zusammen mit den Studenten und dem anderen Verein ein Internet-Café ein. »Gib-und-Nimm« lieferte einmal wöchentlich Kaffee und Kuchen, die Studenten stellten die Rechner.

Die Gruppe wurde noch mal richtig durchgemischt. Zu den Rentnern, Hausfrauen und allein erziehenden Müttern, den einzigen »Gib-und-Nimm«-Mitgliedern, die nachmittags Zeit hatten, gesellten sich nun jede Menge Studenten. Insgesamt bot die Truppe ein buntes Bild, das mir sehr gefiel. Hatte ich doch immer dafür plädiert, die unselige Trennung zwischen den Generationen aufzuheben. Leider war das abwechslungsreiche Treiben nach einem halben Jahr wieder vorbei. Der Winter vertrieb uns aus den großen, kaum beheizten Räumen.

Die Wohnung hatte aber wenigstens eine funktionierende Küche, und einmal in der Woche kochten und aßen wir alle zusammen. Jeder musste etwas mitbringen, die Zutatenliste wurde jedesmal vorher abgestimmt. Natürlich wechselten die Teilnehmer dieser kulinarischen Runde häufig, aber ein »harter Kern« erschien regelmäßig. Darunter waren einige arbeitslose junge Leute, für die dieser Termin immer wichtiger wurde. Am Ende kochten wir nicht mehr wöchentlich, sondern täglich, worüber sich auch etliche vereinsamte Rentnerinnen freuten, die immer wieder kamen und hier neue Kontakte knüpfen konnten.

Neben den Kochaktionen gab es eine Trommelgruppe, bei der ein paar allein erziehende Mütter mitmachten. Eine von ihnen verglich die Gruppe, in der jeder vor sich hin trommeln durfte, wie er wollte, und in der doch Harmonie herrschte, mit ihrer idealen Gesellschaft. »Alle hören aufeinander, jeder erhält die Chance, den Rhythmus zu verändern, und alles geschieht ganz locker und ohne Vorschriften.« Sie sprach mir aus der Seele.

Einmal in der Woche lasen wir gemeinsam ein Buch und diskutierten anschließend darüber. Außerdem wurden Meditationen und Phantasiereisen angeboten. Eine Frau schnitt uns die Haare, eine andere wurde zu unserer »Hausschneiderin«. Zur Erntezeit kam jemand auf die Idee, mit einer Gruppe durch verschiedene Gärten zu ziehen und die überlasteten Gärtner von der Überfülle an Obst zu befreien. Wir pflückten, verteilten, kochten ein und verschenkten kiloweise Marmelade, eine tolle Aktion, die viel öffentliche Anerkennung fand. Natürlich blieb genug Obst für unsere gemeinsamen Kochtage übrig.

Auch sonst tat sich viel in Sachen Nahrungsverwertung. Zwei Jahre lang verteilte ich in dem Haus neben der Fachhochschule ganze Berge von Vollkornbrot, das ein Bäcker in der Gegend uns spendete. Und der »Tauschrausch« wurde eingeführt, ein Flohmarkt auf »Gib-und-Nimm«-Basis. Jeder brachte Sachen mit, die er nicht mehr haben wollte, und durfte sich dafür mitnehmen, was ihm gefiel. Ich war wieder mal in meinem Element: Tauschen und Teilen, Geben und Nehmen, ein lebendiges Miteinander.

Dennoch fiel es mir, als wir dazu aufgefordert wurden, nicht schwer, das Haus zu verlassen. Ich hatte seit einiger Zeit wieder diese Unruhe in mir. Was hier passierte, war schön und gut, aber es war und blieb mir einfach zu wenig. Zwar standen inzwischen einige Hundert Namen im »Gib-und-Nimm«-Verzeichnis, aber wirklich aktiv waren nur ein paar Mitglieder. Für die meisten war der Tauschring kein ausbaufähiges Experiment, sondern ein ganz normaler Verein, dem man so nebenbei beigetreten war. Dagegen ließ sich nicht viel sagen – aber die Gesellschaft verändern konnte ich mit diesen Leuten nicht. Es würde erneut etwas geschehen müssen.

KAPITEL 3
Das Experiment geht weiter

Mein Leben ohne Geld

Ich war verärgert. Wieder einmal hatte ich mir von einem enttäuschten Mitglied anhören müssen, dass das Tauschen mit Fremden einfach nicht möglich sei. Die Leute, die sich auf die Gib-Liste eintrugen, hätten gar kein richtiges Interesse an der Sache, und überhaupt klappten die meisten Aktionen nicht.

Was konnte ich nur tun, um zu vermitteln, dass es sehr wohl möglich war, auf Fremde zuzugehen, mit ihnen zu tauschen und zu teilen, Spaß zu haben und sie am Ende zu Freunden zu machen? Wie war doch gleich das Erfolgsrezept der berühmten Pädagogen? Man muss seine Ideen leben, sie aus dem Kopf heraus- und in die Tat hineinnehmen! Wie wäre es, fragte ich mich, wenn ich meine Idee wirklich hundertprozentig leben und ganz aufs Geld verzichten würde? Wenn ich also ein Exempel statuierte, das vielleicht, hoffentlich, ein paar anderen Menschen Mut machen würde? Ach Quatsch!, dachte ich verzagt. Wie sollte das denn gehen. In einer Gesellschaft, in der nicht mal die Toilettenbenutzung gratis war. Am besten schlug ich mir die Vorstellung gleich wieder aus dem Kopf.

Aber der Stachel saß fest und stach immer mal wieder. Als eine Freundin, die Urlaub machen wollte, mich bat, unterdessen ihre Blumen zu gießen, kam ich wieder ins Grübeln. Wie wäre es wohl, meine eigene Bleibe aufzugeben und nur noch in Wohnungen anderer zu leben, während die gerade auf Reisen sind? Ich hätte keine Miete mehr zu zahlen, und die Wohnräume würden sinnvoll genutzt. Hmmm. Meine Freundin hatte mir ohnehin angeboten, ihr Heim zu nutzen, solange sie weg war. Nach dem Blumengießen setzte ich mich in ihr Wohnzimmer. Hübsch war es hier! Eine Weile saß ich ganz entspannt da. Aber plötzlich wurde ich nervös, sprang auf, packte meine Sachen zusammen und fuhr nach Hause. In mein Zuhause. Fehlanzeige!, dachte ich. Vergiss es! Jeder braucht ein Eckchen für sich allein, das weißt du doch!

Kurz darauf meldete sich eine Frau von »Gib-und-Nimm« und bat mich, für drei Tage ihren Hund zu betreuen. Morgens und abends musste Struppi Gassi geführt werden, tagsüber konnte er allein bleiben, aber nachts brauchte er jemanden um sich. Ich erklärte, dass ich in anderen Wohnungen immer unruhig würde, und meine Kundin empfahl eine Reinigungsaktion mit Salbeistäbchen. Sie betonte, wie wichtig es sei, die Atmosphäre von fremden Energien zu befreien, und dass ich mich nach der Salbei-Prozedur überall wohl fühlen würde. Ich befolgte ihren Rat, schließlich war es ihre Wohnung, hielt das Räucherstäbchen in sämtliche Ecken und füllte die Räume nach und nach mit meinen eigenen Energien. Die drei Tage verliefen bestens, das vertraute Heimweh blieb aus, und Struppi wurde ein guter Kumpel.

Langsam sprach sich im Tauschring herum, dass Heidemarie Schwermer jederzeit bereit war, in verwaisten Wohnungen Rolläden runterzulassen, Blumen zu gießen, Vögel zu füttern oder auch zeitweise ganz einzuziehen. Allmählich übernahm ich die Rolle einer Haushüterin, und ich wusste inzwischen, was ich anstellen musste, um mich überall daheim zu fühlen. Die Idee, ganz ohne eigene Bleibe zu existieren, schien mir auf einmal gar nicht mehr so exzentrisch. Aber mietfrei zu leben wäre nur der erste Schritt in ein Dasein ohne Geld. Der andere monatliche Brocken war die Krankenversicherung. Und die konnte ich nun wirklich nicht aufgeben. Jeder brauchte eine Krankenversicherung. Oder nicht?

Der Zahnarzt spielte seit Jahren eine Hauptrolle in meinem Leben. Seit dem Umzug nach Dortmund machten mir meine Zähne, mit denen ich früher nie Probleme hatte, sehr zu schaffen. Ständig war ich in Behandlung und konnte es mir nicht erklären. An was biss ich mir da nur die Zähne aus?

Aber eines Tages hieß es dann doch: »Alles in Ordnung! Kommen Sie in einem halben Jahr wieder.« Sechs Monate später war immer noch alles in Ordnung und beim nächsten Termin auch. Unglaublich, dachte ich und spielte nun doch ernsthaft mit der Idee, meine Krankenkasse zu kündigen. Außer beim Zahnarzt hatte ich seit Jahren keine medizinische Hilfe in Anspruch genommen. Außerdem hatte ich eine Freundin, die als Ärztin praktizierte und im Notfall immer für mich da wäre. Inzwischen war ich innerlich schon einen Schritt weiter und fragte mich nicht mehr, ob ich ohne Krankenversicherung leben konnte, sondern ob ich es durfte. Wie war das doch gleich mit den gesetzlichen Bestimmungen? Gab es nicht eine Versicherungspflicht?

Aber ich war längst soweit, meine Idee in die Tat umzusetzen, und als mich eine Frau, die für zwei Monate nach Amerika ging, bat, in dieser Zeit ihre Wohnung zu hüten, warf ich alle Bedenken über Bord. Das Experiment konnte beginnen. Mindestens ein Jahr lang wollte ich ohne Besitz und ohne Geld leben.

Ich war schon oft umgezogen. Ich wusste also um die Mühseligkeit des Unterfangens, und ich hatte mich bereits bei früheren Umzügen Stück für Stück von Dingen, die ich besaß, getrennt. Meine vielen Hundert Bücher waren längst in andere Hände übergegangen, inzwischen hatte ich nur noch wenige Exemplare – es war mir zur Gewohnheit geworden, ausgelesene Bücher sofort weiterzugeben. Mit der Kleidung hielt ich es genauso: Für jede Neuanschaffung gab ich ein altes Stück weg. Wirklich viel besaß ich also nicht mehr, dennoch musste ich mir gut überlegen, was mit den Sachen geschehen sollte. Vor allem der große Sessel im Wohnzimmer bereitete mir Kopfzerbrechen. Aber nachdem ich ihn wieder mal eine Weile versonnen betrachtet hatte, hörte ich Schritte im Treppenhaus. Der junge Nachbar kam gerade von der Arbeit, ich fing ihn ab und fragte, ob er den Sessel haben wolle. Hochbeglückt schleppte er das Ungetüm in seine Behausung, und ich hatte wieder eine Sorge weniger.

Das Bett kriegte die junge Frau aus der unteren Etage, die Kommode übernahm ein anderer Nachbar. Tisch und Stühle wandern zu einer Freundin, einer zweiten überließ ich den noch neuen Teppich. Einer Frau, die mir ihre meist leerstehende Wohnung als Übergangslösung zur Verfügung stellte, falls ich mal kein Haus zum Hüten fände, schenkte ich meinen edlen Jugendstil-Schreibtisch und bezahlte damit sozusagen die Miete im Voraus.

Nach und nach lockte ich fast alle zehn Parteien aus meinem künftigen Ex-Wohnhaus über meine Schwelle. Sie durften sich aussuchen, was sie gebrauchen konnten, und fragten immer wieder verdattert, ob ich wirklich kein Geld dafür wollte. Den alten Kühlschrank, der eigentlich entsorgt werden müsste, schob ich erstmal auf den Flur. Dort stand er nur einen Tag, dann entdeckte ihn ein Bastler, dem ich das Teil nur zu gern überließ. Über den Inhalt meiner letzten Bücherkiste freute sich eine junge Studienanfängerin aus dem Haus, und auch meine Lampen, Bilder, Pflanzen, Schallplatten, CDs, Gläser und andere Luxusgegenstände wechselten schnell und problemlos den Besitzer. Für mich war es eine große Freude, anderen Menschen etwas schenken zu können, was sie wirklich gebrauchen konnten.

Am Ende blieb nur noch mein Kleiderschrank, der fast neu war. Eine Freundin bot mir an, ihn bei sich aufzustellen, bis ich vielleicht doch irgendwann mal wieder etwas besitzen wollte. Ich zögerte lange, aber schließlich behielt ich den Schrank. Ich konnte darin die paar Dinge aufbewahren, die ich nicht wegwerfen oder weggeben mochte: persönliche Papiere, eigene Texte, zwei Fotoalben, ein paar warme Wintersachen. Während ich noch überlegte, wie ich das schwere Möbel transportieren sollte, klingelte das Telefon. Eine Bekannte fragte, ob sie irgendeine Autofahrt für mich erledigen könnte, und natürlich nahm ich ihr überraschendes Angebot gern an. So wurde mein letzter Besitz würdig übersiedelt.

Dieser Schrank ist in den seither vergangenen Jahren sehr wichtig für mich geworden. Er verkörpert so etwas wie Heimat oder Zuhause. Jedesmal, wenn ich ihn besuche, treffe ich die Familie, die ihn aufgenommen hat. Manchmal übernachte ich dort und fühle mich jedesmal wohl. Eigentlich möchte ich dieses letzte Besitzstück aufgeben, aber bislang ist es mir noch nicht gelungen. Es ist wie bei einem langen Lauf: die erste Strecke geht ganz leicht, und die letzten Meter sind kaum noch zu bewältigen. Ich weiß genau, dass ich diesen Schrank eigentlich nicht mehr brauche. Aber etwas in mir wehrt sich dagegen, mich endgültig von ihm zu trennen.

Dabei war es mir so leicht gefallen, die anderen Sachen zu verschenken. Bei jedem Stück, das ich loswurde, jubelte ich innerlich: Wieder eine Bürde weg! Auch nach der Haushaltsauflösung blieb die erwartete Trauer aus. Statt dessen fühlte ich mich reicher als je zuvor. Ich hatte einen großen Schatz gewonnen: eine Freiheit, wie ich sie bislang nur von meinen verschiedenen Reisen kannte.

Ohne Krankenversicherung

Viele Länder beneiden uns um unser Krankenversicherungssystem. Auch ich weiß den Wert der allgemeinen medizinischen Versorgung zu schätzen. Andererseits bin ich der Meinung, dass die Menschen sich hierzulande, gerade weil jeder jederzeit zum Arzt gehen kann, in eine fatale Abhängigkeit von der Schulmedizin begeben haben. Verschüttete Kenntnisse über die Heilkräfte von Pflanzen, über gesunde Ernährung oder alternative Methoden werden zwar in Seminaren wieder ausgegraben, im Alltag jedoch kaum angewandt. Stattdessen betet eine ganze Nation die Götter in Weiß an – ich will mich da gar nicht ausnehmen. Im Gegenteil, in meiner Kindheit war ich ständig krank gewesen. Wenn ich Schmerzen hatte, fiel ich regelmäßig in Ohnmacht, wahrscheinlich, weil ich mich so ausgeliefert und ohnmächtig fühlte. Es war mir immer sehr unangenehm, aber es gab keine Lösung. Die Ärzte konnten sich mein Verhalten nicht erklären.

Als ich älter wurde, kam ich von selbst darauf, dass meine Ohnmachten mit Angst zu tun hatten. Ohne Macht zu sein, das hieß, ohne Verantwortung zu sein. Ich hatte Angst davor, mein Verhalten selbst zu bestimmen und mich meiner Schwäche zu stellen. Als ich das irgendwann nicht mehr verdrängen, aber auch noch nicht ändern konnte, beschloss ich, mit meiner Angst zu leben, sie in mein Dasein zu integrieren.

Vor fast zwanzig Jahren sollte bei mir ein kleines Muttermal ambulant entfernt werden. Natürlich hatte ich Panik vor der Operation, war schon auf dem Weg zur Praxis in Schweiß gebadet und wusste genau, dass ich gleich wieder umkippen würde. Ich machte damals gerade meine Gestalttherapieausbildung, und jetzt schien mir der richtige Augenblick gekommen zu sein, das, was ich gelernt hatte, in die Praxis umzusetzen. Statt mich weiter gegen meine Furcht zu wehren, ließ ich sie auf mich zukommen wie eine lebendige Person und begann, zu ihr zu sprechen, natürlich lautlos: »Lass dich grüßen, Angst. Du darfst mich jetzt begleiten. Du wirst von mir beachtet und akzeptiert.« Diese Gedanken beruhigten mich tatsächlich. Ich konnte wieder durchatmen, und das Gefühl des Ausgeliefertseins verschwand.

In den Räumen der Praxis ging das Spiel weiter. Ich forderte meine Angst auf, es sich bequem zu machen, sich alles genau anzuschauen und es sich gut gehen zu lassen. Es war unglaublich, mir wurde bei der Prozedur nicht mal übel. Nicht mal die grässliche Betäubungsspritze machte mir etwas aus. Ich überstand alles prima und wollte mich anschließend ganz herzlich bei der Angst bedanken. Aber die war längst verschwunden!

Ich hatte danach noch häufig Gelegenheit, mit meiner Furcht Kontakt aufzunehmen und dadurch brenzlige Situationen besser in den Griff zu kriegen. Auch mit Schmerzen gehe ich seit langem so um, als seien sie Gäste, ungebetene zwar, aber doch Gäste, die ich beachte, willkommen heiße, und die dann meist von selbst wieder das Weite suchen. Noch eine zweite Möglichkeit im Umgang mit Schmerzen hat sich bei mir bewährt. Ich schalte meine körperliche Wahrnehmung bewusst aus und ziehe mich zeitweise in die Meditation zurück.

Das erste Mal wandte ich diese Methode beim Zahnarzt an. Der Höflichkeit halber hatte er gefragt, ob ich eine Betäubungsspritze wollte. Ich war ganz entrüstet über die Frage, eine Behandlung ohne Spritze war für ein Sensibelchen wie mich unvorstellbar. War ich eine Märtyrerin oder was? Bevor der Zahnarzt zustechen konnte, wurde er in dringender Angelegenheit ans Telefon gerufen. Kaum war er weg, meldete sich meine innere Stimme und wies mich in forschem Ton darauf hin, dass ich nun endlich einmal so weit wäre, das bisschen Bohren ohne Betäubung zu ertragen. Die Stimme ignorierte meine gerechte Empörung über dieses Ansinnen und betonte, dass man an seinen Schmerzen wachsen könnte, und sie bestand darauf, dass ich mir diese großartige Gelegenheit, über mich hinauszuwachsen, nicht entgehen lassen dürfte. Schließlich kapitulierte ich und war bereit für das Experiment. Der Zahnarzt tauchte wieder auf, entschuldigte sich für die Unterbrechung und zückte die Spritze. Ich erläuterte ihm meinen Sinneswandel, und er, verblüfft über meinen heroischen Entschluss, versprach, dass er sofort aufhören würde, wenn ich die Schmerzen nicht mehr ertragen könnte. Ich sollte dann einfach die Hand heben.

Der bequeme Zahnarztstuhl lud geradezu zur Traumreise ein. Vor meinem geistigen Auge sah ich plötzlich eine unendliche Weite, in die ich bereitwillig eintauchte. Hier fühlte ich mich aufgehoben und geborgen. Hier herrschten Gelassenheit und Vertrauen. In dieser Welt, die ich aus meinen Meditationen kannte, gab es keine Störungen und keine Schmerzen. Alles war mit allem verbunden, jegliche Individualität löste sich auf. »Dein Wille geschehe« waren die Worte, die die Verbindung zum Urquell herstellten. Als der Zahnarzt sich von mir verabschiedete, konnte ich gar nicht glauben, dass alles vorbei war. Ich hatte nichts gespürt, ein wahres Wunder.

Mit dem Austritt aus der Krankenversicherung gab es keine Probleme. Ich war mit weichen Knien zur Verwaltung meiner Kasse gegangen, bereit, für mein Recht auf Ausstieg zu kämpfen. Überrascht stellte ich fest, dass mir einfach gestattet wurde zu gehen. Ich erhielt meine Papiere und fertig! Als ich das Gebäude verließ, fühlte ich mich freier als je zuvor.

Das erste »fremde« Zuhause

Bislang war alles nach Wunsch gelaufen. Aber wie würde es weitergehen? Würde ich noch den großen Katzenjammer kriegen, den Freunde und Bekannte mir prophezeit hatten? Hatte ich vielleicht doch übereilt gehandelt? Machte ich mir nur was vor und war im Grunde meines Herzens unglücklich? Aber ich fühlte keine Reue, kein Bedauern, nur große Erleichterung und innere Ruhe. Mein neues Heim gefiel mir. Ein riesiger Balkon mit vielen Topfblumen, die ich fleißig versorgte, lud zur Siesta. Die Maisonne gab ihr Bestes, und ich konnte es mir hier im zehnten Stock, ungestört von den Nachbarn, richtig bequem machen. Aber bis ich mich richtig zu Hause fühlte, dauerte es doch ein Weilchen.

Als Erstes füllte ich sämtlich Räume mit dem Duft der Salbeistäbchen, um die Atmosphäre zu reinigen. Jeden Abend hörte ich Musik, was mich immer entspannte, und unter den CDs fand ich einige alte Bekannte aus meinen ehemaligen Beständen. In den Regalen fand ich Bücher, die mich interessierten. Ich konnte mich beschäftigen, und die befürchtete große Leere stellte sich nicht ein. Ich hatte meine Feuerprobe als Besitzlose bestanden.

Meine zweite temporäre Bleibe war ein Häuschen auf dem Lande. Nur selten hörte oder sah man ein Auto, dafür gab es einen großen Garten. Eine Engelstrompete nahm mich dort duftend blühend in Empfang. Ich genoss die prächtigen Blumen und das stete Rauschen der Bäume, das frühmorgendliche Zwitschern und Singen der Vögel. Auch hier entdeckte ich interessante Lektüre und hörte Musik, die ich bis dahin nicht kannte. Ich fühlte mich ausgefüllt und geborgen, manchmal musste ich vor Rührung sogar weinen. Ich spürte, wie mein Lebenstraum wahr wurde: Daheim zu sein und doch in Bewegung.

Langsam gewöhnte ich mich an mein neues Dasein. Tagsüber arbeitete ich bei »Gib-und-Nimm«, abends ging ich statt in meine eigene Wohnung in eine fremde, die mir aber nicht fremd vorkam. Ich mochte nicht alle meine Gast-Domizile gleich gern. Manche Bleibe fühlte sich unangenehm an, weil sie mit überflüssigen Dingen vollgestopft war. Das machte aber nichts. Um so mehr konnte ich danach immer die jeweils nächste Wohnung genießen.

Manchmal bot sich mir sogar richtiger Luxus, eine Sauna oder ein riesiges Badezimmer. Die Abwechslung gefiel mir, und ich hatte ständig dieses Lied von Hannes Wader im Kopf: Heute hier, morgen dort. Manchmal schmetterte ich es sogar laut vor mich hin, und wenn es eine Gitarre gab, begleitete ich mich bei meinen Gesängen. Immer häufiger fühlte ich mich so frei und sorglos wie früher auf meinen Reisen, obwohl es, gerade in der Anfangszeit, auch viele Probleme gab, zum Beispiel bei der Versorgung mit Lebensmitteln und Kleidung.

Mein täglich Brot

Die Wohnungs- und Hausbesitzer, deren Heim ich hütete, füllten als Gegenleistung ihre Kühlschränke und Gefriertruhen. Manchmal bestellte einer auch wöchentliche Gemüselieferungen, die von den Biobauern der Gegend frei Haus geliefert wurden. Für mich war das ein annehmbarer Ausgleich: Kost und Logis gegen Einhüten, Blumen gießen, Katzen füttern, Gärten wässern, Hund ausführen etc.

In der Zeitung entdeckte ich einen Artikel über die Gründung einer Haushüter-Agentur. Wer ein polizeiliches Führungszeugnis vorlegte, konnte dort mitmachen und fremde Wohnungen einhüten, so wie ich es tat, mit dem Unterschied, dass die Agentur für ihre Dienste hundert Mark am

Tag berechnete. Dafür stellte sie sicher, dass der jeweilige Haushüter (oder die Haushüterin) seiner Anwesenheitspflicht mindestens 21 Stunden pro Tag nachkam. Anwesenheitspflicht! Wie furchtbar. Zwar ging auch ich Verpflichtungen ein, aber ich hatte immer das Gefühl, mich frei bewegen und nach Gusto kommen und gehen zu können.

Der Artikel kam mir gerade recht. Inzwischen hatte ich nämlich das deutliche Gefühl, bei meiner Tätigkeit mehr zu nehmen als zu geben. Nachdem ich von der Agentur erfahren hatte, machte ich mir ab und zu den Spaß, meine Leistung in Geld umzurechnen. Dabei kam ich oft auf Beträge von immerhin rund 3000 Mark monatlich – von denen im »Ernstfall« allerdings der größte Teil an die Agentur gegangen wäre.

In den ersten drei Monaten meiner neuen Existenz klappte die Lebensmittel-Versorgung reibungslos. Die Kühlschränke waren voll, es gab genügend Frischgemüse und Obst. Außerdem gestattete ich mir damals noch ein kleines »Taschengeld« von hundert Mark im Monat, die ich eigens zu diesem Zweck angespart hatte. Ich legte Wert darauf, alles sehr überlegt anzugehen, um bei meinem Balanceakt nicht das Gleichgewicht zu verlieren.

Als ich zum ersten Mal kein Haus zu hüten hatte und für den Übergang in die dafür vorgesehene Wohnung ziehen musste (in der es natürlich nichts zu essen gab), kam ich in Bedrängnis. Mein Experiment ließ so, wie es nun mal angelegt war, nicht zu, dass ich andere um etwas bat. Ich hatte keineswegs vor, zum Opfer meiner Ambitionen zu werden, aber etwas Prinzipientreue verlangte ich schon von mir. Entweder, es ergab sich etwas, oder es ergab sich nichts. Und manchmal ergab sich eben nichts. Und so saß ich da, in meiner praktischen Übergangsbleibe, und mir knurrte der Magen. Vor meinem inneren Auge sah ich herrliche Speisen: gedünstetes Gemüse, Kartoffeln, Eier, Salat und zum Dessert Schokoladenpudding mit Schlagsahne. Mir lief das Wasser im Munde zusammen. Nachdem ich mir noch ein paar andere Menüs zusammenphantasiert hatte, ergab ich mich der Realität. Tatsache war, dass die Brotbäckerin von »Gib-und-Nimm«, die mich einmal pro Woche versorgt hatte, gerade eine Umschulung machte und keine Zeit zum Backen hatte. Andere Quellen hatte ich momentan nicht, da es derzeit kein Haus gab, das ich hüten konnte. Irgendwas musste ich aber essen, also war Kreativität gefragt.

»Keine Panik«, ließ meine innere Stimme sich vernehmen. Leicht gesagt. Andererseits hatte sie Recht, und so beschloss ich, mein Schicksal aktiv in die Hände zu nehmen und mit anderen »Gib-und-Nimm«-Teilnehmern Brot zu backen. Wenn jeder etwas mitbringen würde und ich für den Ofen sorgte, hätte jeder was von der Aktion, und ich brauchte kein Geld. Ja, so müsste es gehen. Heute musste ich noch hungern, aber ab morgen würde gebacken!

Die Idee war gut, aber bevor ich sie in die Tat umsetzen musste, geschah ein Wunder. Das Telefon klingelte und jemand von »Gib-und-Nimm« erzählte mir von seinem neuen Job bei einem Vollwertbäcker. Der hätte nun das Problem, dass nicht genau abgeschätzt werden könnte, wie viel verkauft würde. Daher bliebe oft eine Menge Brot übrig, und es gäbe niemanden, der sich um die Verteilung der Reste kümmern könnte. Das aber hieß, dass das kostbare Gebäck oft verschimmelte. Ob »Gib-und-Nimm« nicht Bedarf hätte. Ich organisierte noch für denselben Abend ein Auto und holte zwei große Brotsäcke für »Gib-und-Nimm« ab. Und natürlich übernahm ich gern die zeitraubende Aufgabe, das Brot an Bedürftige zu verteilen.

Das ist nun schon vier Jahre her, und die Brotspende des Vollwertbäckers läuft immer noch. Einmal hat ein Trupp von »Gib-und-Nimm« den Laden renoviert, und manchmal haben wir Reklamezettel in der Stadt verteilt. Das steht natürlich in keinem Verhältnis zur steten Leistung des Bäckers, aber der ist einfach nur froh, dass er seine wertvolle Kost nicht wegwerfen muss.

Die Brotaktion brachte mich auf die Idee, Ähnliches auch mit anderen Lebensmitteln zu versuchen. Ich machte einen Rundruf bei großen Supermärkten, stellte mich und den Verein vor, wurde jedoch abschlägig beschieden. Lebensmittel, deren Verfallsdatum abgelaufen oder deren Verpackung beschädigt war, durften nicht unkontrolliert verteilt werden, hieß es. Mit schönem Gruß von der Bürokratie.

Mein Blick fiel zufällig auf die Telefonnummer des Bioladens um die Ecke. Vielleicht würde da etwas gehen. Der Inhaber war sofort von der Idee angetan. Er hatte schon viel von unserem Verein gehört und ohnehin ein ähnliches Problem wie der Bäcker: Er musste zu viel wegwerfen. Seit vier Jahren ist er jetzt bei »Gib-und-Nimm« im Boot, und inzwischen leben etliche Familien vom Überschuss des Bioladens. Als Gegenleistung, die natürlich wiederum viel zu gering ausfällt, jäten wir ihm manchmal den Garten oder fegen ihm den Hof, und gelegentlich gibt's durch die Beiträge über »Gib-und-Nimm« ein wenig Werbung. Nicht wirklich ein ausgewogenes Verhältnis, aber ich weiß heute, dass das Nehmen gelernt sein will, und ich habe es gelernt. Ich benutze längst keine Aktionsblätter mehr und mache mir kaum Gedanken über die Abrechnung. Es gibt ein Gleichgewicht, über das hinaus, was sich zählen lässt, und darum geht es in erster Linie.

Kleidung

Schon vor meinem »neuen Leben« hatte ich mich von verschiedenen Konsumgewohnheiten verabschiedet. Wenn ich ein Kleidungsstück kaufte, überlegte ich vorher sehr genau, ob ich es auch wirklich brauchte. Frustkäufe oder Shopping aus Langeweile hatte ich ersatzlos gestrichen. Ich wollte nicht länger zur allgemeinen Verschwendung beitragen, auf unserem Planeten wurde ohnehin viel zu viel Überflüssiges produziert. Aber manche Dinge brauchte ich einfach, um mich wohl zu fühlen. Auch in meinem »neuen Leben«. Das erste halbe Jahr war kein Problem. Ich trug einfach auf, was ich hatte. Schuhe, Pullover, Hosen. Es war ein merkwürdiges Gefühl, die Sachen wirklich erst dann wegzuwerfen, wenn sie hinüber waren. Schuhe mit durchlöcherten Sohlen und ausgefranste Pullis wanderten in den Container. Sie hatten ihr Soll erfüllt.

Die Abschaffung alles Überflüssigen führte zum intensiven Gebrauch des Notwendigen. Das Notwendige zur Verfügung zu haben, weckte nie gefühlte Dankbarkeit, die eine ganz andere Qualität in mein Leben brachte. Kleidung war plötzlich nicht mehr selbstverständlich, sondern ein Gebrauchsgegenstand, den ich mir irgendwie beschaffen musste. Die launische Frage »Was ziehe ich heute bloß an« hatte auf einmal eine sehr existenzielle Dimension. Manchmal versorgten meine Freundinnen mich mit dem einen oder anderen, aber das konnte keine Dauerlösung sein. Besser funktionierte da der früher erwähnte »Tauschrausch«. Hier, auf unserem ganz speziellen Flohmarkt, fand ich an jedem ersten Sonntag im Monat so manches, was ich prima brauchen konnte. Als Gegenleistung stellte ich meine Zeit zur Verfügung, organisierte die Aktionen und räumte anschließend auf.

Der Rest war Geschmackssache, und erstaunlicherweise machte mir genau das ziemlich zu schaffen. Ich war zwar nie eine Modepuppe gewesen, aber im Lauf der Jahre hatte ich doch einen eigenen Stil entwickelt, von dem ich glaubte, dass er gut zu mir passte. Ich wollte mich in meiner Haut und in meiner Kleidung wohl fühlen. Aber in dem Maße, in dem Klamotten zu Gebrauchsgegenständen wurden, ging mein eigener Stil verloren. Das wurde mir eines Tages schmerzlich klar, als ich meine Lieblingshose entsorgen musste und dafür sofort Ersatz von einer Freundin bekam. Die hatte in letzter Zeit ein paar Pfunde zugenommen und passte nicht mehr in das fast fabrikneue Modell. Beim Anprobieren stellte ich fest, dass das Teil mir ein bisschen zu groß war, aber weil ich nun mal unbedingt eine Hose brauchte, bedankte ich mich nett und behielt die edle Gabe gleich an. Sehr zum Entsetzen einer anderen Freundin, mit der ich mich kurz darauf traf.

Es war nicht mein bester Tag. Meine Haare hingen strähnig um mein Gesicht, die Hose passte nicht zum Pullover und schlotterte um meine Hüften, die Augen taten mir weh und alles war ganz schrecklich. Meine Freundin machte sich ernsthafte Sorgen um mich und nötigte mir Geld auf, damit ich in einem Second-Hand-Laden etwas kaufen konnte. Zerknirscht akzeptierte ich zehn Mark und trollte mich zum Einkaufsbummel. Ich war meiner Devise untreu geworden, dass alles, was ich brauchte, zur rechten Zeit zu mir kommen würde. Beziehungsweise meine Devise war mir untreu geworden. Irgendwie hatte es diesmal jedenfalls nicht geklappt.

Im Laden fand ich eine Hose, die zwar nicht unbedingt todschick war, aber doch wesentlich besser zu mir passte als die andere, die ich gleich dort zurückließ. Ich war immer noch deprimiert, vor allem, weil ich nicht verstand, was mir da passiert war. Und aus welchem Grund.

Die Antwort bekam ich bald. Eine Frau von »Gib-und-Nimm« lud mich zu sich nach Hause ein, weil sie mir ein paar Kleidungsstücke vermachen wollte. Unter ihren ausrangierten Sachen, sagte sie, wären viele, bei denen sie gleich an mich gedacht hätte. Und tatsächlich: Es gab Hosen, Blusen, Pullover, sogar einen schönen Mantel – alles wie für mich geschaffen. Mit zwei großen Tüten zog ich von dannen, überglücklich, aber auch ziemlich nachdenklich. Offenbar hatte ich gerade eine Lektion erteilt bekommen. Ich war nachlässig geworden in meinem neuen Leben, hatte alles hingenommen, ob es jetzt »stimmig« war oder nicht. Dabei war ich aus dem Gleichgewicht geraten, in ein seelisches Tief, das ich ohne die Schlotterhose wahrscheinlich gar nicht bemerkt hätte. Ohne dieses Drama hätte ich mich vermutlich einfach nur über die schönen Sachen gefreut, die die Frau mir geschenkt hatte, ohne mir weitere Gedanken darüber zu machen. Aber jetzt trug ich meine neue Garderobe nach Hause und unterzog den Rest meiner Kleidung einer kritischen Prüfung. Alles, was eindeutig nicht zu mir passte, legte ich auf einen Stapel, den ich dann komplett verschenkte.

Seit damals ist die Kleiderfrage ein hübsches Spiel für mich geworden. Ich schenke meiner Garderobe wieder die Aufmerksamkeit, die sie verdient, weil ich mich darin wohl fühlen muss. Aber ich bleibe dabei locker und sorglos. Und meist findet sich dann etwas, mit dem ich überhaupt nicht gerechnet hätte.

Wunder

In meinem neuen Leben gab es unzählige Überraschungen. Für mich nannte ich sie Wunder, aber da die meisten Menschen mit dem Begriff nicht viel anfangen können, wich ich im Gespräch auf das Wort Überraschung aus. Überhaupt machte ich viele Konzessionen, weil ich niemanden provozieren oder verschrecken wollte.

Das war nicht immer so. Zu Beginn meiner spirituellen Schulung versuchte ich immer wieder, meine Begeisterung über die Wunder, die ich täglich erlebte, anderen Menschen mitzuteilen. Wie oft fragte ich jemanden: »Merkst du denn nicht, dass die Engel wieder mitspielen.« Meist wurde ich belächelt und bekam zu hören: »Ach, Heidemarie und ihre Engel.« Um mich nicht ständig lächerlich zu machen, verzichtete ich alsbald darauf, meine Engel-Erlebnisse teilen zu wollen.

Aber im Stillen freute ich mich weiter daran. In meinem »neuen Leben« gab es mehr Wunder denn je, vor allem in der leidigen Ernährungsfrage. Wann immer ich mich in Gedanken mit Schokolade oder anderen Köstlichkeiten beschäftigte, fand ich sie kurze Zeit später. Manchmal lagen sie buchstäblich für mich auf der Straße, direkt vor meinen Füßen. Oder meine Zahnpasta und mein Shampoo gingen zur Neige, und unmittelbar darauf spazierte eine Bekannte mit einer Tüte vorbei, die sie mir mit den Worten »Was du nicht brauchst, kannst du ja weitergeben« in die Hand drückte. Sie hätte gerade ihren Badezimmerschrank durchgeräumt und aussortiert, was sie doppelt und dreifach besaß. Sie kam wie gerufen. Und dass in der Tüte genau die Sachen waren, die mir fehlten, war – na gut: eine Überraschung.

Noch ein Beispiel. Mein letztes Paar Schuhe fühlte sich entschieden dünnsohlig an, ein neues war nicht in Sicht, und ich hatte mich bereits auf klamme Füße eingestellt, als ich vor »meiner« Haustür eine Plastiktüte fand. Darin waren drei Paar nagelneue Schuhe und ein Zettel mit den Worten: »War ein Fehlkauf. Ich hoffe, sie passen dir.«

Ich erlebte solche Wunder inzwischen täglich. Da war zum Beispiel die Sache mit dem Rotkehlchen. Seit einiger Zeit beschäftigte ich mich mit Vogelstimmen und konnte schon eine ganze Reihe erkennen, wenn ich sie hörte. Der Gesang des Rotkehlchens lässt sich jedoch nur schwer identifizieren, und jedesmal, wenn ich glaubte, unterwegs eins zu hören und jemanden fragte, ob das nicht ein Rotkehlchen sei, kriegte ich ein Achselzucken zur Antwort. Und dann hörte ich eines Morgens wieder diesen Gesang, schaute hoch und entdeckte auf dem obersten Ast eines Baums den dazu gehörigen Vogel. Eindeutig ein Rotkehlchen. »Danke«, dachte ich. »Jetzt weiß ich endlich Bescheid.«

Manchmal marterte ich mich mit einem Thema aus Politik oder Wirtschaft. Ich grübelte und grübelte und fand keine Antwort auf meine Frage. Und plötzlich standen Leute neben mir und unterhielten sich über genau mein Thema. So lange, bis ich meine Antwort hatte. Solche Vorfälle waren und sind für mich Zeichen aus einer anderen Welt, die mir mitteilen sollen, dass ich nicht allein dastehe, sondern unterstützt und getragen werde.

Die innere Stimme, die sich immer mal wieder meldet, war auch so ein Zeichen. Ich empfinde sie als Teil eines göttlichen Funkens, der mir weit wichtiger wurde als alles andere auf der Welt. Diesen Funken will ich, wie Goethe sagt, zur Flamme werden lassen, darum kreist mein gesamtes Sein, daraus schöpfe ich viel Kraft, die ich an andere weitergeben will. Ich erinnere mich sehr gut daran, wie es war, ohne diese Kraftquelle zu sein, denn ich hatte viele Jahre meines Lebens als Atheistin verbracht, stolz darauf, mein Leben ganz allein zu meistern. Die Wiederentdeckung von Gott und den Engeln gibt meinem Leben einen neuen Sinn. Ich würde meinen Mitmenschen gern dabei helfen, sich für derlei Erlebnisse zu öffnen, aber das Missionieren habe ich inzwischen abgelegt. Hoffentlich. Es schadet letztlich mehr, als es nützt, denn schließlich geht es darum, dass jeder für sich persönlich Zeichen und Wunder erkennt.

Post und Telefon

Ich schreibe leidenschaftlich gern Briefe. Und ich telefoniere gern und ausführlich. Auf beides wollte ich keinesfalls verzichten, aber wie sollte das gehen, ohne Geld? Wie auch immer – es musste gehen! Da kam mir das Internet gerade recht. Während unserer Nachmittage im Internet-Café bekam ich meinen eigene E-mail-Adresse, und meine erste Mail ging nach Kanada, wo mein Neffe wohnte. Er freute sich über diesen unerwarteten Kontakt und antwortete ein paar Mal. Auf Dauer wurde es ihm jedoch zu teuer, und unsere Mail-Beziehung schlief wieder ein.

Erstaunt konnte ich feststellen, wie viele Menschen inzwischen ihre Korrespondenz übers World Wide Web erledigten. Ständig bekam ich neue Adressen dazu, und bald schrieb ich genau so viele Briefe wie eh und je. Allerdings waren es jetzt ganz andere Leute als früher, mit denen ich mich austauschte, denn die meisten meiner Freundinnen waren noch nicht online.

Es dauerte eine Weile, bis ich meine Mails guten Gewissens in die Welt schickte. Zwar versicherten mir die jungen Leuten vom Internet-Café, dass meine Post nichts extra kostete, wenn ich ohnehin den ganzen Tag vorm Rechner verbrachte, aber das wollte mir zunächst nicht so recht einleuchten. Ich glaubte, die Jungs wollten mich nur beschwichtigen, irgendwann verstand ich dann doch das Prinzip. Für eine monatliche Pauschale durfte am jeweiligen Anschluss so lange gemailt oder gesurft werden, wie jemand Spaß daran hatte. Der Betrag musste ohnehin gezahlt werden, egal ob der Rechner genutzt wurde oder nicht. Die meisten Surfer beteiligten sich an der Rechnung, denn das Geld musste ja irgendwoher kommen. Mit mir hatte das nicht viel zu tun. Ich mailte nur, wenn es nichts weiter kostete. Trotzdem überlegte ich mir, was ich statt des Geldes für das »Geschenk« des Internets geben könnte.

Die Lösung lag auf der Hand. In diesem Büro voller junger Männer war der Abwasch immer ein Problem. Also spülte ich

Geschirr. Anfangs fragte ich mich schon, ob es in Ordnung war, den Jungs diese typisch hausfrauliche Tätigkeit abzunehmen. Verstärkte ich damit nicht genau das Paschaverhalten, über das sich die Frauen in der Gruppe immer beklagten? Mit dem Kochen war's genauso. Ich kochte gern und lud die jungen Männer oft zum Essen ein. Aber auch damit gab ich die alten Verhaltensmuster – Frauen kochen, Männer denken – an eine neue Generation weiter. Oder nicht? Irgendwann stellte ich fest, dass ich mit derlei Bedenken in eine Mutterrolle geschlüpft war, die mir nicht zustand und mit der ich auch nichts zu tun haben wollte. Ich musste diese jungen Männer nicht erziehen, ich gab ihnen etwas, weil ich etwas von ihnen bekommen hatte, das Vergnügen nämlich, mich online in die Welt verbreiten zu können. Das war völlig okay. Zwar hätte ich lieber meine Fähigkeiten als Therapeutin zur Verfügung gestellt, aber die waren hier offensichtlich nicht gefragt. Also gab ich das, was mir angemessen erschien.

Und bald stellte ich fest, dass der stete Wechsel zwischen der Denkarbeit am Computer und der rein mechanischen Tätigkeit des Abwaschens mir gut tat. Zum Prinzip von »Gib-und-Nimm« gehörte nun mal, dass nicht jeder immer das geben konnte, was ihm am liebsten war. War das Angebot nicht erwünscht, mussten Alternativen her. So hatte ich in dem Laden, über den wir Obst und Gemüse bezogen, angeboten, therapeutische Einzelberatung zu machen oder Supervision für das Team. Als niemand darauf ansprang, griff ich stattdessen zum Besen und fegte den Hof. Für den Ladeninhaber war es eine sinnvolle Dienstleistung und ich hatte die Chance, Vorurteile bestimmten Arbeiten gegenüber abzubauen. Wieder einmal hatten alle etwas davon.

Als ich Dortmund für ein Jahr verließ, musste ich zunächst ohne Internet, Telefon und Post auskommen. Wieder einmal übte ich, mich von liebgewordenen Dingen zu trennen, was mir nicht selten ziemlich schwer fiel. Wie so oft wendete sich alles zum Guten. Heute habe ich ein Handy, einen Telefonanschluss und eine E-Mail-Adresse, und ich habe keinen Pfennig dafür bezahlen müssen. Alles hat sich durch Tausch ergeben, meine Situation ist in sich stimmig geblieben, und unbefriedigende Kompromisse muss ich längst nicht mehr machen.

Erster Aufbruch

Vier Jahre »Gib-und-Nimm« waren genug. Mein Tagesablauf ähnelte inzwischen einem festem Beruf: Morgens Büroarbeit, danach ein paar Gespräche, dann gemeinsame Aktivitäten. Menschen, die neu im Verein waren, zeigten sich nach anfänglicher Euphorie meist enttäuscht oder frustriert. Von meinem Experiment wollte auch niemand mehr was hören. »Ja, du kannst vielleicht so leben«, hieß es immer öfter. »Ich aber muss.«

Aus dem geplanten einen Jahr ohne Geld waren inzwischen zwei geworden. Mein Leben hatte an Qualität gewonnen, sowohl auf den Umgang mit Menschen als auch auf meine Tätigkeiten bezogen. Immer und überall war ich meine eigene Chefin, und im Unterschied zu früher war die Notwendigkeit, Geld zu verdienen, weggefallen. Ich wollte auf keinen Fall wieder zurück in mein altes Leben.

Durch das Tauschen und Teilen traf ich viele unterschiedliche Menschen, mit denen ich ohne dies nie zu tun gehabt hätte. Mal passte ich auf eine bettlägerige Achtzigjährige auf, mal hütete ich ein dreijähriges Kind. Mal traf ich mich mit einem wohlsituierten Professor, mal mit einem Arbeitslosen. Mal brachte ich einer allein erziehenden Mutter oder einer einsamen Seniorin das Brot vorbei, dann wieder verabredete ich mich mit einem jungen Mann, der Vogelwanderungen anbot. Oder ich bedankte mich bei einer Frau, die mir ihr übertragbares Straßenbahnticket überließ. Sie alle waren mir ans Herz gewachsen.

Ich war jetzt mit allen Dingen des täglichen Lebens gut versorgt und konnte eigentlich zufrieden sein. Mein Teller war gut gefüllt. Warum nur musste ich ständig über den Tellerrand hinausschauen, auf eine Welt, die ich immer noch verändern wollte? Noch immer hatte ich mein Versprechen von damals nicht eingelöst. Die »Gib-und-Nimm-Zentrale« konnte inzwischen ohne meine Hilfe weiterlaufen. Es gab genug Menschen, die mein Projekt ebenso engagiert leiten würden, wie ich es getan hatte. Es war wieder einmal Zeit für mich zu gehen.

Meine erste Reise ging nach Rendsburg. Hier wohnte eine Freundin, bei der ich übernachten konnte, und es gab einen Tauschring, zu dem ich bereits Kontakt aufgenommen hatte. Die Gruppe traf sich immer mittwochs, also fuhr ich an einem Mittwoch. Mein Bahnticket bezahlte ein Radiosender, der vor einiger Zeit einen Beitrag über mich gebracht hatte.

Der Rendsburger Tauschring war etwas anders organisiert als unser Dortmunder. Er wurde von der Volkshochschule geleitet, und es gab ausreichend Räume, Computer, einen großen Verteiler und reichlich PR-Möglichkeiten. Aber ähnlich wie »Gib-und-Nimm« dümpelte die Gruppe vor sich hin, ohne wirkliche politische Ambitionen. Bei anderen Tauschringen in der Nähe sah es auch nicht anders aus. Gemeinsam überlegten wir, woran das liegen könnte, und kamen zu dem Ergebnis, dass die meisten Tauschenden es einfach nicht nötig hatten. Anders als in den kargen Nachkriegsjahren war keiner wirklich auf den anderen angewiesen. Das Geben und Nehmen war letztlich ein alternatives Spiel.

Mein Experiment »Leben ohne Geld« war bei Medien und Öffentlichkeit auf großes Interesse gestoßen. Meine Idee zog ihre Kreise: Nach einem Vortrag, den ich in der Volkshochschule hielt, bot mir ein Ehepaar seine Wohnung zum Hüten an. Weitere folgten, ich wurde nach und nach zur fortgeschrittenen Haushüterin. Mal verbrachte ich ein paar Wochen am Meer, dann wieder eine Zeit in den Bergen, wechselte in ein Waldhaus auf dem Lande und wohnte plötzlich wieder mitten in der Großstadt. Das »Heute hier, morgen dort« hatte sich nun auch geographisch entwickelt. Was mir anfangs gut gefiel. Schnell war das ganze Jahr ausgebucht. Täglich bekam ich Anrufe von Menschen, die mir Wohnraum anboten. Keine Ahnung, wie sie meinen jeweiligen Aufenthaltsort herausfanden, ein Handy besaß ich damals noch nicht.

Manchmal landete ich in einem Dorf, in dem ich niemanden kannte. Ich versuchte, Kontakte zu knüpfen und meine Tauschideen zu vermitteln. Gelegentlich lud ich mir Gäste aus Dortmund ein, was ich vorher natürlich mit den jeweiligen Hausbesitzern abgesprochen hatte. Für viele Besucher war der Aufenthalt bei mir ein Urlaub, den sie sich sonst nicht hätten leisten können.

Alles lief perfekt, und dennoch merkte ich wieder, wie zuletzt bei »Gib-und-Nimm«, dass es immer noch nicht das war, was ich wirklich wollte. Ich hatte keine Lust mehr, als exotisches Original herumgereicht zu werden, hatte keine Lust mehr auf die üblichen, immer gleichen Fragen und Vorhaltungen: »Was wäre, wenn jeder so leben würde? Einer muss doch die Brötchen verdienen!« Es war stets dasselbe. Entweder die Leute lehnten mich ab, oder sie setzten mich auf einen Thron, auf dem ich nichts verloren hatte. Und von dem sie mich schon bald wieder herunterholten.

Ich wollte gar nichts Besonderes sein und schon gar nicht berühmt oder was mir sonst noch alles unterstellt wurde. Mir ging es immer nur darum, Wege zu finden, auf denen die Menschen zu einem besseren Miteinander finden konnten. Dafür brauchte ich die Unterstützung von allen, die bereit waren, über ihren eigenen Tellerrand zu schauen.

Reisen

Ich war immer gern auf Reisen. Reisen schafft Überblick und baut Vorurteile ab. Ich achtete darauf, dass meine Fahrten möglichst ungeplant und abenteuerlich waren. Als ich mit dem Haushüten in der Fremde anfing, begann die Bahn mit ihren Wochenendtickets. Zu Beginn der Aktion konnte man für fünfzehn Mark durch die gesamte Bundesrepublik fahren. Auf einen Gruppenfahrschein durften fünf Personen zwei Tage lang reisen, und auf einmal waren die Züge wieder voll. Die Menschen rückten zusammen und hatten Spaß. Viele Reisende nahmen fremde Leute mit auf ihr Ticket, und die teilten dafür ihren Reiseproviant. Dieses Geben und Nehmen war ganz nach meinem Geschmack. Leider wurden die Preise nach kurzer Zeit erhöht, erst auf dreißig, dann auf fünfunddreißig Mark.

Für mich waren diese Wochenendtickets eine Möglichkeit, ohne Geld lange Reisen zu machen. Die erste dieser Fahrten ging von Rendsburg nach Oberstdorf, einmal quer durch Deutschland. Zwei Tage würde ich unterwegs sein, denn es durften nur die Nahverkehrszüge benutzt werden. Das hieß, man musste dauernd umsteigen, was mir nichts ausmachte. Ich hatte Zeit und viel Vergnügen an Begegnungen mit unterschiedlichen Menschen. Ganz mittellos war ich übrigens nicht: Meine vorige Hausbesitzerin hatte mir fünfunddreißig Mark überlassen, die möglichst unberührt bleiben sollten – eine Art eiserne Reserve.

Als ich am Rendsburger Bahnhof stand, rutschte mir trotzdem das Herz in die Hose. Außerdem hatte ich einen Klumpen im Magen. Mir fielen die Bettler in Dortmund ein, die mit ihrer »Haste mal 'ne Mark«-Anmache den meisten Leuten auf die Nerven gingen. So etwas Ähnliches würde ich jetzt auch sagen müssen. Vielleicht konnte ich mir ja etwas Lustiges einfallen lassen? In Dortmund gab es ein paar wirklich kreative Bettler, aber betteln blieb doch betteln! Und alles in mir sträubte sich dagegen. Ich hatte diese Situation schon so oft mit anderen durchgespielt, ohne je zu einer Lösung gekommen zu sein.

Eigentlich ging es doch nur um das Prinzip Geben und Nehmen, versuchte ich mir einzureden. Ich hatte meine »Sterntaler«-Hefte dabei, die ich als Gegenleistung verteilen wollte. Außerdem konnte ich als interessante Gesprächspartnerin jemandem auf angenehme Weise die Reise verkürzen.

Oder... Alle Beschwichtigungsversuche halfen nichts, ich mochte und mochte nicht betteln. Aber da ich mir diese Übung für genau dieses Wochenende vorgenommen hatte, zog ich sie auch durch.

Meine Wahl fiel auf eine Frau mittleren Alters mit einem Koffer, die allein auf einer Bank saß. Ich setzte mich dazu und begann ein Gespräch, das zum Thema führte, allerdings zunächst ohne Bezug auf mich. Dann fragte ich, schon direkter: »Reisen Sie auch mit dem Wochenendticket?« Sie bejahte, und ich wagte den nächsten Vorstoß. »Würden Sie mich denn mitnehmen?« Um dieses Bettelgefühl loszuwerden, erzählte ich ihr rasch von meinem Experiment. Sie hörte interessiert zu und schien bereit, sich auf eine fremde Person einzulassen. Als sie eine Station vor mir ausstieg, schenkte sie mir sogar ihren Fahrschein. Damit war die Weiterreise nach Bayern gesichert.

Später habe ich ähnliche Situationen häufig erlebt. Ich war dankbar für meine Erfahrungen, denn ich sah eine Chance darin, eine Möglichkeit, Misstrauen abzubauen und uns füreinander zu öffnen. Durch diese Gruppenkarten der Deutschen Bahn konnten aus Fremden Bekannte oder sogar Freunde werden. Ich bekam auf diese Weise viele Briefe, Anrufe oder Einladungen zu Vorträgen, und meine Bitte, mitgenommen zu werden, stieß niemals auf Ablehnung. Trotzdem war es mir nie leicht gefallen, den ersten Schritt zu tun. Obwohl die Situation, die sich aus meiner Annäherung ergab, dem Idealzustand glich, den ich schon so lange im Kopf hatte. Der Vision einer Zukunft, in der fremde Menschen überall aufeinander zugehen und schon nach kurzer Zeit keine Fremden mehr sind.

»Und was machen Sie, wenn Sie sich ein Bein brechen?« Immer wieder tauchte diese Frage auf. Zwei Jahre brauchte ich, bis ich schließlich eine Antwort fand, die die Zuhörer zufrieden stellte. Davor hatte ich mich immer gerechtfertigt oder wurde aus Unsicherheit ärgerlich und grob. »Ich werde nicht krank, und ich breche mir kein Bein«, behauptete ich damals, und jedesmal war ich am nächsten Tag erkältet oder verschnupft, jedenfalls alles andere als gesund. Hochmut, sollte mich das lehren, war keine Lösung.

Fortan begann ich meine Erklärungen behutsamer. »Was ich hier mache, ist ein Experiment, mit dem ich niemandem schaden will«, betonte ich. »Im Gegenteil, es geht darum, neue Wege für uns alle zu finden. Natürlich gehe ich ein großes Risiko ein. Sie müssen jedoch bedenken, dass der Staat jedem Arbeitslosen monatliche Beiträge zahlt, unter anderem auch die Krankenversicherung, und bei einem Beinbruch würde der Staat alle Kosten tragen. Niemand regt sich darüber auf, weil die Gesetze es so vorsehen. Mein Bestreben geht aber dahin, Eigenverantwortung in allen Bereichen zu übernehmen. Mein Experiment soll keinesfalls auf Kosten anderer gehen. Bestimmt gäbe es eine Lösung, falls ich mir ein Bein bräche.«

Diese Rede kam besser an, jedoch blieb mein Austritt aus der Krankenversicherung jahrelang das wichtigste Thema nach meinen Vorträgen. Und wenn ich ehrlich war: So ganz wohl war mir bei der Sache nicht. Ich hatte mit Ängsten zu kämpfen und war in diesem Punkt keineswegs so souverän, wie ich gern sein wollte. Das hatte natürlich Konsequenzen.

Eines Morgens biss ich in ein Vollkornbrot, und da passierte es: Ein knackendes Geräusch und ein hartes Teil, das ich mit der Zunge spürte, ließen keinen Zweifel: Ein Zahn war abgebrochen. Ich saß wie versteinert und traute mich nicht weiterzukauen. Später stellte sich heraus, dass der halbe Zahn übrig geblieben war. Trotzdem kroch Panik in mir hoch. Wahrscheinlich musste Zahnersatz her, der mindestens tausend Mark kosten würde. Woher nehmen? Als Erstes fiel mir ein, jemanden zu bitten, die Kosten zu übernehmen. Aber nein, das konnte ich nicht. Damit wäre mein Experiment gescheitert. Dann erinnerte ich mich an eine Zahnärztin, die Heidemarie Stern hieß. Ich selbst nannte mich gelegentlich Heidemarie Sterntaler und hatte immer gedacht, dass ich, sollte ich jemals einen Zahnarzt benötigen, zu Frau Dr. Stern gehen würde. Jetzt war es also so weit.

Vor der Behandlung erklärte ich der Ärztin, dass ich keine Krankenversicherung hätte. Zunächst ging es nur um die Voruntersuchung und Beratung. Nach dem Röntgen stand fest: Der Zahn musste raus. Frau Stern schlug vor, ihn gleich zu ziehen, weil die Reste ohnehin in spätestens einer Woche abbrechen würden. Dann fragte sie: »Oder wollen Sie es darauf ankommen lassen?« Ich sagte sofort ja. Die Vorstellung, eine Lücke im Mund zu haben, die bei jedem Lachen sichtbar wurde, war mir unerträglich. »Ich glaube an Wunder, vielleicht bleibt er ja stehen«, erklärte ich. Für die Behandlung berechnete die Ärztin fünfunddreißig Mark, die ich sofort aus meiner eisernen Reserve bezahlen konnte. Der Zahn hielt vorerst, und er bereitete mir keinerlei Schmerzen.

Auch ein zweites Mal hatte ich Glück mit meinen Zähnen. Ich wachte nachts mit unerträglichen Schmerzen auf und spürte wieder den altbekannten Angstklumpen im Magen. »Siehst du jetzt, wie dumm es war, aus der Versicherung auszusteigen«, rief er mir höhnisch zu. »Du kannst mit deinen absurden Ideen nicht gegen alle Vernunft antreten. Überwindung von Krankheiten. Was für ein Blödsinn! Du bist ein Mensch wie alle anderen, und deine Zähne werden ausfallen, einer nach dem anderen, wenn du sie nicht behandeln lässt.«

Verzweifelt wälzte ich mich im Bett herum. Ein Zahnarztbesuch würde sich wohl nicht vermeiden lassen. Plötzlich fiel mir die »Frau, die von Lichtnahrung lebt« ein. Seit fünf Jahren aß und trank diese Person nichts mehr, was jeder normale Mensch für komplett verrückt und unmöglich hielt, und lebte dennoch vergnügt weiter. Als sie mit ihrem Versuch begann, wurde ihr bestimmt prophezeit, dass sie daran zugrunde gehen würde. Sie wagte es trotzdem.

Das war die Antwort auf meine Not. Es ging um Gottvertrauen, aber auch darum, zu mir und meinen Ideen zu stehen. Krankheiten ließen sich überwinden! Mit einem Gebet schlief ich ein, und am nächsten Morgen waren die Schmerzen schon leichter zu ertragen. Im Laufe der kommenden Tage wurden sie immer schwächer, und irgendwann waren sie ganz verschwunden.

Die Medien merken auf

Nach dem ersten Artikel über die »Gib-und-Nimm-Zentrale« entstand ein reger Kontakt zu den Dortmunder Zeitungen, auch Radio- und Fernsehsender meldeten sich, und das Interesse an meinen Aktionen blieb über die Jahre bestehen. Einmal musste ich morgens um sieben für ein Interview bei RTL sein. Es war mein erster Auftritt, und ich hatte nicht die leiseste Ahnung, was mich erwartete. Allerdings rechnete ich mit einem Schminkraum im Studio und verzichtete daher, in aller Herrgottsfrühe, sogar auf meinen üblichen Lippenstift.

Von wegen Maske! Im Studio empfing mich ein Techniker, sonst war niemand zu sehen. In einem Raum stand ein Tisch mit einem Mikro, da sollte ich mich hinsetzen. Ein paar Meter entfernt flimmerte ein Monitor, auf dem sollte gleich der körperlich in Berlin weilende Moderator auftauchen und seine Fragen stellen.

Ich setzte meine Brille nicht auf und konnte den Interviewer daher nur schemenhaft über den Bildschirm geistern sehen. Er wollte Dinge wissen, über die ich noch nie nachgedacht hatte. Etwa ob es bei »Gib-und-Nimm« auch Schäferstündchen gäbe. Erst war ich perplex, aber dann kam ich ganz gut über die Runden. Der Techniker lobte mich jedenfalls, weil ich mich kaum geräuspert und nicht zu lange mit den Antworten gezögert hätte.

Das Radiointerview tags darauf war viel angenehmer. Diesmal saß der Moderator mir gegenüber, und er stellte Fragen, auf die ich sinnvoll antworten konnte. Später ging ich den Mitschnitt der Sendung mit Freundinnen durch und übte, noch präziser zu antworten. Dennoch, jedesmal, wenn ich ins Studio musste, hatte ich Lampenfieber. Das war mir unangenehm und störte die Arbeit. Es sollte aufhören, dahin verschwinden, woher es kam. Selbstanalyse tat wieder mal Not.

Die Symptome waren klar. Der graue Angstklumpen im Magen bildete sich aus Furcht vor Blamage, davor, dass ich eine

Frage nicht verstand, nicht schlagfertig war, den Moderator durch Begriffsstutzigkeit verärgerte. Gleichzeitig spulten sich vor meinem inneren Auge Szenen meiner Vergangenheit ab. Heidemarie in der Schule, an der Tafel, unfähig, die Fragen des Mathelehrers zu kapieren. Aber wie damals die Angst, kriegte ich jetzt auch das Lampenfieber in den Griff. Sei einfach, wie du bist, empfahl meine innere Stimme, und wenn etwas nicht perfekt rüberkommt, ist das auch in Ordnung. Steh zu dir, und alles wird gut.

Ich folgte brav, und alles wurde gut. Statt mir Gedanken über die Moderatoren zu machen, überlegte ich, was ich den Zuschauern sagen wollte. Schließlich ging ich nicht für die Journalisten ins Studio, sondern für die Leute vor den Fernsehapparaten und Radios. Sollten die Interviewer ruhig ihr Mütchen an mir kühlen, eigene Unsicherheiten durch Zynismus überspielen, wie manche es durchaus taten, ich konnte sie einfach da lassen, wo sie waren, in ihren festgefahrenen Verhaltensmustern, und sagen, was ich zu sagen hatte. Ganz ohne Lampenfieber.

Vom Frauensender TM3 wurde ich dreimal eingeladen. Erst zum Thema »Gib-und-Nimm-Zentrale«, dann zum Thema »Engel« und schließlich zum Thema »Leben ohne Geld«. Zwischen den Auftritten lag jeweils ein Jahr, und ich konnte feststellen, dass ich im Umgang mit der Studiosituation und dem Moderator immer »professioneller« wurde.

Die meisten Sendungen entstanden bei mir zu Hause, erst in meiner eigenen Wohnung, dann in den jeweiligen Gast-Häusern. Zu jedem Dreh gehörte ein Bummel durch die umliegenden Straßen. Eine perfekte Übung fürs Selbstbewusstsein, wie ich rasch merkte. Denn natürlich fiel es auf, wenn ich mit einem Kamerateam unterwegs war. Passanten guckten, blieben stehen, viele fragten, was hier gespielt würde. Anfangs war mir das unangenehm, aber dann bemerkte ich es kaum noch.

Mir ging es nicht um den Rummel, sondern um Inhalte. Bald verzichtete ich auf Kürzestbeiträge, in denen kein Thema, kein Anliegen befriedigend abgehandelt werden konnte. Ich wollte nicht den Pausenclown spielen, ich wollte die Medien für meine Zwecke gewinnen. Und dadurch immer mehr Menschen erreichen. Was auch funktionierte. Durch die Öffentlichkeit, in der ich jetzt lebte, entstanden viele wertvolle Kontakte, direkt oder übers Internet. Zum Beispiel nach dem Radio-Interview mit Carsten Günther.

KAPITEL 4

Dialoge und Diskussionen

Anfang 2000 sendeten einige Rundfunkanstalten, darunter der SWR und der HR, ein Interview, das der Journalist Carsten Günther mit mir geführt hatte. Es war ein ausführliches Gespräch, in dem, wie ich glaube, ziemlich viel von meinem Anliegen vermittelt wurde. Jedenfalls haben sich nach den Sendungen zahlreiche Menschen bei mir gemeldet, darunter Rudi Eichenlaub vom Lebenshaus Heitersheim, mit dem ich anschließend eine lebhafte Online-Diskussion führte. Ich möchte beides, das Interview (als Mitschnitt der SWR-Sendung vom 6. Januar 2000) wie auch die Korrespondenz, meinen Lesern nicht vorenthalten. Denn manchmal helfen ein paar fremde Blicke aufs Geschehen.

Ein Leben ohne Geld. Von Carsten Günther

Zunder, Knete, Kohle, Mammon – eines ist klar: In unserer Gesellschaft dreht sich letzten Endes alles ums Geld. Die Regierung muss sparen, weil das Geld knapp ist, wir bringen unser Erspartes zur Bank, weil wir uns davon mehr Geld versprechen – und überhaupt: alles kostet Geld. Da ist es schon sehr schwer, sich aus diesem Kreislauf auszuklinken. Trotzdem entschließen sich immer wieder Menschen, bei diesem Spiel nicht mehr mitzumachen. In Dortmund gibt es eine Frau, die seit über drei Jahren ohne Geld lebt – ganz freiwillig. Und die fühlt sich reicher denn je, wie sie sagt. Carsten Günther hat sie besucht:

Schwermer: Erst wollte ich es nur ein Jahr lang machen. Und dann habe ich gemerkt, dass ich immer freier werde. Ich kann mir plötzlich alles leisten. Diese Freiheit, die ich mir dadurch erworben habe, ist einfach grandios.

Günther: Viele wollen es ihr nicht glauben, manche halten sie für verrückt – doch Heidemarie Schwermer beweist es täglich: Ein Leben ohne Geld ist tatsächlich möglich.

Schwermer: Gestern hat mich einer angerufen und gesagt, das glaub ich dir sowieso nicht, du spinnst. Man kann nicht ohne Geld leben in diesem Staat, wo alles was kostet. Ich habe gesagt: Gut, dann glaubst du's halt nicht, aber ich mach es so.

Günther: Angefangen hat alles im Februar 1994, als Heidemarie Schwermer einen Tauschring gründete, die »Gib-und-Nimm-Zentrale« in Dortmund.

Schwermer: Irgendwann hab ich im Radio gehört, dass es in Kanada und den USA diese Tauschringe gibt, und von Deutschland kannte ich das noch nicht. Da habe ich gedacht, das mach ich hier auch.

Günther: Schon damals träumte sie von einem Leben, in dem sich das Miteinander von Menschen durch Tauschen und Teilen regeln lässt.

Schwermer: Und da habe ich gedacht, bevor ich da was predige, lebe ich das doch einfach.

Günther: Ein Experiment – zunächst. Schritt für Schritt schaffte sie das Geld für sich selbst ab. Ein Jahr lang hütete sie die Häuser von Freunden und Bekannten, die gerade im Urlaub waren. Im Gegenzug bekam sie zu essen und kostenlose Unterkunft.

Schwermer: Ich habe meine Wohnung zunächst noch behalten, war aber schwerpunktmäßig in anderen Wohnungen. Bis dann eine Frau von »Gib-und-Nimm« zu mir kam und sagte: »Ich habe eine kleine Wohnung, und die kannst du haben, wenn gar nichts da ist. Ich wohne eigentlich immer bei meinem Freund.« Ja, und dann habe ich mich getraut, meine Wohnung aufzugeben.

Günther: Ihre Möbel, ihre Bücher – all ihre Besitztümer hat sie nach und nach verschenkt, an Nachbarn, Freunde, Bedürftige. Ein Entschluss, der der früheren Lehrerin und gelernten Psycho- und Bewegungstherapeutin schließlich gar nicht mehr so schwer fiel.

Schwermer: Als ich das beschlossen habe, war für mich klar, das Zeug geht jetzt weg. Und dann habe ich auch nicht mehr daran gehangen.

Günther: Leicht war das Leben ohne Geld zu Beginn nicht, denn jetzt war Heidemarie Schwermer auf persönliche Kontakte angewiesen. Aber gerade das wollte sie, denn ihr Lebensentwurf richtet sich gegen die Anonymität in unserer Gesellschaft.

Schwermer: Am Anfang hab ich schon mal gehungert. Und die Leute sagten: »Wie siehst du aus, also so geht das nicht!« Ich habe abgenommen, und meine Freunde haben sich Sorgen um mich gemacht. Das wollte ich nicht. Aber ich wollte das trotzdem durchziehen!

Günther: Und die Kontakte, die kamen schließlich – immer mehr. Obst und Gemüse bekommt sie heute von einem Biogemüseladen, Brot von einem Vollwertbäcker. Es sind Reste, die am Abend übrigbleiben und sonst weggeworfen würden. Im Gegenzug macht sie sich alleine oder mit ein paar Freunden nützlich.

Schwermer: Einmal haben wir dafür die Küche bei denen renoviert. Und für den Bioladen hacken wir manchmal den Garten oder fegen den Hof.

Günther: Aber auch Rasenmähen, Fensterputzen und Kinderhüten gehören zu den Leistungen, mit denen sie, auf ihre Weise, bezahlt. Durch ihre Kontakte und das aufgebaute Vertrauen zu ihren Mitmenschen hat sich das Verhältnis von Geben und Nehmen für Heidemarie Schwermer mittlerweile umgekehrt.

Schwermer: Inzwischen bin ich diejenige, die Sachen verteilt. Also ich habe immer in Hülle und Fülle. Ich merke, wie ich wirklich viel, viel mehr Lebensqualität erreiche.

Günther: Dieses Gefühl könnten zum Beispiel auch Arbeitslose erleben, meint sie. Denn durch Tauschen und Teilen würden sie erkennen, dass sie in der Gesellschaft gebraucht werden – auch ohne Geld.

Schwermer: Es gibt bei uns so viele arme Leute. Die könnten durch Tauschen und Teilen wirklich in ein Füllegefühl kommen und sagen: Mensch, was bin ich reich. Und sie könnten ein aktives Leben beginnen.

Günther: Zur Zeit wohnt Heidemarie Schwermer bei einer Bekannten. Tagsüber hält sie sich in einem alternativen Dortmunder Zentrum auf, schreibt Texte und erledigt Büroarbeiten. Hier, im »Wissenschaftsladen«, wie sich das Zentrum nennt, kann sie ihre Visionen in die Tat umsetzen.

Schwermer: Da verwirklichen sich jetzt Dinge, von denen ich schon früher, bevor ich überhaupt den Tauschring gegründet hatte, geträumt habe. Also zum Beispiel, dass ich einfach in ein Café gehen und sagen kann, ich würde gerne das und das essen, und dafür meinetwegen das Fenster putze, und so ist es jetzt. Ich habe neulich zwei Stunden an diesem Hof gefegt, und dafür hab ich dann ein Mittagessen, das vielleicht acht oder neun Mark kostet, bekommen. Ich tausche jetzt wirklich überall.

Günther: Natürlich kommen ihr ab und zu auch Zweifel, ob ihre Lebensweise die richtige ist, denn bei ihren Mitmenschen stößt sie auch auf Unverständnis und Ablehnung.

Schwermer: Ich kann ganz lange Zeitabschnitte damit gut umgehen, dass die Leute sagen, du spinnst. Aber dann kommen immer mal Punkte, dann fühle ich mich so allein.

Günther: Heidemarie Schwermer meditiert seit zwanzig Jahren regelmäßig und vertritt ein ganzheitliches Denken. Da sie auf die Selbstheilungskräfte des Körpers vertraut, hat sie sich sogar entschlossen, aus der Krankenversicherung auszutreten.

Schwermer: Das hat mich schon ganz viele Überlegungen gekostet. Erstens habe ich gedacht, das kann man gar nicht. Aber man kann. Ich bin einfach hingegangen und – »Ja, gehen Sie!« (lacht) Wenn ich mir was brechen sollte, was ich nicht glaube, dann wird es irgendeine Möglichkeit auf Tauschebene geben, das weiß ich. Alles regelt sich für mich so, im Tauschen und Teilen. Dadurch, dass ich nicht mehr für mich Geld verdienen muss, habe ich die Kapazitäten für andere, und dadurch wird mein Leben weiter.

Günther: »Alles, was mich in mehr Freiheit führt, ist willkommen; alles, was mich einengt, wird abgelegt«, sagt Heidemarie Schwermer. Das Leben ohne Geld hat ihr mehr innere Unabhängigkeit gebracht. Ein Gewinn durch scheinbaren Verzicht. Und die Wirklichkeit gibt ihr, meistens zumindest, Recht.

Schwermer: Ich muss keine Zeit verschwenden, um vor irgendwelchen Schaufenstern zu stehen und zu denken, das und das hätte ich gern. Ich muss mich auch nicht damit auseinandersetzen. Will man sich ein Auto kaufen, muss man sich ja wirklich erst mal überlegen, was für'n Auto soll es sein und wie und was, und das brauch ich doch alles nicht. Also, mein Leben ist Vergnügen, weil ich von den Dingen, die ich tue, begeistert bin.

Das war mein »neues Leben« in Kurzfassung. Der Autor hat das Interview im August 1999 geführt und an verschiedene Sender verkauft. Damals befand ich mich gerade in meiner intensivsten Putzphase. Zwei Stunden Fegen gegen ein Mittagessen klingt ziemlich unverhältnismäßig. Aber in dieser Zeit habe ich sehr viele Dinge gemacht, die eigentlich in keinem Verhältnis zu meiner Ausbildung und meinen Berufen stehen. Es war eine Übergangsphase, notwendig, um Stolz und Vorurteile abzubauen. Nachdem der Beitrag mehrfach gesendet worden war, meldeten sich viele Hörer und Hörerinnen bei mir, und auch im Internet wurde mein Experiment lebhaft diskutiert. Eine Mail-Beziehung hat sich daraus entwickelt, die mir besonders viel bedeutet: Die zu Rudi Eichenlaub vom Lebenshaus Heitersheim. Rudi hat unseren Online-Dialog aus den Monaten Januar bis Mai 2000 für mich zusammengestellt.

E-mail-Austausch mit Rudi Eichenlaub

Liebe Frau Schwermer,
ich habe von Ihrem Leben ohne Geld gehört, und jemand hat mir Ihre E-mail-Adresse geschickt. Wir leben hier in einer Lebensgemeinschaft mit ungefähr 20 Personen. Wir sind sonst nicht besonders religiös orientiert, zumindest nicht alle. Aber gestern Abend haben wir im Lukasevangelium gelesen, wie Jesus das römische Geld nicht in die Hand nimmt und wie explosiv das wirkt. (Vermutlich gab es so etwas auch bei den entstehenden Christen-Gemeinden in Kleinasien, die dieses Evangelium aufgezeichnet haben.) Das hat uns veranlasst, nach so einem Modell für uns Ausschau zu halten. Vielen Dank also für Ihre Person, mit der wir auf diesem Wege in Verbindung treten. Antworten Sie doch bitte kurz, wenn es geht, ob diese Nachricht angekommen ist. Herzliche Grüße, Ihr Rudi Eichenlaub, Onkel von Maria Hergl, die im katholischen Forum in Dortmund arbeitet.

Heidemarie antwortet:
Einen wunderschönen Tag wünsche ich, erst heute komme ich dazu, Ihre Mail zu beantworten. Ich war nämlich wieder mal im Norden und hatte dort keine Möglichkeit, meine Mails zu lesen. Ich habe mich gefreut, von Ihrer Lebensgemeinschaft zu hören. Es würde mich schon interessieren, wo Heitersheim liegt, und wie Sie dort leben. Da ich ja erstmal nur kurz antworten sollte, beende ich für heute diese Nachricht. Herzlichst grüßt Heidemarie Schwermer.

PS.: Maria Hergl kenne ich aus den Gottesdiensten, die ich vor Jahren regelmäßig besucht habe.

Heidemarie hakt nach:

Guten Morgen, Herr Eichenlaub,

vor einiger Zeit habe ich auf Ihre Mail geantwortet. Bis jetzt gab es aber keine Rückmeldung, ob sie angekommen ist oder ob überhaupt weiteres Interesse an meinem Lebensstil besteht. Fast vier Jahre lebe ich inzwischen ohne Geld. Das bedeutet keineswegs Verzicht oder Geiz, stattdessen habe ich Verschwendung und Überfluss für mich abgeschafft. Ich habe nur das, was ich wirklich brauche, dazu gehört dieser Internet-Anschluss und seit gestern ein Handy. Endlich wieder erreichbar sein, das ist ein wunderbares Gefühl. Ich hätte große Lust, mit Ihrer Lebensgemeinschaft in näheren Kontakt zu kommen. Meine momentane Idee ist, die »Gib-und-Nimm«-Idee in alle Bereiche auszuweiten, sie zu einer Bewegung werden zu lassen. Betrachten wir die Welt, müssen wir feststellen, dass Geben und Nehmen nicht im Gleichgewicht sind, ansonsten wäre die Diskrepanz zwischen Arm und Reich nicht so groß. Zur Zeit ist es so, dass zwar überall Vereine und Gruppen entstehen, die für sich tauschen und teilen, aber nur ein bisschen und sehr beschränkt. Mir fehlen dabei die Spiritualität und die Weite. Vielleicht könnten wir zusammen ein Modell entwerfen, das auch lebbar ist. Inzwischen weiß ich, dass Heitersheim irgendwo bei Freiburg liegt. Heitersheim – so ein schöner Name.

Ich freue mich auf eine Antwort und grüße Sie für heute herzlich! Heidemarie Schwermer

Und am Tag darauf:

Herzlichen Dank für deine zweite Mail. Wir können gern beim du bleiben, von mir aus. Für mich ist es leicht, sofort zu antworten, da ich immer am frühen Morgen vor dem Computer sitze, bevor ich für alle das Frühstück richte. Erzähl doch mal was über eure Lebensgemeinschaft. Wie seid ihr dazu gekommen, und was macht ihr?

Liebe Heidemarie,
ich habe nicht sofort geantwortet, weil ich dachte, mit anderen zusammen antworten zu können. Das ist aber noch nicht so weit. Wir brauchen alle Geduld, ohne dabei das Ziel aus den Augen zu verlieren.

Lieber Rudi,
das mit der Geduld ist ein schwieriges Kapitel, aber sie gehört unbedingt dazu, wenn ich die Liebe leben will. Ich werde immer wieder gezwungen, geduldig zu sein. Manchmal bringt mich das zur Verzweiflung, aber wenn ich ganz tief falle, gibt es jedesmal ein Wunder, und schwupp, geht's wieder aufwärts!

Liebe Heidemarie,
vielen Dank, dass du bist wie du bist. Ich schätze sehr, was du tust. Gestern war Christian, der Mann meiner Nichte aus Dortmund, hier. Ich vermute, dass du auch in Dortmund auf einer Insel lebst oder dich so fühlst.

Lieber Rudi,
das stimmt, obwohl ich mich auch von den Menschen um mich herum getragen fühle. Hier sitze ich jetzt zum Beispiel im Wissenschaftsladen, den eine Gruppe junger Männer betreibt, die mich nicht nur tolerieren und akzeptieren, son-

dern auch stützen. Ich habe Schlüssel zum Büro, kann hier sogar übernachten, wenn nichts anderes in Sicht ist, und nun habe ich sogar ein Handy bekommen. Mein kostenloser Zugang zum Internet bedeutet ein Riesengeschenk für mich. Ich tue natürlich etwas dafür: fegen, kochen, beraten etc.

Liebe Heidemarie,
die Deutschen lernen tolerant zu sein. Das ist etwas Gutes. Umso schwerer ist es dann aber auch, Modelle ins Gespräch zu bringen. Aber es funktioniert. Wie beim Sauerteig. Also: Geduld!

Lieber Rudi,
seit ein paar Tagen/Wochen habe ich diese Idee einer »Gib-und-Nimm«-Bewegung, das heißt: Tauschen und Teilen in allen Bereichen des Alltags, nicht nur in einem Verein. Ich stelle mir vor, wie wunderbar es sein müsste, wenn ich in jedem Geschäft die Wahl hätte, ob ich mit Geld zahle oder mit Leistung. Ich selber lebe ja schon so. Gestern Abend zum Beispiel war ich mit einer Freundin in einer Kneipe und habe köstlich gespeist, ohne bezahlen zu müssen, weil ich das Menü schon vorher abgearbeitet hatte. Es führt zu weit, meine neue Idee hier bis ins Detail vorzustellen, aber ich finde sie großartig und werde weitermachen.

Guten Morgen, Rudi!
Danke für die ausführliche Mail. Die vielen Namen haben mich nicht erschreckt, ich liebe die Vielfalt. Zahlreiche Menschen sehnen sich danach, so zu leben, wie ihr es tut: miteinander, aber doch individuell. Ich habe vor zwanzig Jahren

mit meinen beiden Kindern, die damals noch klein waren, in einem Kunsthaus gewohnt. Es gab eine Galerie, eine Töpferei, ein Fotolabor, viel Musik, Feste und viel Miteinander. Eine schöne Zeit!

Eine meiner Ideen heute: Häuser ausfindig machen, in denen Projekte stattfinden können. So habe ich zum Beispiel in der Nähe von Rendsburg einmal ein Haus gehütet, in dem nur eine Frau mit Hund, Katze und Fischen lebt. Außerdem hatte sie Pferde. Ich durfte mir während des Haushütens Gäste einladen. Eine Mutter mit Kind besuchte mich, und auch andere Menschen, die nicht viel Geld hatten, kamen auf das Anwesen. Sie mussten nichts bezahlen, nur ein wenig zum Essen beisteuern, und konnten sich so einen »Urlaub« gönnen, den sie sich andernfalls nie hätten leisten können. Dieses Haus steht mir immer noch jederzeit zur Verfügung, weil die Besitzerin sehr offen für Neues ist. Manchmal fahre ich dorthin, aber ansonsten hüte ich keine Häuser mehr, weil ich dadurch doch ziemlich isoliert war und meine Ideale nicht weiter verfolgen konnte.

Zur Zeit bin ich wieder mal an einem Punkt, an dem es kaum Mitspieler für mich gibt. Die Tauschring-Landschaft habe ich erforscht und habe sie wieder aufgegeben, weil für die meisten das Tauschen und Teilen nur ein klitzekleiner Bestandteil ihres Alltags ist. Für mich ist es aber eine wirkliche Alternative zu unserem System. Damit sage ich nicht, dass alle ohne Geld auskommen sollen, aber in eine neue Richtung gucken, das sollten schon alle. Stattdessen erlebe ich immer wieder ellenlange Diskussionen darüber, wie sich Geld auftreiben lässt, wo man einen Job herbekommt etc. Vier Jahre lang habe ich die »Gib-und-Nimm-Zentrale« geleitet. Zwei

Jahre davon hatten wir ein Haus, in dem wir täglich kochen durften. Einmal im Monat kamen eine Haarschneiderin und eine Näherin. Es wurde getrommelt, vorgelesen, meditiert. Als ehemalige Psychotherapeutin habe ich viele Besucher beraten. Und einmal in der Woche hatten wir ein Internet-Café. Im Grunde lebten wir dort meine Idealvorstellung, und dennoch stimmte es für mich nicht. Ich war die Antreiberin, die anderen ließen sich mitziehen. Das Schlimmste für mich war, dass alle sofort zugriffen, wenn etwas anderes für sie in Sicht kam. Die Leute verschwanden einfach. Das war auf Dauer so frustrierend für mich, dass ich so nicht weitermachen konnte.

Ich habe Tauschringe in anderen Städten kennen gelernt und Ähnliches erlebt. Vor einer Woche war ich auf dem Tauschringtreffen in Dortmund, um zu sehen, was dort gerade läuft. Eine Frau, die schon seit Beginn dabei ist, jammerte darüber, dass sie in Frührente gehen sollte und viel zu wenig Geld bekäme. Sie lief von Pontius zu Pilatus, um mehr rauszuschlagen. Statt einfach nur zuzusehen, dass sie Miete und Krankenversicherung gut bezahlen kann. Oder die Sache mit den Jobs. Es gibt sie nun mal nicht, also müssen wir selbst aktiv werden. Es gibt genug zu tun!! Ach, ich merke wieder mal meine Ungeduld. Ich muss endlich akzeptieren, dass ich nur mein eigenes Leben leben kann, nicht das der anderen. Aber ich habe so viele gute Ideen!

Die Sache mit dem Frauenhaus klingt interessant. Du kannst gern meine Handy-Nummer weitergeben. Ich spreche auch etwas Spanisch. Danke fürs »Zuhören«.

Liebe Heidemarie,
das ist schön, so plaudern zu können. In einer Stunde gibt es erst Frühstück bei uns, und meine Frau ist noch dabei aufzustehen. In einer Woche werden wir gemeinsam unterwegs sein, in Garmisch-Partenkirchen. Dort wohnen ihre Geschwister, und wir hoffen, dass wir dann noch ein wenig Skilanglauf machen können. Wir kommen Ende Februar wieder zurück.

Lieber Rudi,
viel Vergnügen wünsche ich euch! Mir macht es auch Spaß, am Morgen ein paar Gedanken auszutauschen und zu lesen, was du dazu zu sagen hast.

Liebe Heidemarie,
du hast das Problem der Tauschringe gut beschrieben. Ich habe den Vorteil, das Ganze in einem viel größeren Rahmen betrachten zu können. Unser eigener Tauschring heißt »Zeitbörse Markgräflerland« und dümpelt vor sich hin.

Lieber Rudi,
wunderbar, dass du mich in diesem Punkt verstehen kannst. Das Problem besteht vor allem darin, dass die meisten Menschen mit allem Wesentlichen versorgt sind und daher nicht die Notwendigkeit sehen, sich ihren Lebensunterhalt durch komplizierte Tauschereien zu besorgen. Und diejenigen, die es nötig hätten, weil sie kein Geld haben, trauen sich nicht so richtig, weil sie sich dadurch abgewertet fühlen. Selbst ich erlebe immer wieder Situationen, in denen ich mich als Bettlerin fühle, obwohl ich manchmal fünffach »bezahle«, nur

halt mit anderen Mitteln. Der Satz »Haste was, biste was« ist wohl nicht totzukriegen. Geld steht nun mal für Ansehen und Macht, und das zu ändern ist meine große Aufgabe. Natürlich muss ich erstmal bei mir selbst anfangen.

Liebe Heidemarie,
in Peru haben Leute von unserer Partnergemeinde mit einem Tauschring angefangen und haben es auch unendlich schwer, die Sache durchzusetzen. In Argentinien sieht es etwas besser aus. Kennst du das Buch von Bernard Lieter, »Das Geld der Zukunft«? Er sagt darin, und das hat mir geholfen, dass wir uns keine Illusionen über eine Alternative zum Geld machen sollen. Zunächst gehe es um eine Komplementärwährung. Und die könnte es durchaus geben, auch von Staats wegen, inzwischen laufe bereits ein größerer Feldversuch in Japan.

Mir geht es nicht nur um die Tauscherei und den Verzicht auf Geld, sondern um etwas viel Größeres, nämlich um die Liebe. Wenn ich die Menschen lieben kann, sehe ich auch, was sie brauchen und kann von meinem Überfluss abgeben. Aber dieses Thema ist zu komplex für diesen Morgen.

Was mich bewegt, ist vor allem meine eigene Erfahrung in Peru, wo ich wochenlang ohne Geld zu Fuß unterwegs sein konnte, immer bei Leuten unterkam. Ein ganz tiefes Erlebnis. Auch das wäre heute leider schwieriger als damals vor fünfzehn Jahren. (Ich war von 1970 bis 1990 als katholischer Priester in den nördlichen Anden.) Aber es drängt mich, auch wenn es schwer scheint, weiter so zu leben, und zwar mit anderen.

Lieber Rudi,
auch ich habe die Gastfreundschaft der Südamerikaner erlebt, denn ich war ein Jahr in Chile, wo ich an einer deutschen Schule unterrichtete (damals war ich noch Lehrerin) und dann einen chilenischen Kunstmaler heiratete. Diese Gastfreundschaft, die ich auch bei Griechen und Türken beobachte, hat für mich einen Haken: Sie geht auf Kosten der Individualität. Mitgefangen, mitgehangen, beziehungsweise: Passe dich an! In dem Roman »Alexis Sorbas« wird eine Frau von den Dorfbewohnern gesteinigt, weil sie aus der Gemeinschaft »ausbricht«. Neulich erzählte mir eine Frau von den Bewohnern eines afrikanischen Staats, in dem sie lange gelebt hat. Sie schwärmte von der Herzlichkeit der Menschen dort, solange, bis ein Krieg ausbrach. In diesem Augenblick wurden die liebenswerten Menschen zu Bestien, die ihre ehemaligen Freunde zerstückelten. Verstehst du, was ich meine? Es geht um Verantwortung für sich und für das Ganze. Ich mach mal Schluss hier, auch dieses Thema ist zu komplex.

Lieber Rudi,
wenn ihr schon heute fahrt, kriegst du meine Mail erst in 14 Tagen. Aber ich muss dir etwas aufschreiben, was ich gestern erlebt habe, es war wieder einmal eines meiner vielen Wunder. Du hast ja schon mitbekommen, wie wichtig es mir ist, meine Gedanken und Ideen an andere weiterzugeben. Im vorigen Jahr hat das nicht mehr so gut geklappt. Weder meine Vorträge noch meine Lesungen oder Beratungen waren gefragt. Ich musste schlicht und ergreifend putzen, um zu leben, putzen, putzen und nochmals putzen. Erst zeterte ich, dann gab ich klein bei und putzte, ohne zu murren. Und

dann, im neuen Jahr, änderte sich alles; ich bekomme wieder Anfragen, werde eingeladen etc. Das nur als Vorspann.

Gestern nun hatte ich mir vorgenommen, einen Vortrag, den ich schon seit Jahren halte, endlich mal aufzuschreiben und zu meinem nächsten Auftritt mitzunehmen. Ich kam ins »Büro«, also in den Wissenschaftsladen, wollte anfangen, aber die Computer funktionierten nicht. Ich kam nicht rein, konnte weder Mails abrufen noch irgendwas schreiben. Was soll das denn, beschwerte ich mich mit einem Blick nach oben. Die Antwort folgte sofort. Es klopfte an die Tür. Ein junger Mann stand davor und wollte mit einer Gruppe Zivildienstleistender den Wissenschaftsladen besuchen. Als er merkte, dass ich die Frau bin, die »Gib-und-Nimm« gegründet hat und jetzt ohne Geld lebt, war er ganz aus dem Häuschen. »Unser Thema sind Utopien«, sagte er. »Da passt du total gut rein. Hättest du nicht Lust, mit uns über deine Ideen zu sprechen?« Klar hatte ich Lust, und es wurde ein schöner Vortrag. Und für mich darüber hinaus ein klares Zeichen: Ich muss nichts aufschreiben, weil ich für jeden Ansprechpartner andere Worte brauche und die jeweils passenden mir zur rechten Zeit einfallen werden.

Als die jungen Leute weg waren, gingen plötzlich wieder alle Computer. Ich konnte meine Post erledigen. Und hatte wieder mal feststellen dürfen, dass ich nicht allein bin in der Welt, sondern durch Zeichen und Wunder geführt werde.

Heute Morgen hatte ich die Idee, der Stadt anzubieten, Steuern zu »zahlen«, indem ich auf dem Sozialamt Beratungen für Mutlose anbiete. Diesen Gedanken werde ich noch ein bisschen reifen lassen. Vor zwei Jahren habe ich mal in der Stadt ein kostenloses Konzert gehört. Davon war ich so begeistert, dass ich am nächsten Tag mit einer Gruppe von »Gib-und-Nimm« 40 Friedhofsbänke geschrubbt habe, als »Bezahlung« sozusagen. Es gibt so viele Möglichkeiten, das Geben und Nehmen in Einklang zu bringen! Schreib doch mal, was ihr so darüber sprecht. Oder was du darüber denkst.

Liebe Heidemarie,
das mit dem führen lassen und geführt werden hat mich sehr beeindruckt. Man muss schon sehr offen sein, um das zu merken.

Lieber Rudi,
ich bin von einer Heilerin darin unterwiesen worden, die Zeichen Gottes überall wahrzunehmen. Auch mit den Engeln habe ich viel zu tun.

Liebe Heidemarie,
gestern hatte ich schöne Gespräche unterwegs. Das ist viel besser als jede Sitzung. Im Schloss wohnen über 100 ältere Ordensschwestern. Wenn man eine von denen trifft, ist sie immer froh über einen Zuhörer. Im Nachbarort wollen sie jetzt eine Wohngruppe gründen. Wir konnten uns dort vorab Einkaufsgutscheine für Produkte aus lokaler Erzeugung erarbeiten. Das ist doch ein tolles Zahlungsmittel!

Lieber Rudi,
ich beschäftige mich auch sehr stark mit alternativen Währungen. Aber was von all dem Gegrübel dann umgesetzt wird, entscheiden die »Zeichen«. Lässt eine Sache sich leicht an, ist sie gut, gibt es viele Hindernisse, lasse ich sie wieder fallen.

Guten Tag Heidemarie,
vom 12. bis 16. März bin ich mit dem Zug nach Norden unterwegs. Ich überlege, ob ich auf der Rückfahrt in Dortmund vorbeikommen soll.

Lieber Rudi,
in der Woche habe ich eine Einladung nach Bonn/Rauschendorf. Dort gibt es eine Fastenwoche, und ich bin für einen Abend als Referentin vorgesehen. Thema: »Sehet die Vögel unter dem Himmel – Leben ohne Geld?« Ich bleibe wohl bis zum darauf folgenden Sonntag. Da bist du dann schon wieder in deinem Lebenshaus engagiert, oder?

Liebe Heidemarie,
am 16. März ist unsere nächste Mitgliederversammlung des Trägervereins Lebenshaus. Es soll unter anderem darum gehen, unsere ehrenamtliche Arbeit besser zu werten.

Ach Rudi,
ich habe in den Anfängen der »Gib-und-Nimm-Zentrale« auch ehrenamtlich gearbeitet, indem ich viele Bürostunden zur Verfügung stellte. Irgendwann merkte ich, wie ich schlechte Laune kriegte, weil mir das Ganze ungerecht vorkam. Später habe ich verstärkt darauf geachtet, Geben und Nehmen gleichgewichtig zu gestalten. Der Begriff »ehrenamtlich« existiert heute nicht mehr für mich.

Liebe Heidemarie,
können wir auf dem Tauschwege etwas für unsere Alterssicherung tun? Sind zum Beispiel die Zeit-Punkte der Senio-

rengenossenschaften ein möglicher Weg? Wohl nur, wenn diese Punkte übertragbar wären, wenn ich also jetzt anderen meine Punkte zur Verfügung stellen könnte und später darauf bauen könnte, dass jemand anders mir seine gibt.

Lieber Rudi,
für mich ist das ein Umweg. Du bekommst alles, was du brauchst, wenn du es brauchst, wenn du wirklich Gottvertrauen hast. Das Gottvertrauen muss also das Ziel sein. Entschuldige, du bist der Priester, und ich will dich nicht belehren. Aber mein Leben ohne Geld ist nur möglich, weil ich in diesem Gottvertrauen lebe. Ich bin nicht sehr bibelfest, aber an einer Stelle sagt Jesus doch: »Ich habe die Welt überwunden«, oder? Ich glaube, dass es auch für uns darum geht: Die Welt, so, wie sie eingerichtet ist, zu überwinden und neue Wege zu finden.

Liebe Heidemarie,
gestern hat die 14-jährige Julia aus dem Lebenshaus das Sakrament der Girokonto-Eröffnung empfangen. Das funktioniert so, dass das Kind zusammen mit den Eltern vom Leiter der Sparkasse in das private Abteil gebeten wird. Nach einem halbstündigen Skrutinium wird dann die Kontoführungsberechtigung mit der Unterschrift besiegelt. Wie schön, dass Julias Mutter mir alles erzählt hat! Ein allgemeines Thema ist es trotzdem nicht im Lebenshaus, auch wenn ich gern das Bewusstsein dafür wecke, wie unsere weltweite Geld-Religion sich auf den Alltag auswirkt. In der Zeitung von gestern wird beispielsweise eine Frau T. vorgestellt, die künftig beim Arbeitsamt dafür sorgen soll, die Langzeitarbeitslosen der Ge-

meinde Heitersheim wieder in Lohn und Brot zu bringen. Und darauf zu achten, dass sie dort auch bleiben. Der Bürgermeister bemerkte treffend: »Wenn dann einer am Montag nicht antritt, weil er am Sonntag gesoffen hat, dann kann es sein, dass Frau T. ihn zu Hause abholt und zur Arbeit bringt.«

So ist das also. Wenn einer heute keinen Arbeitsplatz hat, ist er entweder faul oder ein Säufer. Fünf Firmen, heißt es in dem Artikel, hätten Interesse an dem Modellversuch angemeldet und Bereitschaft signalisiert, Stellen für Langzeitarbeitslose anzubieten. Wie schön ist doch unsere Welt! Da auch einige aus der Hausgemeinschaft vom Problem der Langzeitarbeitslosigkeit betroffen sind, hoffe ich, dass solche Artikel dazu beitragen, ihnen die Augen darüber zu öffnen, was die Geld-Religion aus unserem Leben macht.

Gestern war ich dann noch in der Schlossschule wegen eines neuen Wohnprojekts, das ich beraten soll. Aber meine Idee, Einkaufsgutscheine statt Geld zu verteilen, kam nicht gut an. Die geistig Behinderten, die dort leben, sollen lernen, mit normalem Geld umzugehen. Fotos von den Dingen, die zu kaufen sind, sollen den Kindern helfen, mit ihrem Alltag zurechtzukommen. Mein Vorschlag, sich das Essen bei den Nachbarn durch Dienstleistungen zu verdienen, stieß auf wenig Gegenliebe.

Für Ostermontag organisieren wir einen Friedensmarkt. Dazu spielt hoffentlich die Anselm-Künig-Band. Vielleicht sollte ich die CDs von denen besorgen, mit ausgezeichneten Texten und Musik zum Thema Geld.

Lieber Rudi,
nur ganz kurz ein Gruß heute, ohne auf deine Mail einzugehen. Ich bin nämlich etwas in Eile, was selten vorkommt. Ich habe viel Post zu erledigen, und am Sonntag verreise ich für zwei Wochen. Du kannst mir trotzdem schreiben, vielleicht kriege ich meine Mails weitergeleitet. Das wäre der nächste Schritt in Richtung Beweglichkeit und Unabhängigkeit. Wir werden sehen.

Liebe Heidemarie,
ich war inzwischen in Dortmund bei meiner Nichte Maria. Wir haben unsere Pilgerroute nach Santiago de Compostela abgesprochen. Ich hörte, dass du in Dortmund keine Unbekannte bist. Schade, dass wir uns nicht persönlich begegnen konnten.

Nun schreibt ein Bekannter, dass du am Dienstag im Fernsehen zu sehen bist, bei Biolek. Da lerne ich dann vielleicht mal dein Gesicht kennen. Der gleiche Informant hat auch einen Bericht für Tauschfreunde verfasst. Ich zitiere daraus den Schluss: »Wenn es überhaupt noch eine Chance gibt, auf die gefährliche Selbstbewegung der Geld-Ökonomie Einfluss zu gewinnen, dann kann das nur von selbstbewussten, psychisch erwachsenen Menschen ausgehen, die von sich aus neue Werte setzen und leben. Leider gibt es noch keine positiven, »zündenden« Alternativen oder Visionen. Aber wir können in einer theoretischen und praktischen Verweigerungsbewegung die scheinbare Schicksalhaftigkeit des Geldsystems kritisieren, uns nicht irritieren lassen und der zunehmenden Infantilisierung der Menschheit praktisch entgegentreten. Die Zukunft gehört sicher nicht dem Organisationsprinzip der Tauschringe oder anderen vorläufigen (Not-)Lösungen.«*

Mit solchen Sätzen kann ich mich zwar identifizieren, ich denke aber, dass sie noch nicht ganz wiedergeben, was du machst und suchst. Es ist zwar gut, wenn Einzelne etwas tun, wenn es aber eine Bewegung werden soll, ist mehr nötig: Verweigerungsbewegung ist mehr als Kritik. Es geht dabei um gewaltfreien Widerstand, der Kreise zieht. Zündende Alternativen und Visionen mögen zur Zeit sehr stark auf einzelne Personen beschränkt sein. Wenn sie aber zum gesellschaftlichen »Sauerteig« werden sollen, müssen sie modellhaft von Gruppen gelebt werden, als Teil eines Lernprozesses, der für andere zum Vorbild werden kann. So sehe ich auch die Tauschringe, solange sie für Veränderungen offen bleiben. Liebe Heidemarie, ich freue mich, wenn du mir wieder schreiben kannst. Dann werde ich auch wieder mehr davon erzählen, was uns in der Freiburger Gegend so umtreibt.

Lieber Rudi,
du hättest mir auch während meiner Reise schreiben können, denn um mich herum wird alles immer perfekter. Jetzt werden sogar meine Mails weitergeleitet, wofür ich sehr dankbar bin.

Deine Überlegungen kann ich nur voll unterstreichen. Die Tauschringe sind nur ein Schrittchen in die richtige Richtung, aber eine politische Lösung sind sie nicht, solange die Menschen, die sie betreiben, unserem jetzigen Wirtschafts-

* Der Verfasser dieses Textes ist Uli Frank, mit dem ich viele fruchtbare Diskussionen hatte.

system verhaftet bleiben. Wir alle müssen mündig werden, uns von den alten Strukturen emanzipieren, dann könnte etwas Neues entstehen, das allen zugute kommt. Mein Weg ist nur ein Beispiel dafür, dass es möglich ist, neue Wege einzuschlagen. Andere können anderes tun. Ich habe jetzt eine Woche lang täglich über Politik gesprochen, mit richtigen Polit-Freaks. Das hat mir großen Spaß gemacht und einiges für mich geklärt. Ich hoffe, dass ich bei meinem Auftritt bei Biolek einiges davon rüberbringen kann. Übrigens habe ich kürzlich einen Vortrag in einer Kirchengemeinde gehalten, und der Pastor hat zum Schluss hervorgehoben, dass die Wunder, von denen in der Bibel berichtet wird, tatsächlich gelebt werden können. Ich sei der Beweis dafür. Das hat mich doch sehr gefreut.

Liebe Heidemarie,
du hast wohl auch die Aufzeichnung der Sendung gestern Abend im Fernsehen angeschaut. Nun habe ich also mal gesehen, wie du aussiehst. Du hast am Anfang etwas nervös und unsicher gewirkt.

Lieber Rudi,
ich hatte eigentlich kein Lampenfieber und keine Ängste, aber mich haben auch andere Freunde auf meine Nervosität angesprochen.

Lieber Heidemarie,
streckenweise warst du überzeugend. Aber irgendwo hätte meines Erachtens der Gedanke des gegenseitigen Schenkens ins Spiel kommen müssen.

Ach Rudi,
es hätte noch anderes erwähnt werden müssen, aber die Zeit war einfach zu kurz, und manchmal fühlte ich mich mit meinen Erklärungen abgeblockt.

Stimmt,
spätestens bei dem Einwand des Popstars, er würde doch seinen Fans einen riesigen Gefallen tun, wenn sie seine Tür streichen dürften. Aber immerhin: Ich habe jetzt besser verstanden, wobei es dir gut geht (Nomadenleben) und wo es noch hakt (Alltag mit Putzen in Dortmund). Das mit dem Nomadenleben kann ich gut nachvollziehen. Ich habe dir ja schon erzählt, dass ich in Peru jahrelang (wenn auch nicht das ganze Jahr über) so gelebt habe, angewiesen auf die Gastfreundschaft anderer, aber gleichzeitig mit dem guten Gefühl, dass ich allen mit meinem Besuch ein Geschenk mache. Ich denke, dass wir von diesen Völkern lernen müssen, wenn wir ein Leben ohne Geld rekonstruieren wollen.

Lieber Rudi,
es geht aber wirklich nicht um ein Leben ohne Geld, sondern vielmehr um die Entmachtung des Geldes, um eine Umverteilung der Mittel und eine neue Leichtigkeit im Umgang damit. Doch darüber können wir bei Gelegenheit ausführlicher sprechen.

Liebe Heidemarie,
heute morgen bin ich unterwegs in Sachen Tauschen: erst bei einer Frau, die am Ort Kinderbetreuung organisiert, damit die Mütter mehr Freiraum haben, und dann in einem Wohnstift

für alte Menschen, um dort Arbeitsplätze für geistig Behinderte zu schaffen. Ich werde dir später davon berichten. Jetzt lass dich ganz fest umarmen, dein Rudi.

Lieber Rudi,
ich bin dankbar für die Lektion, die ich durch die Biolek-Sendung gelernt habe. Gestern ging es mir sehr schlecht, aber nachdem ich mit sehr vielen Leuten darüber geredet habe, sehe ich sehr viel klarer und weiß jetzt definitiv, dass das Fernsehen, so wie es ist, nichts mit mir zu tun hat. Ich werde mich mehr auf Radiosendungen konzentrieren, weil da mehr Zeit zur Verfügung steht. Eben rief eine Rundfunk-Redakteurin aus Berlin an, um mich für den 12. April einzuladen. Ich freue mich schon sehr!

Liebe Heidemarie,
gestern habe ich meine Mail an dich versehentlich losgeschickt, ich wollte dir schon noch was erzählen. Am Wochenende war ich bei einem Treffen des ökumenischen Netzes Baden in Pforzheim. In einer Zukunftswerkstatt haben wir versucht herauszufinden, wo wir eventuell schon jetzt ansetzen können, und trotz all der schrecklichen Militär-Geschichten war schnell klar, dass wir zu allererst beim Geld anfangen sollten, etwas zu verändern. Und zwar auf zweierlei Weise: erstens durch gewaltlosen Widerstand, so wie es die Ordensleute für den Frieden machen, und zweitens durch alternative Modelle, die Einzelne oder auch Gemeinschaften jetzt schon leben. Am Montag Morgen war ich dann noch bei der GLS-Gemeinschaftsbank in Stuttgart. Der dortige Leiter ist sehr engagiert, und am kommenden Montag wird in der Aka-

demie in Freiburg das Geld ein Thema sein. Offensichtlich ist bereits ein Umdenkungsprozess im Gange. Ich denke immer noch über Altersversorgung nach, und wie sie eventuell auf Vertrauensbasis und ohne das übliche verzinste Kapital zu machen wäre. Ich bin allerdings noch nicht wirklich weitergekommen.

Lieber Rudi,
gestern rief mich jemand an, um mir von einem Konzept zu erzählen, das auch etwas mit Altersvorsorge zu tun hat. Du weißt ja bereits, dass das nicht wirklich mein Thema ist, aber vielleicht könnt ihr beide zusammen etwas herausfinden. Der Mann wohnt in Erlangen und schien mir etwas forsch, aber du kannst dich ja zur Wehr setzen, wenn es nötig ist.

Auch das Thema »Geld abschaffen« ist nicht unbedingt meins. Denn nichts, aber auch gar nichts verändert sich, wenn dieselben Dinge, die jetzt mit Geld passieren, dann ohne Geld geschehen. Die Menschen kloppen sich um die alten Karotten vom Bioladen, die zum Abholen bereitstehen, als müssten sie dafür bezahlen. Und keiner denkt daran, eine Gegenleistung zu erbringen. Nein, mir geht es eher um den ganzheitlichen Ansatz. In einer Zeit der Trennungen und des Spezialistentums erscheint es mir dringend geboten, dass wir alle uns unserer Herkunft aus derselben göttlichen Quelle bewusst werden. Und gewahr werden, dass jeder von uns seinen Auftrag hat.

O.k., ich gebe zu, dass das zunächst nur idealistisch klingt und so, als sei es nicht allgemein umzusetzen, aber genau deshalb lebe ich ja so extrem. Um zu zeigen, dass Regeln, die von Menschen geschaffen worden sind, sich sehr schnell ändern lassen, wenn man/frau es darauf anlegt. Und zwar jede(r) auf seine Weise. Ich bin übrigens von einem Verlag angesprochen worden, der ein Buch über meine Erfahrungen veröffentlichen möchte. Es ist derselbe, in dem auch Bernard A. Lietaers »Das Geld der Zukunft« erscheint, das du schon erwähnt hast, und das auch mich sehr beeindruckt hat. Lietaer spricht darin vom Yin und Yang des Geldes. Lustigerweise hatte ich mir schon, bevor ich das gelesen habe, überlegt, das Yin/Yang-Zeichen in das Logo für die Bewegung, die ich gründen will, zu übernehmen. Lietaer spricht auch von Archetypen nach C. G. Jung und davon, dass der Archetypus der Großen Mutter, als Symbol für Natur und Überfluss, seit 500 Jahren unterdrückt wird. Und dass daraus die Gier resultiert, die eigentlich Angst vor der Knappheit ist. Sehr interessant! Ich finde es toll, dass überall etwas im Gange ist und dass ich durch das Internet so viel davon mitbekomme.

Liebe Heidemarie,
ich gehe jetzt nicht auf deinen Brief ein, sondern will dir kurz von einem Treffen gestern in Mülhausen berichten. Wir haben Jean Vigouret besucht, der verantwortlich bei der französischen Bewegung »Attac« mitmacht. Deren Arbeitsweise hat uns sehr beeindruckt, weil sich hier ein guter und sinnvoller Widerstand gegen die schlimmen Folgen unseres Geldsystems formiert. Es geht ihnen nicht um Abschaffung des Geldes, sondern um das Aufzeigen und Bekämpfen des Einflusses der Geldpolitik auf die Renten, um die Eingriffe von Banken auf Schulen mit Börsentraining, um die Sache mit der Patentierung des menschlichen Genoms und so weiter. Sie werden bei unserem Friedensmarkt am Ostermontag mitmachen.

Lieber Rudi,
G. K. hat mir eure Korrespondenz gemailt, und ich hatte das Gefühl, ihr wart ein bisschen gereizt, oder irre ich mich? Es ist schon spaßig, wenn jemand meint, ein Patentrezept zur Rettung der Welt zu haben. Ich erwische mich selbst auch manchmal dabei, dass ich glaube, die Weisheit mit Löffeln gefressen zu haben. Dabei weiß ich ganz genau, dass nur alle zusammen dazu beitragen können, dass es weitergeht. Und ich erfahre nach meinen öffentlichen Auftritten immer wieder, wie viele Menschen um neue Wege ringen. Die Welt ist absolut reif für etwas Neues, und wir dürfen dabei mitwirken. Ist das nicht ein Geschenk?

Liebe Heidemarie,
ach ja, das mit den Patentrezepten ist so eine Sache. Ich mag davon gar nichts mehr hören.

ZWEITER TEIL

KAPITEL 5
Abenteuer Alltag

Menschen

Nie zuvor hatte ich so viele unterschiedliche Menschen kennen gelernt wie in den Jahren meines »neuen Lebens«. Solange ich ganz normal berufstätig war, lebte ich, wie fast alle anderen, in meiner jeweiligen gesellschaftlichen »Wabe«, traf vorwiegend Gleichgesinnte und dachte darüber nach, wie man das ändern könnte.

Ein erster Schritt war sicher die Gründung der »Gib-und-Nimm-Zentrale«. Und spätestens als ich anfing, anderer Leute Häuser zu hüten, war ich mitten drin im bunt gemischten Sozialgeschehen. Normalerweise zog ich in Häuser, die gerade leer standen, weil deren Bewohner auf Java oder sonstwo weilten. Aber manchmal kam es vor, dass nicht nur das Haustier, sondern auch ein verwaister Mitbewohner meiner Obhut übergeben wurde. Wie in einem schönen großen Haus, dessen gesamte untere Etage zu meiner zeitweiligen Verfügung stand. Im Obergeschoss wohnte jedoch Mama, eine liebenswürdige Dame in den Achtzigern, die sich selbst versorgte und immer noch sehr eigenständig lebte. Den »Kindern« war aber doch wohler, wenn während ihrer Abwesenheit noch jemand im Haus war und Mama im Auge behielt.

Vor der Abreise trafen wir uns alle, damit Mama und ich einander »beschnuppern« konnten. Wir mochten uns, und so stand einer temporären WG nichts im Wege. Wir besprachen vorab ein paar unvermeidbare Gemeinschaftsaktionen: Einmal die Woche Großeinkauf, dann und wann ein zweisames Essen, ansonsten keine unangebrachten Störungen. Das Haus lag in einem Vorort, und ich musste jeden Tag mit der Bahn ins Büro fahren. Die Monatskarte hatten meine Gastgeber spendiert, auch der Kühlschrank war voll, und im Keller lagerten genügend Vorräte.

In der ersten Woche hielten Mama und ich uns strikt an die Abmachung und störten einander nicht. Am Freitag nahm ich mir für den Großeinkauf frei, den wir gemeinsam im nahen Supermarkt erledigten. In der zweiten Woche brach ich den Kontrakt und klopfte bei Mama an, um einen kleinen Plausch zu halten. Daraus wurde rasch Routine: eine tägliche Stippvisite, die wir beide genossen. Es dauerte nicht lange, bis die alte Dame, die normalerweise »niemandem zur Last fallen« wollte, den Weg zu mir ins Parterre fand. Wir führten lange Gespräche. Unsere Leben waren so unterschiedlich verlaufen, dass jeder etwas aus unseren Sitzungen »mitnahm«. Für Mama stand immer die Familie im Mittelpunkt, die Ehe. Dass ihr Mann vor ein paar Jahren gestorben war, machte ihr sehr zu schaffen. Sie sprach ganz offen über die Einsamkeit, unter der sie trotz fester Familienbande litt. Auch ich erzählte von mir. Als meine sechs Wochen vorbei waren, hatte sich so etwas wie eine Freundschaft entwickelt, und ich habe diese Frau später regelmäßig besucht.

In einem Dorf, in dem ich ziemlich abgeschieden und fern allen kulturellen Treibens lebte, besuchte mich ein vierjähriger Junge. Zunächst nur deshalb, weil er die Bonbons wollte, die von der Hauseigentümerin für die Kinder des Dorfes bereit gelegt wurden. Jeden Tag klingelten mehrere Rangen bei mir, hielten die Hand auf und verschwanden wieder. Als die Dose leer war, blieben sie weg, nur der kleine Max kam immer wieder. Wir zwei hatten nämlich das gemeinsame Singen entdeckt. Aus meiner Zeit als Lehrerin kannte ich eine Menge Lieder, die sich gut auf der Gitarre begleiten ließen. Max war eigentlich ein hyperaktives Kind und konnte sich nicht lange auf eine Sache konzentrieren. Aber mit dem Singen wollte er gar nicht wieder aufhören, lernte schnell neue Texte und überraschte seine Mutter damit. Die kam mich auch hin und wieder besuchen und erzählte mir, dass das Verhalten ihres Sohns ihr Sorgen bereite. Er würde so dumme Geschichten erfinden und lügen. Auch mir war aufgefallen, dass Max phantastische Dinge erzählte, die wenig mit seinem Alltag zu tun hatten. Eine dieser Geschichten hatte mit einem Flugzeug zu tun, das ihm jederzeit zur Verfügung stehe und mit dem er überall hinfliegen könne. Ich ging darauf ein, und zusammen erfanden wir herrliche Orte, an denen wir landeten, und große Abenteuer, die wir dort erlebten. Mir machte es Spaß, in die Phantasiewelt des Kindes einzutauchen und darin mithalten zu können. Manchmal übertraf ich ihn sogar noch beim »Spinnen«. Zum Schluss betonte ich jedesmal, dass wir da etwas ganz Wunderbares erfunden hätten und überhaupt die größten Erfinder aller Zeiten wären. Max gefiel das gut. Er fühlte sich endlich ernst genommen. Bei unserem Abschied auf dem Bahnhof flüsterte er mir zu: »Ich liebe dich«.

Immer, wenn ich in Dortmund wohnte, betreute ich zweimal in der Woche Martha. Sie war Mitte achtzig und hatte sich eigentlich schon längst aufs Sterben eingerichtet, sich bislang aber doch nicht recht dazu entschließen können. Seit mehr als drei Jahren musste sie das Bett hüten, fast vollständig gelähmt – bis auf den rechten Arm, den sie noch ein bisschen bewegen konnte. Und ihren hellwachen Verstand. Genüsslich kommandierte und traktierte die alte Dame ihre Umgebung, besonders ihre arme Tochter, die die tägliche Pflege übernommen hatte.

Als ich Martha das erste Mal traf, erzählte sie mir pausenlos Geschichten über ihre Familie. Nach der fünften Sitzung konnte ich die Namen ihrer neun Brüder in richtiger Reihenfolge herunterrasseln, vom ältesten zum jüngsten oder auch umgekehrt, ganz wie's der Dame beliebte. Ich wusste, wo welche Neffen was studiert hatten und war über sämtliche Familien-Intimitäten informiert. Von mir wollte Martha nichts wissen, also übernahm ich zunächst die Rolle der Zuhörerin.

Auf Dauer war mir das allerdings zu wenig, und die Therapeutin in mir erwachte. Martha war, wie selbst der Laie feststellen konnte, schwer verbittert. Ständig schimpfte und wütete sie, beschuldigte die Welt im Allgemeinen und ihre Tochter im Besonderen, alles falsch zu machen. Kein Mensch kümmerte sich richtig um sie, davon war die alte Dame fest überzeugt.

Ein Grundsatz der therapeutischen Arbeit ist, dass die Klienten Hilfe suchen, dass sie die Therapie wünschen müssen, um dafür offen zu sein. Sie fragen und erhalten Antworten. Bei Martha lag der Fall anders, weder fragte sie, noch wollte sie Antworten haben, und meine »Hilfsangebote« verliefen kläglich im Sande. Nicht missionieren, beschwor ich mich, nichts überstülpen, einfach geduldig sein und zuhören, mehr nicht!

Es war immerhin eine Entlastung für die Tochter, beschwichtigte ich mich. Schweigen will gelernt sein, und ich lernte zu schweigen. Martha schimpfte, ich hörte zu. Und eines Tages sagte sie ganz unvermittelt zu mir: »Du tust mir gut«, einfach so. Hatte ich mich vielleicht verhört? Nein, beteuerte sie und wiederholte ihre unerhörte Bemerkung sogar noch mal, wobei ein Tränchen im rechten Auge blinkte. Ich war baff und überwältigt, denn normalerweise bekam man von Martha nichts Positives zu hören. Fragte man sie, wie das mit Hingabe bereitete Essen geschmeckt habe, überhörte sie das geflissentlich. Und auch die Hilfe ihrer Tochter, die sich rund um die Uhr zur Verfügung hielt, schien für die alte Dame ganz selbstverständlich zu sein.

Nach dieser sensationellen Bemerkung konnte ich nicht mehr so tun, als gäbe es mich gar nicht. Ich begann tapfer mit einem neuen Programm: Singen und Loben. Wir kamen tatsächlich ins Gespräch, und Martha gestand, dass sie als Mutter versagt hätte, dass ihre Tochter durch ihre Schuld so geworden wäre, wie sie nun mal war, und und und. »Die meisten Mütter denken so«, sagte ich, »und quälen sich mit Schuldgefühlen herum. Aber wir müssen nicht perfekt sein. Du hast dein Bestes gegeben, und deine Tochter kommt gut zurecht im Leben. Das hat sie dir zu verdanken. Du bist also keine schlechte, sondern eine gute Mutter.« Diese Worte überraschten Martha, und sie begann zu weinen. »Das hat noch nie jemand zu mir gesagt, immer nur, dass ich alles falsch gemacht habe.« Sie drückte meine Hand und war seither viel zugänglicher.

Ein junger Mann, der mich im Fernsehen gesehen hatte, überredete seine Mutter dazu, mich zu engagieren. An einem Sonntag Nachmittag wurde ich zu Kaffee und Torte eingeladen und von der Familie – eine Mutter mit zwei erwachsenen Kindern, dem Sohn und einer Tochter – begutachtet. Offenbar bestand ich die Prüfung, jedenfalls beschloss das Komitee, mich Haus und Hof hüten zu lassen. Auch daraus hat sich später eine Freundschaft entwickelt, mit regelmäßigen Besuchen und der ebenso regelmäßigen Beteuerung, dass ich jetzt zur Familie gehöre.

Solche Erlebnisse waren mir die größte Freude in meinem »neuen Leben«, bewiesen sie doch, dass sich Vertrauen nicht über Jahre entwickeln muss, sondern ganz spontan erblühen kann. Kinder luden mich zu den wichtigsten Terminen in ihrem Leben ein, zur Einschulung oder zu Festen mit Verwandten. Erwachsene vertrauten mir ihre größten Schätze an und öffneten mir ihre Herzen. Früher kannte ich derlei nur von Begegnungen mit meinen besten Freunden. Diese alten Freundschaften bedeuteten mir immer noch viel, aber seit ich ohne Geld lebte, waren Grenzen gefallen, die mich bislang von »Fremden« getrennt hatten.

Ich konnte mich noch sehr gut an meine Jahre als allein erziehende Mutter erinnern, an all die Abende zu Hause, wenn kein Babysitter zu haben war, die Probleme, die ich stets im Alleingang bewältigen musste, an die Unsicherheit, ob ich alles richtig gemacht habe, ob den Kindern nichts abgeht. An das Gefühl der Verlassenheit, das sich immer wieder einstellte. Daher war mir besonders wichtig, in meinem »neuen Leben« etwas für solche Mütter zu tun, ihnen zu helfen, Möglichkeiten zu entwickeln, wie sie sich gegenseitig entlasten könnten oder wie man andere allein stehende Menschen in die Struktur der Kleinstfamilie einbeziehen könnte.

Eine Familie mit zwei pubertierenden Kindern hatte mich häufiger zum Haushüten engagiert. Obwohl ich wusste, dass es da manchmal hoch hergehen konnte, akzeptierte ich ein Angebot, die berufstätige Mutter während einer zweiwöchigen Abwesenheit des Vaters zu unterstützen. Ich sollte ab und zu ein Mittagessen kochen, die Hausaufgaben der Kinder kontrollieren, abends da sein und das eine oder andere erledigen, das sich aus dem Alltag ergeben würde. Ich hatte ein eigenes Zimmer, und auch sonst war das Haus geräumig und angenehm. Ich war ziemlich gespannt auf die kommenden 14 Tage.

Schon am ersten Abend gab es Streit. Sven, der ältere Junge, wollte nicht so wie er sollte. Erst sagte er einfach »Nein«, aber da die Mutter auf ihrer Forderung bestand, begann er zu demonstrieren, dass es ihm mit seiner Ablehnung Ernst war, und spulte das übliche Programm herunter: Aufspringen, Schreien, Türenknallen, Heulen. Die Mama ließ sich nicht lumpen und brüllte, dass die Wände wackelten. Ich dachte nur: »Oje, ob ich das wohl ertrage?« Am Abend kehrte zwar Ruhe ein, aber nur bis zum nächsten Sturm. Nach zwei Tagen hatte ich genug. Ich konnte offenbar nicht intervenieren, die drei hatten sich prima in ihrem Gezanke eingerichtet, und so beschloss ich zu gehen. Dieses Gestreite war doch unerträglich. In meinem Zimmer überdachte ich die Sache noch mal und hatte immer wieder einen Satz im Kopf: »Das ist ja nicht zum Aushalten!« Plötzlich, nebenan wurde gerade wieder herumgebrüllt, waren es meine Kinder. Das ganze Drama von damals wiederholte sich hier, die Ohnmacht der Mutter, die scheiternden Lösungsversuche. Nein, du kannst nicht einfach abhauen, sprach es in mir. Lass dir gefälligst was anderes einfallen!

Bestürzt fing ich an zu grübeln. Das, was mir hier so extrem auf die Nerven ging, war der Lärm. Mir fiel wieder ein, wie ich mich damals, im Internat, lange nicht an den Lärm der Eisenbahnhochbrücke gewöhnen konnte, die direkt über dem Gebäude verlief. Erst ganz allmählich begann ich, derlei in der Tat unveränderbare Gegebenheiten zu akzeptieren und dadurch zu bewältigen. Kurz: Ich lernte, mit dem Getöse zu leben. Und warum sollte mir das hier nicht noch einmal gelingen? Wenn Sven sich nicht anders wehren konnte als durch Schreien, dann war das eben seine Art der Verständigung. Ich könnte mir einfach vorstellen, das Gebrüll sei ein Lied, das wäre zwar genauso laut, aber angenehmer. Der Trick funktioniert. Ah, es wird wieder gesungen, dachte ich, und mir wurde leichter ums Herz. Ich verließ mein Zimmer, gesellte mich zu den Streithähnen und ging ganz selbstverständlich mit der Situation um. Fragte zum Beispiel ruhig ins

Chaos hinein, ob vielleicht jemand Lust hätte, etwas mit mir zu spielen. Durch mich als ruhenden Pol entspannte sich die familiäre Situation. Manchmal wollte ich auch wissen, um was es bei den Gefechten eigentlich ging, zog meine Frage aber sofort zurück, wenn ich merkte, dass keiner darüber sprechen wollte. Was ich mir allerdings nicht verkneifen konnte, waren Bemerkungen wie: »Heute noch nicht getobt? Die Ruhe ist verdächtig, eigentlich müsstet ihr doch noch ein bisschen schreien.« Die andern lachten darüber, und irgendwie gestaltete die zweite Woche sich wesentlich harmonischer als die erste. Da half wohl doch der Blick der Außenstehenden aufs turbulente Treiben. Wie sehr hätte ich mir damals, als meine beiden ihre kritische Zeit hatten, eine solche Entlastung gewünscht.

Mit Tim und Meike habe ich Ähnliches erlebt, in etwas anderer Familienkonstellation. Eine allein erziehende Mutter, und die Kinder noch kleiner. Für den achtjährigen Tim wurde ich zu einer wichtigen Bezugsperson; er bestand darauf, dass ich ihn jeden Abend ins Bett brachte. Seiner Mutter nahm er übel, dass sie sich von seinem geliebten Vater getrennt hatte, und machte ihr das Leben schwer. Für ein paar Wochen ließ ich mich auf diese Familie ein, merkte dann aber, dass mein Engagement auf Kosten meiner Freiheit ging und mich daran hinderte, mich meiner eigentlichen Aufgabe zu widmen. Also zog ich wieder aus.

Hin und wieder besuchte ich meinen Schrank, den ich bei einer Freundin untergestellt hatte. Längst hatte sich aus diesem Ritual eine feste Abmachung ergeben: Einmal in der Woche übernachtete ich im Kinderzimmer, die Eltern konnten den freien Abend für Kinobesuche oder anderes nutzen.

Auch Katharina, die Tochter einer anderen Freundin, spielte und sang gerne mit mir. Manchmal rief sie mich an, um mich daran zu erinnern, dass wieder mal ein Besuch angesagt wäre. Mit ihr lernte ich das Puzzeln, was sie viel besser und schneller konnte als ich. Arbeitslose oder Rentner müssten nicht allein zu Hause herumsitzen und sich langweilen. Es gibt so viel zu tun, für jeden!

Tiere

Als »Stadtmensch« hatte ich früher wenig Umgang mit Tieren. Durch die Haushüterei änderte sich das schlagartig. Meine erste tierische Bekanntschaft war Struppi, ein Terrier, der aussah wie eine XXL-Leberwurst. Struppi hatte schon seit vielen Jahren seine Lieblingsroute beim Gassigehen. Zwei-, dreimal am Tag drehte er hier seine Runden mit Frauchen, und manchmal hinterließ er an der Strecke stinkende Häufchen. Etwas peinlich, meinte Frauchen, aber wofür zahlt sie schließlich Hundesteuer. Weil Struppi von Anfang an bereitwillig mit mir ging, was er beileibe nicht bei jedem tat, hatte ich schließlich die Ehre, für ein paar Tage zu seiner ständigen Begleiterin erkoren zu werden.

Bei unserem ersten Spaziergang setzte Struppi sich direkt vor einen Kiosk und verrichtet ein, glücklicherweise nur kleines, Geschäft. Noch bevor wir uns wegschleichen konnten, kam der Kioskbesitzer auch schon brüllend aus seinem Verlies gestürmt und drohte mir mit der Faust. Ich stammelte zwar eine Entschuldigung, aber die Situation war und blieb schrecklich peinlich. Bei der zweiten Runde erledigte Struppi sein großes Geschäft mitten auf dem Fußweg. Das reichte mir, und ich beschloss, andere Saiten aufzuziehen. Heimlich änderte ich die Route, hatte allerdings die Rechnung ohne Struppi gemacht, der sich schlichtweg weigerte, mir über die neue Strecke zu folgen. Er streikte. Der Feldweg, den ich da ausgesucht hatte, war viel zu langweilig. Struppi wollte dahin, wo das Leben tobte, nicht in die ereignislose Natur. Er bockte. Nichts ging mehr, weder vorwärts noch rückwärts, da konnte ich an der Leine ziehen, so oft ich wollte. Erst fand ich das komisch, aber bald schon verging mir das Lachen. Eine Menschentraube versammelte sich um mich und den sturen Köter, die meisten machten sich unverhohlen über uns lustig. Auch eine Ansprache, mit der ich Struppi zu überzeugen versuchte, fruchtete nicht. »Das hättest du dir vorher überlegen sollen«, schien er zu denken. »Ich lasse mich nicht durch neue Sitten überrumpeln. Wo gibt's denn so was? Mit mir jedenfalls nicht!«

»O. k.«, antwortete ich erschöpft. »Hoch und heilig sei dir hiermit versprochen, dass keine weiteren Experimente erfolgen. Alles bleibt beim Alten. Aber jetzt komm endlich mit.« Das wirkte. Wir kehrten um und gingen den üblichen Weg. Von Stund an versuchte ich nicht mehr, den Hund zu erziehen. Stattdessen hatte ich immer eine Tüte dabei, in die die unangenehmen Geschäfte gleich nach Vollendung entsorgt wurden. Dass Tiere einen so starken Willen haben, damit hatte ich nicht gerechnet.

Auch die Katze namens Hexe war ein eigenwilliges Wesen. Sie hatte ein sehr intensives Verhältnis zu ihrem Frauchen und fand es nicht besonders interessant, von mir betreut zu werden. Was sie mich auch deutlich spüren ließ. Jedesmal wenn ich die Wohnung betrat, verschwand sie in den Raum, der am weitesten von mir entfernt war. Als engagierte Katzensitterin wollte ich das natürlich nicht auf mir sitzen lassen. Hexe war mein Job, und den wollte ich gut machen. Ich säuselte, ich versuchte es mit Gedankenübertragung, ich bat und bettelte. Angeblich sollten Leckerlis helfen, aber alle Tiere mit denen ich zu tun hatte, waren unbestechlich.

Hexe mied mich tagelang, und ich litt. Die Kälte zwischen uns machte mir zu schaffen. Ich befragte alle Katzenexperten, die ich kannte, und erhielt sehr unterschiedliche Ratschläge. »Lass sie links liegen, dann kommt sie von selbst«, schien mir noch am praktikabelsten. Drei Tage lang tat ich so, als gäbe es keine Hexe, aber es brach mir fast das Herz. Schließlich machte ich es doch auf meine Weise und richtete einen langen Monolog an die Katze, in welchem ich ihr zu verstehen gab, dass wir einander nicht in die Quere kommen würden und jeder die Privatsphäre des anderen zu akzeptieren hätte. Damit überzeugte ich vor allem mich selbst, entledigte mich meiner überzogenen Erwartungshaltung und sorgte dadurch für eine Wende in Hexes Verhalten. Schon am Abend danach saß sie auf meinem Schoß und ließ sich streicheln.

Ein Dickkopf war auch Bonni, das Pony. Ohne eigenen starken Willen brauchte man gar nicht erst in seine Nähe zu kommen. Bonni kriegte fast jeden klein. Ganz anders Alinka. Als ich zum ersten Mal auf dieser schon recht betagten Stute saß, kam ich mir vor wie eine Schmarotzerin. Hier stimmte das Geben und Nehmen eindeutig nicht, davon war ich überzeugt. Bei meinem nächsten Besuch änderte sich alles. Ich mistete den Pferdestall aus, versorgte Alinka und verdiente mir dadurch, dass sie mich trug. Stolz drehte ich meine Runden. Die Besitzerin erzählte mir später, dass in den meisten Reitställen die Reiter ihre Pferde selbst striegeln und bürsten müssen, um dadurch einen Kontakt herzustellen.

Durch meine Haushüterei lernte ich viele Tiere kennen und lieben. Die Mäuse Max und Moritz, die Wasserschildkröte Matthias, das weiße Kaninchen Schneeflocke. Besonders anhänglich waren der Collie Sheila und die weiße Schäferhündin Nala. Sie weinten jedesmal beim Abschied, und zur Begrüßung überschlugen sie sich vor Freude.

Meine Arbeit hat mir gezeigt, dass jedes Tier seine ganz eigene Art hat, einen spezifischen Charakter, genau wie ein Mensch. Sie sind Teil eines gelungenen Miteinander. Tiere zeigen ihre Gefühle ganz unverstellt, Freude, Liebe, Zugewandtheit. Wir können von ihnen eine ganze Menge lernen.

Pflanzen

»Wenn der letzte Baum gefällt ist, werden die Menschen merken, dass man Geld nicht essen kann.« Dieser indianische Spruch will auf die Bedeutung der Pflanzen hinweisen und darauf, wie sorglos wir mit ihnen umgehen. Bäume werden als Holzlieferant betrachtet, nicht als Wesen, die durch ihr Dasein Sauerstoff liefern und für Wohlbefinden und Lebensqualität sorgen. Wir gehen hochmütig davon aus, dass Pflanzen keine Seele haben, obwohl wissenschaftliche Untersuchungen belegen, dass zum Beispiel Blumen auf Musik reagieren. Und ihre Vorlieben haben: Zu klassischen Klängen wachsen sie besser als bei rockigen Rhythmen.

In meinem Leben gibt es eine Grünpflanze namens Fensterblatt, die mich schon seit vielen Jahren überall hin begleitet und mit der ich mich identifiziere. Das Fensterblatt ist mein Spiegel. Leider ist das Fensterblatt auch ein ziemlich riesiges Geschöpf mit fingerförmigen Blättern, die manchmal in Herzform aus der Erde wachsen. Das macht es anfällig für Störungen. Einmal fiel der Topf um, und sämtliche Stiele und Blätter brachen ab. Oberhalb der Erde war überhaupt nichts mehr vom Fensterblatt zu sehen. Ich war völlig verzweifelt und dachte an Tod und Ende. Tatsächlich passierten in dieser Zeit viele Unfälle in meinem näheren Umfeld, und ein paarmal hätte es auch mich fast erwischt. Dann wuchs eines Tages ein winziger Spross aus der scheinbar verwaisten Erde, und ich nahm es als Zeichen, dass die Gefahren gebannt waren, und atmete auf. Tatsächlich erneuerte mein Fensterblatt sich in rasendem Tempo, wucherte binnen Wochen zu voller Schönheit und wurde größer als je zuvor. So groß, dass es immer schwieriger wurde, einen Platz dafür zu finden. In dem Büro, in dem es nach meiner Wohnungsaufgabe gelandet war, wurde schon überlegt, wohin man es geben könne, weil es viel zu viel Raum einnahm. Aber dann entdeckte ich in einer meiner Gast-Wohnungen ein anderes Fensterblatt, das ganz anders aussah als meines. Alle Blätter wuchsen nach oben, rank und schlank wirkte das und störte überhaupt nicht. So sollte meine Pflanze auch aussehen, beschloss ich, und band alle Blätter und Stiele hoch. Das sah zunächst ein bisschen chaotisch aus, aber inzwischen wächst das alles brav in die Höhe, und mein Fensterblatt findet überall Platz.

Pflanzen haben etwas Zauberhaftes. In einem Märchen überreicht die gute Fee einer jungen Königin eine Blume, die immer anzeigen soll, wie es um den König, der in den Krieg ziehen muss, bestellt ist. Lange Zeit wächst und gedeiht die Blume, doch eines Tages lässt sie den Kopf hängen, als Zeichen für die Königin, dass ihr Mann Hilfe braucht.

In manchen Häusern, in denen ich wohnte, strahlten die Pflanzen Gesundheit und Zufriedenheit aus. In anderen wirkten sie eher verkümmert. Ich war mir sicher, das hatte nicht nur mit Pflege zu tun, sondern auch mit dem Befinden der Besitzer. Durch das Häuserhüten wurde ich Expertin für fremde Pflanzen. Und meine Pflegeblumen waren ganz schön anspruchsvoll. Jede verlangte eine Spezialbehandlung, unterschiedliche Wassermengen, mal mehr, mal weniger Frischluft, Aufmerksamkeiten, Licht und Schatten. Einmal hatte ich einen besonders schönen Garten zu betreuen. Alle Blumen waren farblich aufeinander abgestimmt, es war eine wahre Freude fürs Herz und für die Augen. Die Hobbygärtnerin, die hier lebte, achtete darauf, dass ständig etwas wuchs und blühte. Sie merkte sofort, wenn etwas nicht in Ordnung war. Sie behandelte die Blumen, als wären es ihre besten Freunde. Manchmal setzte sie sich zu ihnen und besprach sich mit ihnen, in aller Ruhe. Und sie bekam Antworten auf alle wichtigen Fragen.

Auch mit Bäumen können wir sprechen. Sie antworten uns, wenn wir nur geduldig genug auf einen Kontakt warten. In der Natur geht es immer um Geduld, um Ruhe, um Innehalten. Bäume haben viel Zeit. Auch von ihnen könnten wir eine ganze Menge lernen.

»Wissenschaftsladen«, meldete ich mich am Telefon. Die weibliche Stimme am anderen Ende der Leitung wollte wissen, was sie denn unter einem Wissenschaftsladen zu verstehen habe. Ich nutzte die Gelegenheit für einen kleinen Vortrag. »In den Siebzigerjahren wurden in den Niederlanden die ersten Wissenschaftsläden gegründet. Die Holländer wollten eine Verbindung zwischen Wissenschaft und Gesellschaft herstellen, zwischen Universität und Volk. Praktisch sah das so aus, dass, wenn jemand eine wissenschaftliche Auskunft brauchte, er in so einem Laden anrufen konnte. Der Dortmunder Wissenschaftsladen wurde 1983 von Studenten der Universität gegründet. Allerdings hat sich seine Struktur verändert, und jetzt gibt es hier diese Auskünfte nicht mehr.«

Das wäre ja alles sehr interessant, kommentierte die Stimme am Telefon. Nun hätte sie eine Frage, die sicherlich nicht hierher gehöre, aber sie wisse sich keinen anderen Rat. Es gäbe da eine Frau, die seit einiger Zeit ohne Geld leben würde und die wohl irgendwas mit diesem Wissenschaftsladen zu tun hätte. Sie nannte meinen Namen und fragte, ob ich diese Frau Schwermer zufällig kennen würde. Als ich mich zu erkennen gab, lachte sie erstmal laut los. Dann erklärte sie, dass sie eigentlich im Auftrag ihres Bruders nach mir fahnde, der hätte nämlich in einer anderen Stadt ein Rundfunk-Interview mit mir gehört, wüsste aber nicht mehr, ob ich in einem »Wissenschaftsladen« oder einem »Wirtschaftsladen« am Computer säße. Sie, die Dortmunder Schwester, sollte nun meine Adresse für den Bruder ausfindig machen. »Dass das nun so einfach und schnell gehen würde, hätte ich natürlich nicht gedacht.«

In Rendsburg gab es eine ähnliche Situation. Auch da landete eine Frau, die mich suchte, relativ rasch am richtigen Telefon. Sie war über eine Fernsehsendung auf mich aufmerksam geworden, erinnerte sich später, dass in dem Beitrag von Rendsburg die Rede gewesen war und von Tieren. Also rief sie in irgendeiner Rendsburger Tierhandlung an, und tatsächlich konnte ihr dort weitergeholfen werden.

Ein anderes Mal wollte eine Frau aus Bayern meine Adresse haben. Sie rief zu einer Zeit bei einer Bekannten an, um nach mir zu fragen, als ich nach langer Zeit mal wieder bei eben dieser Bekannten zu Besuch war. Für mich hat es sich fast jedesmal gelohnt, auf solch kuriose Weisen »gefunden« zu werden. Meist kam irgendwas Besonderes dabei heraus.

So war es auch mit dem jungen Mann aus Süddeutschland, der mich über viele Umwege ausfindig gemacht hatte. Am Telefon hatte er mir mitgeteilt, dass er mich unbedingt treffen wolle, weil er gerade an einem Scheidepunkt seines Lebens stünde. Er wollte von meinen Erfahrungen ohne Geld hören. Wir verabredeten uns in einem Ort in den Bergen. Ich hatte dort sowieso einen Termin und war neugierig auf den Mann.

Wir wanderten durch die Landschaft, er trug statt des Rucksacks eine Gitarre auf dem Rücken, und wir erzählten uns Geschichten aus der Vergangenheit. Dann kamen wir zu einer kleinen Kapelle, einer meiner Lieblingskapellen, und traten ein. Der Mann stieg auf die Empore, packte seine Gitarre aus und stimmte ein christliches Lied an. Ich begleitete ihn und erfand eine eigene Melodie. Beim nächsten Gesang wurden unsere Stimmen kräftiger, die Freude größer. Wir schmetterten immer neue Lieder in den Raum, in dem sich sonst niemand aufhielt. Ganz automatisch begannen wir, mit den Fingern zu schnippen, mit den Füßen zu stampfen, uns zu drehen und zu wenden. Für mich ging damit ein Herzenswunsch in Erfüllung: Einmal in einer Kirche eigene Lieder zu singen und dazu zu tanzen und glücklich zu sein. Dafür also, dachte ich, wurde mir dieser Mann geschickt.

Auf dem Rückweg tobten wir wie zwei Kinder durch die Berge, jodelnd und schreiend. In der nächsten Kapelle waren wir nicht allein: Sieben junge Mädchen befreiten gerade den Raum vom Wintermuff. Schnatternd und lachend polierten sie Jesus' Krone, Marias Gewand, die Flügel der Engel. Sie hatten eindeutig Spaß bei der Sache, und als wir sie fragten, ob sie mit uns singen wollten, stimmten sie begeistert zu. Diesmal erfüllten Gospelsongs den Raum, und mir fielen die Gottesdienste der Schwarzen ein, die Bewegung und Freude dabei, um die ich sie immer beneidet habe. Und nun konnte ich selber mal so richtig loslegen! Ein paar Monate später hat der Mann sich noch mal bei mir gemeldet und mir dafür gedankt, dass ich es wage, ein solches Leben zu führen, ohne Konventionen, ganz und gar dem Augenblick hingegeben. Mein Beispiel hätte ihm den Kick gegeben, den er noch brauchte, um sein Ideal zu verwirklichen. Er zöge nun mit seiner Gitarre durch die Lande und hätte viele neue Aufgaben gefunden. Das neue Dasein unterschiede sich sehr von dem durch Zwänge beengten früheren.

Ich habe viele solcher Bekanntschaften gemacht, und sie haben mein Leben bereichert. Aber dadurch, dass ich so ganz anders existiere als die meisten anderen Menschen, gibt es für mich auch sehr einsame Momente.

Sie taucht immer mal wieder auf, die große Einsamkeit, die mir die Kehle zuschnürt, die wie ein Klumpen im Bauch sitzt, die kaum zu ertragen ist. Sie tauchte zum Beispiel auf, als ich einmal zugesagt hatte, für acht Wochen in einem kleinen Dorf zu wohnen, um die Blumen und die Katzen einer Familie zu versorgen. Zunächst lief alles ganz wunderbar, das Häuschen gefiel mir, und tagsüber gab es ein paar Kontakte zu Mitgliedern eines Tauschrings in der Nähe. Aber zwischen dem Dorf und der nächsten Stadt lag ein Wald, der mir schon bei Dämmerung unheimlich und gefährlich vorkam. Ich hatte das deutliche Gefühl, dass es empfehlenswert wäre, diesen Wald bei Dunkelheit zu meiden. Und so hatte ich keine Chance, am Abend irgendetwas zu unternehmen. Fernsehen langweilte mich auf Dauer, immer nur lesen war auch nicht gerade spaßig, nicht einmal die Musik konnte mich trösten. Mir fehlten Freunde, vertraute Menschen, und meiner eigentlichen Aufgabe, die Gesellschaft zu verändern, konnte ich hier auch nicht besonders engagiert nachkommen.

Als die Hälfte der Zeit um war und keine Rettung in Sicht, sagte ich mir: Es muss etwas geschehen. Geh am Sonntag in die Kirche, empfahl meine innere Stimme. Also ging ich am Sonntag in die Kirche. Eine junge Pastorin predigte vor etwa zwei Dutzend Menschen, und am Ende verabschiedete sie sich mit Handschlag von ihren Schäfchen. Ich nutzte die Gelegenheit, mich ihr vorzustellen. Sie hatte schon von mir gehört und lud mich für den nächsten Nachmittag in ihren Konfirmandenunterricht ein, um den jungen Leuten von meinem Leben zu erzählen.

Die Mädchen und Jungen waren sehr interessiert, auch wenn sie nicht glauben wollten, dass man in unserer Gesellschaft ohne Geld überleben kann. Und wenn, ginge es doch bestimmt auf Kosten der Lebensqualität? Und: Was für einen Sinn sollte das überhaupt machen? Die Jugendlichen waren gerade dabei, gute Lehrstellen zu suchen, um später einmal viel Geld zu verdienen. Sie wollten nicht wirklich über alternative Möglichkeiten nachdenken. Im anschließenden Gespräch kamen die Pastorin und ich überein, dass die Jugend eben mehr am Konsum teilhätte und dass wir ihr das wohl zugestehen müssten.

Da wir uns sympathisch waren, überlegten wir, ob andere gemeinsame Aktionen möglich wären. Wer nicht wagt, der nicht gewinnt, dachte ich und traute mich, ihr eine Idee zu unterbreiten, die mir schon lange im Kopf herumging: Mal einen ganz anderen Gottesdienst zu probieren, ohne die bekannten Rituale, dafür mit aktiver Beteiligung der Besucher. Ich solle einen schriftlichen Entwurf machen, schlug die Pastorin vor, den sie dann an ihre Kollegen aus der Gemeinde weiterreichen würde. Außerdem wollte sie für eine Notiz in der Zeitung und für einen Aushang sorgen.

Die Kirche sollte an einem Freitagabend für unser Experiment geöffnet werden, und ich durfte den Gottesdienst allein leiten. Obwohl die Pastorin mich vor überzogenen Erwartungen warnte und meinte, es würden sicher nicht sehr viele Menschen kommen, war ich sehr aufgeregt. An dem bewussten Abend saßen dann tatsächlich nur zehn Leute in kleinem Kreis vor dem Altar, und ich zog ein Programm mit Meditationen, Wahrnehmungsübungen und einfachen Gesängen durch. Ich konnte meine Enttäuschung nicht verbergen: So viel Werbung und so wenig Resonanz. Die Kirche schien wohl doch nicht der richtige Ort für mich zu sein.

Die Einsamkeit kehrte wieder und keine neuen Projekte waren in Sicht. Als eine Freundin anrief, um zu fragen, wie es mir ging, bekam sie nur Geschluchze zu hören. Kurz entschlossen holte sie mich ab und nahm mich mit in die Gruppe, die sie leitete. Für einen Abend war ich gerettet, durfte endlich mal wieder das tun, was ich wollte und konnte. Aber schon am nächsten Tag war alles wieder beim Alten. In diesem Dorf fiel mir einfach nichts mehr ein, und als meine Zeit endlich vorbei war, war ich heilfroh, dort wegzukommen.

Weit besser erging es mir in einem anderen kleinen Dorf, in das ich von einer Freundin vermittelt wurde. Ich wohnte in einem schönen hellen Haus mit zwei Katzen und einem Hund und fühlte mich von Anfang an zu Hause. Jeden Morgen traf ich ein paar fröhliche junge Frauen, die mit ihren Hunden spazieren gingen. Für die Tiere war es ein Riesenspaß und auch mir bedeutete der tägliche Marsch mit den Frauen sehr viel. Wir schwatzten und lachten, aber es ging auch um ernste Dinge. Sie fragten nach meinen Beweggründen, und gemeinsam überlegten wir, ob es nicht möglich wäre, am Ort einen Tauschring zu gründen. Dadurch, dass andere Menschen sich für mich und meine Ideen interessierten, ging es mir gut und ich hatte das Gefühl, in diesem Dorf ein Stück auf meinem Weg weiterzukommen.

Insgesamt hatte ich das Gefühl, nicht wirklich in ländliche Einsamkeit zu passen. Das nächste Jahr wird anders, nahm ich mir im Dezember 1998 vor, und tatsächlich ließ es sich gut an, das neue Jahr. Schon in der ersten Januarwoche lud der Tauschring in Münster mich zu einem Vortrag ein. Das Ganze ging auf eine junge Frau zurück, die ich bei einer Wochenendtour mit auf mein Ticket genommen hatte. Wir hatten uns bestens unterhalten, über neue Gesellschaftsformen, politische Ansätze und Tauschringe. Sie gehörte zum »Lowi« in Münster und interessierte sich daher für meine Tauscherfahrungen. Zum Abschied schenkte ich ihr ein »Sterntaler«-Heft. Und nun hatte sie sich wieder gemeldet und mich nach Münster eingeladen.

Ich halte gern Vorträge, weil ich gerne Geschichten erzähle. Stets bemühe ich mich darum, die Reden kurzweilig zu gestalten, und bin jedesmal gespannt darauf, wie so ein Abend läuft und ausklingt. Aber in den vergangenen Jahren hatte ich meist zum Thema Leben ohne Geld zu sprechen, und so langsam schien mir das ein bisschen ausgereizt zu sein. Zumal in der Kürze der Zeit meist keine Möglichkeit bestand, gemeinsam mit den Zuhörern über alternative Lebensweisen nachzudenken und gesellschaftliche Ansätze zu entwickeln.

In Münster schlug ich eine Erweiterung der Aktion vor. Der Vortrag am Abend sollte nur die Einführung sein und am nächsten Morgen mit einer Lesung und Einzelberatungen fortgesetzt werden. Das Publikum, ein bunt gemischtes Völkchen, saß dicht gedrängt und aufmerksam vor mir. Ein paar engagierte junge Männer stellten Fragen zu meinem politischen Konzept und brachten mich damit in Verlegenheit, weil es mir nach wie vor schwer fiel, den ganzheitlichen Ansatz so darzustellen, dass er von weniger spirituellen Menschen verstanden werden konnte. Zum Glück saß der Leiter des Tauschrings neben mir und sprang einige Male mit eigenen Erklärungen ein.

Am nächsten Morgen erschienen überwiegend Frauen zur Lesung aus einem »Sterntaler«-Heft. Sie rissen sich geradezu um die anschließenden Einzelberatungen, in denen ich Tarot-Karten benutzte, wie ich sie schön früher in meinen therapeutischen Sitzungen verwendet hatte. Dabei war es nicht um Wahrsagerei gegangen, sondern um Hinweise, die von den Klienten angenommen oder verworfen werden konnten.

Die rund 20 Frauen, die sich an diesem Wochenende in Münster jeweils eine Stunde lang von mir beraten ließen, waren allesamt auf der Suche nach ihrem Platz im Leben, nach einer sinnvollen Tätigkeit, die Freude macht. Für mich war das spannender als jeder Vortrag, denn ich fühlte mich wieder einmal in meiner Aufgabe bestätigt, anderen Menschen dabei zu helfen, sich selbst zu finden. Denn nur, wer ganz bei sich ist, kann am großen Ganzen mitwirken.

Während einer Vortragsreise nach Berlin lernte ich erstmals »Kollegen« kennen, Menschen, die auch fast ohne Geld lebten. Eine anregende neue Situation für mich, denn wir ergänzten uns gut. Ein Mann, der sich als Globetrotter bezeichnete und für sich in Anspruch nahm, der »glücklichste Mensch der Welt« zu sein, berichtete von seinen Reisen. Und von seinen »beiden rechten Händen«, auf die er sehr stolz war. Mit dieser Hände Arbeit kommt er zu Kost und Logis, zwei Stunden pro Tag muss er dafür aufwenden, und weil sich sein handwerkliches Geschick herumgesprochen hat, kann er sich vor Angeboten kaum retten.

Auch ein Puppenspieler erzählte von seinem Alltag. Mit seiner Kunst verdiente er sich gerade mal das Nötigste, aber er genoss es ungemein, immer und überall sein eigener Chef zu sein. Die Frau, die uns alle nach Berlin gebeten hatte, führte selbst kein alltägliches Leben. Sie hatte sich mit einem Minimum an Geld eingerichtet und etliche phantasievolle Alternativen entwickelt. Ich war an diesem Tag die Hauptreferentin und bemühte mich um einen »roten Faden«, um all die abenteuerlichen Lebensentwürfe zu bündeln und einen allgemein gültigen Ansatz herauszuarbeiten. Aber wieder einmal war die Zeit zu kurz.

Auf Einladung eines evangelischen Pfarrers sprach ich zur Fastenzeit zum Thema »Wie die Vögel unter dem Himmel – ein Leben ohne Geld?« Endlich einmal durfte ich ungehemmt über alle meine Wunder plaudern, endlich einmal musste ich mich nicht wegen meines »unpolitischen« Tuns rechtfertigen, und keiner bemängelte die »Sinnlosigkeit« meines Verhaltens. Ich konnte einfach drauflosreden und genoss den Abend sehr. Bei einem anderen Vortrag traf ich einen Mann, er ebenfalls ohne Krankenversicherung lebte und so selbstverständlich mit der leidigen Frage nach dem Beinbruch umging, dass die kritischen Stimmen verstummten.

Diese Vorträge machten mir zwar nach wie vor Spaß, dennoch fand ich sie zunehmend enttäuschend. Mir passierte einfach nicht genug im Anschluss an all das Gerede. Schon der nächste Tag war wieder Alltag für die Zuhörer, mochten sie noch so offen und enthusiastisch gewesen sein. Durch

Vorträge konnte ich offenbar keinen Menschen dazu bewegen, eigenständig zu neuen Ufern aufzubrechen. Ich begann, über andere Aktionsmöglichkeiten nachzudenken.

Alternative Projekte

Mein eigener Weg war inzwischen kein Problem mehr, von Tag zu Tag ließ sich mein Experiment problemloser an, aber ich wollte nun mal mehr erreichen, vor allem: mehr Menschen. Also konzentrierte ich mich verstärkt auf soziale Interaktionen. Zum Haushüten lud ich mir jetzt häufig Gäste ein, die auf diese Weise mein Modell erproben konnten oder es durch eigene Ideen ergänzten. Wie die Dortmunder Korbflechterin, die ich durchs Tauschen kennen gelernt hatte. Als sie zu unserem Verein gestoßen war und von ihrer Arbeit erzählt hatte, waren vor meinem inneren Auge sofort lauter kleine Iglus aus Baumgeflecht aufgetaucht. Etwas später weihte ich das neue Mitglied dann in meinen Traum vom Kräuterbett ein, das ich mir irgendwann mal bauen wollte und das doch prima in so ein Baum-Iglu passen würde. Am schönsten wäre ein ganzes Iglu-Dorf mit Kräuterbetten, in denen gestresste Stadtmenschen Energie tanken könnten. Solange wir in der Großstadt unterwegs waren, ließ sich diese Idee natürlich nicht verwirklichen, aber sobald ich ein passendes Domizil auf dem Lande gefunden hatte, bat ich eine Schar Interessierter, darunter die Korbflechterin, zum Iglu-Bau. In einer geschützten Ecke des großen verwilderten Gartens sollte die erste Hütte entstehen. Weidenäste in unterschiedlichen Stärken »ernteten« wir von einigen Weidenbüschen, die ohnehin beschnitten werden mussten. Dann gruben wir tiefe Löcher für die dicken Äste, die als Gerüst gedacht waren und jetzt zu einem Rund angeordnet wurden. Wir verbanden die einander jeweils gegenüberliegenden Astkronen miteinander, und schon war die Igluform erkennbar. Aus dünneren Ästen wurde dann die »Wand« geflochen, und am Ende einer arbeitsreichen Woche saß ich wieder einmal voller Freude unter einem Blätterdach. Fast so wie in der Höhle meiner Kindheit. Den Rest musste allerdings die Natur erledigen, denn erst wenn alles anwuchs, würde die kleine Laube zur echten Blätterhöhle werden. Mein Kräuterbett hatte ich zwar noch nicht, aber ich bleibe dran an der Sache. Neulich erzählte ich einer Frau von unserem ersten Iglu. Sie war begeistert und plant jetzt, mehrere Hütten zu bauen. Und da sie eine Kräuterfrau ist, entsteht auf ihrem Anwesen eines Tages vielleicht auch das Kräuterbett.

Andere meiner interaktiven Projekte waren für Kinder und Erwachsene gedacht; auf diesem Gebiet wollte ich mich künftig verstärkt engagieren, denn hier lag der soziale Ansatz auf der Hand. Die strikte Trennung der Generationen ist einer der größten Schwachstellen unserer Gesellschaft. Immer wieder habe ich beobachtet, wie schnell Kinder sich zusammenschließen und ins Abenteuer stürzen, während Erwachsene viel länger »fremdeln« und ihre Vorbehalte pflegen. Gemeinsame Aktionen würden gerade für die »Großen« sehr hilfreich sein.

Einmal machten wir in gemischter Besetzung einen Spaziergang durch ein Waldgebiet, das nur selten von Menschen heimgesucht wird. Eine Frau, die in der Nähe lebte, führte uns Stadtmenschen zu ihren Lieblingsplätzen. Unter anderem sollte es hier eine Stelle geben, an der man häufiger weiße Hirsche sah. Wir näherten uns dem geheimen Ort, schweigend und ganz, ganz leise. Plötzlich hörten wir dieses unverwechselbare Röhren, das ich nur aus dem Fernsehen kannte. Wir schlichen langsam weiter, und auf einmal waren da noch andere Geräusche. Wütende Grunzlaute, wie mir schien. Vor uns wurde geröhrt, rechts und links gegrunzt, und alles zusammen hörte sich ziemlich lebensgefährlich an. Sogar unsere Führerin riet zur Umkehr, und zwar subito. Hastig sammelten wir uns zum Rückzug, mir schlug das Herz bis zum Hals, und ich glaube, den anderen ging es nicht anders.

Die Wildschweine ließen wir rasch hinter uns, aber plötzlich erblickten wir zwei große Hirsche, die miteinander kämpften. Immer wieder gingen die Prachtexemplare brüllend aufeinander los. Wie im Fernsehen, dachte ich wieder, aber dies hier war live und aufregend.

Abends erzählten wir uns Abenteuergeschichten, Kinder und Erwachsene hörten einander aufmerksam zu, jeder wurde hier ernst genommen, und ich freute mich über einen kleinen, aber wichtigen Schritt in die richtige Richtung.

Auch aus eher pragmatischen Arrangements entwickelte sich häufig ein intensives Miteinander. Da waren zum Beispiel die beiden Frauen, die ich flüchtig von einem Tauschringtreffen in einer anderen Stadt kannte. Sie wollten eine Woche am Meer verbringen, und ich lud sie ein, in meinem aktuellen Gast-Haus zu wohnen. Tagsüber hatten sie ihr Programm, machten Ausflüge mit dem Auto, auf die sie mich manchmal mitnahmen. Die Abende verbrachten wir fast immer gemeinsam, und am Ende der Woche war aus dem ungeplanten Geben und Nehmen eine Freundschaft geworden.

Kultur

Das Theater habe ich früh im Leben kennen und schätzen gelernt. Als Gymnasiastin bekam ich günstige Abonnements und nutzte sie. Später war ich Dauergast in Hamburgs Theatern und anfangs auch in den Dortmunder Spielstätten. Dann beschloss ich, ohne Geld zu leben, und dachte mir: Das war's dann wohl mit dem Theater.

Aber eigentlich hatte ich keine Lust, auf Kultur zu verzichten. Als erste Notlösung bot sich die Bekanntschaft mit einer Schauspielerin, die in der Nachbarschaft wohnte. Wir kamen ins Gespräch, und in der Folge lud sie mich in Stücke ein, bei denen sie mitspielte, und als Gegenleistung bat ich sie zum Essen zu mir. Dann zog sie weg, aber ich wollte weiter ins Theater gehen. Und war wild entschlossen, eine Lösung zu finden.

Ich brütete über der »Gib-und-Nimm«-Liste. Dieser Mann da, der hatte doch irgendwas mit Theater zu tun. Oder nicht? Doch, ich war mir ganz sicher. Tatsächlich arbeitete er als Beleuchter, und seine Wirkungsstätte lag unter dem Dach, hoch über dem Bühnengeschehen. Ja, es gäbe schon die Möglichkeit, jemanden mit hinaufzunehmen, sagte er auf Nachfrage. »Du kannst es dir gern mal anschauen.«

An einem Mittwochabend trafen wir uns an der Kasse, und er führte mich durch den für nicht Eingeweihte unsichtbaren »Bauch« des Theaters. Ich sah Verliese, lange Gänge und landete schließlich auf dem Gitterboden, wo die Beleuchter arbeiteten. Es war aufregend da oben. Mir wurde ein Platz hinter einem der Strahler zugewiesen. Es gab mehrere davon, die in Reihe angebracht waren und während der Aufführung von zwei bis drei Beleuchtern bedient wurden. Einige dieser Lampen wurden vor Beginn des Stückes eingestellt, andere waren während der gesamten Vorstellung in Bewegung, um die Schauspieler ins jeweils richtige Licht zu setzen. Die Beleuchter waren hochkonzentriert und ein bisschen aufgeregt, kein Wunder, bei der Verantwortung, die sie trugen. Traf einer einmal mit einem Strahl daneben oder ließ seinen Darsteller vor der Zeit wieder im Dunkel verschwinden, war die ganze Aufführung verpatzt. Ich saß mucksmäuschenstill hinter meinem Strahler und fand das alles sehr spannend.

Obwohl die Akustik hier oben nicht so gut war, würde ich auf keinen Fall mit denen da unten tauschen wollen. Ich konnte zwischen den Absperrungsgittern hindurch auf die Bühne und das Parkett schauen und bekam alles mit, was auf der Bühne passierte. In der Pause durfte ich dort sogar herumspazieren, mir alles genau anschauen und sogar einmal durch die Vorhänge lugen, um das Publikum zu beobachten. Ohne Geld erlebte ich besseres Theater als je zuvor!

Durch eine Freundin, die als Dramaturgin, Autorin und Regisseurin arbeitete, erfuhr ich, was auf der Bühne hinter den Kulissen geschah. Ich durfte beobachten, wie ein Stück sich während der Proben langsam aus seinen Anfängen entwickelte und sich allmählich der Vollendung näherte. Ich bekam die fieberhafte Spannung vor der Premiere mit, und wenn es so weit war, durfte ich oft als geladener Gast in der ersten Reihe sitzen. Als Gegenleistung bot ich meiner Freundin Entspannungsübungen an, nach denen sie sich umso emsiger ins kreative Geschehen stürzen konnte. Es war ein gleichwertiges Geben und Nehmen, wie es mir gefiel.

Eine andere Freundin war Fernsehproduzentin. Sie hatte einen der ersten Beiträge über »Gib-und-Nimm« gedreht, und danach trafen wir uns immer mal wieder. Auch sie ließ mich hinter die Kulissen ihrer Arbeit schauen, und ich verstand endlich, warum manche Aufnahmen so oft wiederholt werden mussten, damit das Ergebnis sich sehen lassen konnte.

Dreimal hintereinander flatterte mir eine Einladung zum Zirkusbesuch ins Haus. Ich durfte die Kinder meiner Freunde am Trapez und in der Manege bewundern, als kleine Akrobaten, beim Feuerschlucken oder beim Reiten. Der Zirkus hatte sich nämlich ein neues Mitmachprogramm überlegt, das beim Publikum prima ankam. Ganze Schulklassen wurden zum einwöchigen Training unter Anleitung von Experten gebeten. Zum Abschluss durften die frischgebackenen Zirkuskinder ihre eigene Vorstellung gestalten und erhielten natürlich kräftigen Applaus für ihre tolle Leistung.

Auch das Puppentheater bot eine Mitmachwoche für Kinder an, wie überhaupt die kulturelle Interaktion im Trend zu liegen schien. Eine gute Sache, wie ich fand, denn aktives Gestalten führte die jungen Menschen weg vom Leben aus zweiter Hand, von der ewigen Berieselung durchs Fernsehen oder durch Computerspiele.

Putzen

Ich hatte ja erwähnt, dass das Jahr 1999 so ganz anders werden sollte. Und zunächst ließ es sich auch ganz großartig an, mit Vorträgen, Reisen und vielen neuen Kontakten. Aber leider ging es nicht ganz so großartig weiter. Bis März war ich ausgebucht, aber dann war wieder mal Zwangspause angesagt. Ich wurde unzufrieden und unglücklich, spürte wieder diese Unruhe in mir, wollte aufbrechen, weiterkommen. Mein Versprechen, alles dafür zu tun, dass die Menschen in Frieden miteinander leben können, konnte ich nicht durchs Häuserhüten einlösen. Eine Tätigkeit übrigens, die ich problemlos zum Fulltime-Job hätte ausbauen können; die Anfragen stapelten sich, sogar aus dem Ausland war schon Interesse angemeldet worden. Aber ich wollte nicht die Hüterin vom Dienst sein, ich wollte anderen etwas von dem vermitteln, was ich erfahren hatte. Und sobald ich das Gefühl hatte, kein Mensch interessierte sich für meine Erkenntnisse, ging's mit meinem Seelenfrieden bergab.

Ich beschloss, das bundesweite Hüten einzustellen und in meine Wahlheimat Dortmund zurückzukehren. Hier pendelte ich zwischen vier Wohnungen und »verdiente« mir meine Übernachtungen durch unterschiedliche Gegenleistungen. Mit Lebensmitteln versorgte ich mich überwiegend aus dem Angebot des Bioladens und des Bäckers, hin und wieder luden Freunde mich zum Essen ein. Das Geben und Nehmen funktionierte perfekt, alles regelte sich. Nur mein Innenleben nicht. Mein Herz war schwer, und ich hatte wieder den unangenehm vertrauten Klumpen im Magen.

Irgendwann gab ich klein bei, nahm mir vor, mich zusammenzureißen und richtete mich ohne weiteres Gezeter ein. Da sich auch in Dortmund nicht viele Leute für meine geistigen Gaben zu interessieren schienen, verlegte ich mich auf meiner Hände Arbeit. Ja, ich entdeckte meine Hände geradezu neu und stellte verblüfft fest: Was die alles können! Besen schienen sie besonders zu lieben, bald war keiner mehr vor ihnen sicher, sie griffen zu, wo immer einer herumstand, und fingen an zu fegen. Sie fegten das Treppenhaus von oben bis unten, und weil gut gefegt nur die halbe Miete ist, wischten sie gleich noch hinterher. Sie fegten Höfe und Bürgersteige, Stuben und Büros, schwungvoll und energisch. Wow. Ich war richtig im Putzrausch und widmete mich jedem Abwasch mit Begeisterung. Tassen, Gläser, Teller, Schwermer spülte alles und polierte es anschließend auf Hochglanz. Zwischendurch meldete sich schüchtern mein Über-Ich. »Hast du dafür studiert und deine ganzen Ausbildungen gemacht? Nur um jetzt etwas zu tun, was du gar nicht so besonders gut kannst? Bist du nicht doch eine Versagerin, die einfach auf der Strecke geblieben ist und jetzt ihre Zeit totschlägt? Wo ist dein politischer Anspruch, wo sind deine tollen gesellschaftlichen Ansätze geblieben? Wo ist das alles hin?« Aber ich ließ mir nichts einreden und rechtfertigte mich nach Kräften. »Das ist keine Beschäftigung für immer, nur vorübergehend«, beschwichtigte ich die innere Stimme. »Vielleicht gibt es ja noch etwas in meinem Leben, das bearbeitet werden muss, und das hier ist die Möglichkeit dazu. Vielleicht muss ich meinen Restdünkel abbauen. Warum wird eigentlich Putzen immer noch als wertlose Arbeit angesehen, obwohl überall geputzt werden muss? Wer für andere putzt, übernimmt Verantwortung. Wenn jeder seine Umwelt sorgfältiger wahrnehmen würde, würde auch jeder dafür sorgen, dass weniger Müll entsteht und dass nicht achtlos damit umgegangen wird. Basta.«

Trotzdem, ganz ehrlich: So richtig mein Ding war diese übermäßige Putzerei nicht. Aber am Ende dieser schweren Zeit, in der mir aus allen Ecken und Enden Reinigungsarbeiten entgegenlachten, hatten sich meine Maßstäbe wieder einmal zurechtgerückt. Ich sah einfach mehr als vorher.

Zum Beispiel während meiner fast täglichen Bahnfahrten. Haben Sie einmal aufmerksam die Müllhalden betrachtet, die sich Bahnhöfe nennen? Oder rennen Sie einfach nur mit angehaltenem Atem an den einschlägigen Orten vorbei? Einen speziellen Treppenaufgang entdeckte ich, den irgendwelche Menschen ständig mit einer Toilette verwechselten. Nicht nur, dass sie ihre streng riechenden kleinen Geschäfte dort verrichteten, nein, sie setzten noch was drauf, ihre Häufchen nämlich, die alles im Umkreis von Metern verpesteten. Alle Fahrgäste waren entsetzt darüber, täglich wurde über diese »Unverschämtheit« geschimpft. Man war sich schnell einig darüber, was mit den Sch.kerlen zu geschehen hätte, würde man sie nur einmal in die Finger kriegen.

Natürlich wurde bei dem Ärger wieder mal übersehen, dass diese Schweinerei, deutlich sicht- und riechbar, nur ein Spiegel der allgemeinen Umweltverschmutzung ist. Was an Schmutz und Chemikalien ungefiltert in unseren Seen und Flüssen landet, stinkt nicht unbedingt und ist oft unsichtbar. Wir nehmen diese Schadstoffe kaum wahr, weil es so leicht fällt, sie zu verdrängen, anders als die Häufchen in der S-Bahn. Aber wir kommen nicht um die Verantwortung herum. Natürlich sind die Aktionen von Greenpeace und anderen Gruppen, die sich um den Schutz der Umwelt bemühen, wichtig und sinnvoll. Aber wir, die Einzelnen, dürfen uns nicht drücken. Wie soll sich etwas im Großen ändern, wenn im Kleinen alles beim Alten bleibt? Das fängt schon in Wohngemeinschaften an, die oft auseinander brechen, weil die einzelnen Bewohner nicht mal bereit sind, vor ihrer eigenen Tür zu kehren, geschweige denn, den Müll der Mitbewohner zu entsorgen.

Neun Monate lang beschäftigte ich mich hauptsächlich mit Putzen. Zwischendurch saß ich am Computer, gab ein paar Interviews, machte vereinzelte Beratungen, ich hatte also genug zu tun. Aber ich hatte auch das Gefühl, dass die Dinge, die mir wirklich wichtig waren, zu kurz kamen.

Ungeduld

Manchmal wurde meine Ungeduld so quälend, dass ich aus meinem Alltag »ausbrechen«, etwas unternehmen musste, um von irgendwoher neue Energien zu ziehen. Als ich von einem Treffen hörte, das eine Freundin organisierte, die in einer anderen Stadt einen Tauschring leitete, mit dem wir teilweise vernetzt waren, bat ich sie, mich dazu einzuladen. Ich hatte schon früher bei diesen Treffen gesprochen und musste mich daher nicht lange anbieten. »Klar, warum nicht«, sagte sie, »die anderen Tauscher waren jedesmal angetan von deinen Beiträgen.« Für eine Übernachtungsmöglichkeit war gesorgt, und ich plante die Wiederholung des Programms aus Münster: Vortrag, am nächsten Tag Lesung und Einzelberatungen.

Am Abend erschien gerade mal ein Dutzend Leute, die mehr an der neuen Tauschringliste interessiert waren als an mir. »Hier gehöre ich nicht hin«, dachte ich in dem Moment, in dem ich den Raum betrat. Am liebsten wäre ich gleich wieder gegangen. Natürlich blieb ich und trug auch etwas vor, allerdings ebenso lustlos und unmotiviert, wie meine Zuhörer lauschten. Später kam es zum Streit über die Leitung des Tauschrings, besonders ein Mann, der bislang als still und friedlich galt, echauffierte sich derart, dass wir ihn kaum beruhigen konnten. Meine Freundin, die mir immer erzählt hatte, wie harmonisch es in ihrem Verein zuging, war ziemlich verblüfft über den Verlauf des Abends. Ich fühlte mich schuldig. War womöglich meine eigene Unzufriedenheit hinübergeschwappt und hatte die Unstimmigkeiten ausgelöst? Gereiztheit und schlechte Laune liegen nun mal in der Luft, und offenbar sind sie ansteckend. Jedenfalls kam an diesem Abend nichts Sinnvolles mehr zustande. Und am nächsten Tag lief es nicht besser. Frustrierter denn je kehrte ich nach Dortmund zurück. Es war, sagte ich mir zerknirscht, eine dieser enervierenden »Strohhalmaktionen«, die meine Ungeduld mir so oft bescherte.

Eine andere »Strohhalmaktion« ließ sich zunächst ganz gut an. Meine Unruhe trieb mich wieder mal in den Aktivismus, und mir fiel ein, dass ich mal wieder eine therapeutische Gruppe leiten könnte. Das hatte ich früher oft getan, inzwischen aber eigentlich damit abgeschlossen. Trotzdem: Es ging mir darum, etwas zu tun, das nichts mit Fegen oder Abwaschen zu tun hatte, irgendwas. Im Wissenschaftsladen gab es mehrere Räume, einer davon stand fast leer, so dass man darin gut einen Stuhlkreis für eine Gruppe aufstellen konnte. Bisher hatte ich immer entweder mit Kindern oder mit Erwachsenen, mit Frauen einer bestimmten Altersgruppe oder mit Frauen und Männern gearbeitet. Diesmal wollte ich bunt mischen, denn immer noch träumte ich davon, alle Menschen unter »einen Hut« zu bringen, unabhängig von Alter oder Geschlecht. Jetzt hatte ich endlich einmal die Gelegenheit dazu.

Als Erstes bat ich einen Vater mit seinen zwei halbwüchsigen Töchtern in meine Gruppe. Er freute sich über meine Einladung, die ihm ermöglichte, einmal in der Woche etwas mit seinen Kindern zu unternehmen. Zwei Frauen, die zur Zeit arbeitslos waren, hatten ebenfalls große Lust mitzumachen. Drei junge Männer wollten gern mal »reinschnuppern«. In der Straßenbahn traf ich eine Frau, die ich lange nicht gesehen hatte, und bat auch sie in unsere Runde. Am ersten Abend saßen alle da und harrten der Dinge, die da kommen sollten, denn wie stets hatte ich nichts vorbereitet, alles würde sich ergeben. Das teilte ich der Gruppe mit, und die Kinder hatten sofort viele Ideen: Rollenspiele, Geschichten erzählen, Gesellschaftsspiele. Als Erstes übten wir ein Begrüßungslied ein, von Hannes Wader: »Nun Freunde, lasst es mich einmal sagen, schön heute hier zu sein, schön euch zu sehn.« Meine Wahrnehmungsübungen kamen bei allen gut an, und unsere Fortsetzungsgeschichten, bei denen einer begann und der nächste weiterphantasieren musste, machten allen Beteiligten Spaß. Schon nach dem dritten Treffen tauchte die berühmte Frage auf: Was sollte das Ganze eigentlich? Schlugen wir hier nicht nur die Zeit tot? Für die Gruppe war alles okay, aber ich, die ich so was schon viele, viele Male gemacht hatte, kam nicht wirklich voran. Meine Ungeduld hatte mich zu diesem Rückfall in die Vergangenheit verleitet, aber zum Glück erledigte die Sache sich bald von selbst. Das Haus sollte renoviert werden, und unser Raum wurde dringend benötigt. Also brachen wir die Sitzungen ab, und das war gut so.

Einbrecher

Während meiner Zeit als Haushüterin hörte ich viel von Einbrechern. Viele Besitzer hatten Erfahrungen damit gemacht und spezielle Schutzmechanismen entwickelt, die ich als Hüterin natürlich übernehmen musste. In einem Fall musste ich vor jedem noch so kurzen Spaziergang sämtliche Jalousien herunterlassen, alle Schlösser versperren und Gitter vorziehen. Ein anderes Mal hütete ich ein Haus, das von außen ganz unscheinbar wirkte, aber eine sehr wertvolle Inneneinrichtung hatte. In diesem Fall war die scheinbare Bescheidenheit der Schutz. Einmal hätte ich meine Hüterei fast wieder abgesagt, weil mich der Stacheldraht, der zur Sicherheit über den Zaun gespannt war, abschreckte. Vor allem in den Städten hatten meine Hausbesitzer mit Einbrüchen zu tun. Auf dem Lande, wo Nachbarschaft noch mehr zählte, kamen Diebstähle nicht so oft vor. Und wenn, dann sprangen die anderen für den Geschädigten ein: Als ich einmal in einem Dorf lebte, wurde beim Nachbarn eingebrochen. Der verständigte sofort sämtliche Hausbesitzer im Umkreis, und alle boten Hilfe an und überlegten gemeinsam, wie man derlei Zwischenfällen vorbeugen könnte.

Ich fragte mich wieder einmal, warum Menschen anderen Menschen etwas wegnehmen müssen. In meiner Idealwelt würde sich keiner an fremdem Eigentum vergreifen. Denn keiner müsste über Eigentum verfügen.

KAPITEL 6

Märchen werden wahr

Sterntaler

Es war einmal ein frommes Mädchen, dem waren Vater und Mutter gestorben und es war so arm, dass es kein Kämmerchen mehr hatte, darin zu wohnen, und kein Bettchen mehr, darin zu schlafen und endlich gar nichts mehr als die Kleider auf dem Leib und ein Stückchen Brot in der Hand, das ihm ein mitleidiges Herz geschenkt hatte. Und weil es so von aller Welt verlassen war, ging es hinaus in die Welt. Da begegnete ihm ein armer Mann, der sprach: »Ach, gib mir etwas zu essen, ich bin so hungrig.« Es reichte ihm sein Brot und ging weiter.

Da kam ein Kind, das jammerte und sprach: »Es friert mich so an meinem Kopfe, schenk mir etwas, womit ich ihn bedecken kann.« Da tat es seine Mütze ab und gab sie ihm. Und als es noch eine Weile gegangen war, kam wieder ein Kind und hatte kein Leibchen an und fror. Da gab es ihm seins. Und noch weiter, da bat eins um ein Röcklein, das gab es auch von sich hin. Endlich gelangte es in einen Wald, und es war schon dunkel geworden, da kam noch eins und bat um ein Hemdlein, und das Mädchen dachte: »Es ist dunkle Nacht, da sieht dich niemand, du kannst wohl dein Hemd weggeben«, und zog das Hemd aus und gab es auch noch hin.

Und wie es so dastand und gar nichts mehr hatte, fielen auf einmal die Sterne vom Himmel und waren lauter harte, blanke Taler. Und ob es gleich sein Hemdlein weggegeben, so hatte es ein neues an, und das war vom allerfeinsten Linnen. Da sammelte es sich die Taler hinein und war reich sein Lebtag.

Loslassen

Nichts hatte sich geändert. Als Kind wusste ich: Es gibt eine bessere Welt. Die Märchen erzählten davon, nicht nur das von den Sterntalern, und in ihnen konnte man nachlesen, wie Ungerechtigkeiten bekämpft wurden und am Ende das Gute siegte. Ich schöpfte Kraft aus diesen Geschichten, die zu meinen Begleitern und Helfern wurden und mir immer wieder Mut machten. Natürlich wurde ich verspottet und belächelt. »Ach du mit deinen Prinzessinnen und Feen«, hieß es immer wieder. »Die Welt ist eine andere, schau sie dir doch an. Das Elend, das Leid, die Krankheiten. Nein, du fliehst da in etwas, das nicht real ist. Die Wirklichkeit ist grausam, und wir können sie nicht ändern.«

Nichts hat sich geändert! Heute muss ich mir dasselbe anhören. Die Welt sei anders, und wir könnten sie nicht ändern. »Ja, du vielleicht«, heißt es dann. »Du musst ja keine Verantwortung tragen, du bist allein stehend und kannst so ein Leben führen. Aber wir, wir müssen uns anpassen und Geld verdienen.«

Ja, und da stehe ich nun mit meiner Gewissheit, dass in den Märchen viel Wahrheit steckt, dass die Welt schön und voller Abenteuer ist. Die Märchen sind voller Symbole, und wenn man sie auf diese Weise liest, merkt man schnell, dass sie die Realität spiegeln. Das Gute und das Böse liegen stets nah beieinander, und all die Riesen, Zauberer, Hexen und Zwerge, Prinzen, Feen und Königinnen gehören zum menschlichen Unbewussten. Wir alle haben die Kraft, die Welt, in der wir leben, zu gestalten und zu verändern. Wir müssen uns nur auf den rechten Weg begeben, wie das Sterntaler-Mädchen.

Dieses Mädchen hat alles losgelassen und ist offen für den jeweiligen Augenblick. Es geht mit wachen Augen durch die Welt und bekommt eine Menge mit, anders als die meisten Menschen, die sich in ihre kleine Ecke der Welt verschanzt haben, sich nur um die eigene Achse drehen und nicht mal mitkriegen, was gleich nebenan passiert. In selbst gezogenen engen Grenzen verkümmern wir, denn wir gönnen uns keinen Spielraum und vertun unsere Zeit mit Nichtigkeiten.

»Aber was sollen wir denn tun?«, werde ich oft gefragt. »Sollen wir etwa wie das Sterntaler-Mädchen einfach alles stehen und liegen lassen, durch die Welt ziehen und alles weggeben, was wir haben?« So wörtlich müsse man das nicht nehmen, antworte ich dann. Aber loslassen sollten wir schon, uns von Regeln trennen, die alles reglementieren und uns damit einengen. Uns von allem verabschieden, was nicht zu uns passt. Mit anderen Worten: Es führt kein Weg daran vorbei, dass wir unser Dasein neu überdenken müssen, Unstimmiges definieren und daraus die Konsequenzen ziehen. Nicht von heute auf morgen. Aber Schritt für Schritt.

Das kann mühsam sein. Ich weiß, wovon ich rede. Ich wollte einmal unbedingt Lehrerin werden, weil ich Kinder liebte und kreativ mit ihnen arbeiten wollte. Dann bin ich ausgestiegen, weil es nicht passte. Und ein paar Jahre später bin ich noch mal ausgestiegen, zum allergrößten Unmut meiner Familie und meiner Freunde. Wie konnte ich es nur wagen, mit zwei kleinen Kindern, ohne jede Absicherung! Meine Beteuerung, dass ich krank werden würde, wenn ich so weiterlebte wie bisher, wurde abgetan. Lieber krank als ohne Sicherheiten!

Aber ich habe den Schritt in die Freiheit niemals bereut. Und ich bin sicher, dass dieser Schritt, auch wenn er nicht auf jede Lebenssituation übertragbar ist, anderen Menschen Mut machen kann.

Einmal kam ein Mann aus einer anderen Stadt zu mir, weil er nicht mehr weiter wusste. Er wirkte ziemlich durcheinander, steckte mitten in einer Beziehungskrise. Von einer Frau fühlte er sich verkannt und ungerecht behandelt. Gemeinsam versuchten wir herauszufinden, was er eigentlich wollte. Aus seinem bisherigen Leben aussteigen wollte er, wie bald klar wurde. Aber er traute sich nicht und fand tausend Einwände. Schließlich erklärte ich ihm, dass er seine gegenwärtige Situation als Chance sehen sollte, Dinge loszulassen, die für ihn nicht richtig sind. »Die Frau, die dich da so schnöde behandelt, ist ein Geschenk für dich. Durch sie merkst du, dass etwas in deinem Leben nicht stimmt. Nimm das Geschenk an und zieh deine Konsequenzen.« Durch unser Gespräch wurde ihm einiges klar, und vielleicht wird es ihm gelingen, seinen eigentlichen Weg zu gehen.

Die Werte, die unsere Gegenwart bestimmen, sind erst in den letzten Jahrhunderten entstanden. Es sind Vernunftwerte, durch die im Laufe der Zeit alles verdrängt wurde, was mit Intuition oder Gespür zu tun hat. Oft wurden Menschen, die mehr wussten oder ahnten als andere, gnadenlos verfolgt. Noch heute haben jene, die sich erdreisten, ein Experiment zu wagen, anders zu denken und aus dem üblichen Wertesystem auszusteigen, mit dem Ärger oder der Wut zu kämpfen, die sie in anderen auslösen.

Einmal sprach ich vor einer Gruppe älterer Frauen. Es war einer von vielen Vorträgen, die sie im Laufe der Jahre zu hören bekamen, bei denen sie gemeinsam Kaffee tranken und ein bisschen miteinander plauderten, um sich anschließend wieder auf den Heimweg zu machen. Diese Vorträge gehörten zum Unterhaltungsprogramm, und zwei Sozialarbeiterinnen sorgten für die Referenten und die Themen. Aufregungen gab es so gut wie nie, seit zehn Jahren lief das Projekt friedlich vor sich hin.

Das sollte sich diesmal ändern. Kaum hatte ich begonnen, die Hintergründe meines Tuns zu erläutern, gab es die ersten Meldungen aus dem Publikum. Ich fühlte mich nicht souverän und reagierte etwas gereizt. Die Frauen wurden immer unruhiger, und plötzlich sprang eine auf, griff sich ans Herz und schnappte nach Luft. Eine der Sozialarbeiterinnen brachte sie nach Hause. Im Saal brach ein Tumult aus, die Damen beschimpften mich, ich versuchte mich zu verteidigen, was mir aber nicht wirklich gelang, weil ich überhaupt nicht wusste, was die Frauen eigentlich so gegen mich aufgebracht hatte.

Die Sozialarbeiterinnen fanden aber überhaupt nicht, dass der Abend ein Misserfolg gewesen sei. Im Gegenteil, sie freuten sich, dass die Frauen endlich einmal regen Anteil an einem Vortrag genommen hatten. Gemeinsam versuchten wir zu verstehen, was eigentlich passiert war. Wir fanden eine Erklärung, die mit Werten zu tun hatte. Diese Frauen waren Trümmerfrauen gewesen, die mit eigener Kraft und viel Engagement dafür gesorgt hatten, dass das Leben nach dem Krieg weitergehen konnte. Viele von ihnen hatten damals ihren gesamten Besitz verloren und mussten sich alles neu erarbeiten. Sie hatten Mangel und Armut am eigenen Leib erfahren und waren über meine Anregung, ohne Geld zu leben, nicht besonders erbaut. Dass meine Motive nichts mit den alten, sondern mit neuen Werten zu tun hatten, konnten oder wollten sie nicht verstehen. Sie erinnerten sich wohl noch zu gut an ihre damalige Not und dass sie sich geschworen hatten, es niemals wieder so weit kommen zu lassen. Sie taten alles dafür, ihren neuen Besitz zu hegen und zu pflegen. Und jetzt kam ich daher und missachtete alles, was ihnen am Herzen lag. Sie fühlten sich durch mich bedroht. Sie wollten jetzt, da ihr Leben fast vorbei war, nichts von Experimenten wissen. Sie hatten ihr Dasein gemeistert, und keiner sollte ihnen sagen, dass es so nicht richtig gewesen sei.

Vielleicht hatte ich mich im Ton vergriffen oder war einfach zu ungeduldig gewesen. Ich fand es schade, dass wir nicht in Ruhe diskutieren konnten, weil ich immer Gewinn aus dem Austausch mit Erfahrungen und Einstellungen anderer ziehe. Für die Zukunft nahm ich mir vor, noch vorsichtiger in meinen Äußerungen zu sein und lieber einmal zu viel nachzufragen als einmal zu wenig.

Gottvertrauen

Vor einem Jahr war ich in einer Kirchengemeinde eingeladen. Die Leiterin verwendete in jedem zweiten Satz das Wort Gott, was mich sehr störte. »Der liebe Gott wird das tun – dem lieben Gott gefällt dieses.« So ging es ununterbrochen weiter. Irgendwann stellte sie fest, dass ich ihr Lieblingswort während meines Vortrags nicht einmal in den Mund genommen hatte. Das gefiel ihr nicht, und während der Pause zog sie mich diskret zur Seite, um mir dies unter vier Augen mitzuteilen. Da sie mich nicht kannte, konnte sie nicht ahnen, dass sich bei mir durch ihren inflationären Umgang mit Gott sämtliche Stacheln aufstellten. Ich fühlte mich sofort an die Predigten meiner Jugend erinnert, die ich nie aushielt, weil sie mir verlogen vorkamen. Außerdem fiel mir der Witz von Klein Fritzchen ein, der aus Berlin nach Bayern gezogen ist und nun in der Biologiestunde gefragt wird, was denn das da auf dem Bild für ein flinkes kleines Tierchen sei. »Also ick würde sagen, dass dat ein Eichhörnchen ist«, sagt Fritzchen, »aber wie ick dem Laden hier kenne, is dat bestimmt dat liebe Jesulein.« Auch ich war hier in Bayern und verstand das Fritzchen sehr gut.

Eine Woche lang war ich zu Gast in der Gemeinde, hielt Vorträge in unterschiedlichen Gruppen und machte auch Einzelberatungen. Am letzten Tag vor meiner Abreise, nur eine Lesung am Abend stand noch aus, klingelte das Telefon und die Gemeindevorsteherin, die ich am ersten Abend kennen gelernt hatte, teilte mir mit, dass ich auf gar keinen Fall weiterhin öffentlich auftreten dürfte. Die heutige Veranstaltung müsste ausfallen.

Später erfuhr ich, dass sie mich nach der Lektüre eines »Sterntaler«-Hefts mit den Dämonen im Bunde wähnte und ihre Schäfchen vor mir schützen wollte. Dabei hatten wir vorab ein ganz offenes Gespräch über Glaubensfragen geführt. Ich hatte ihr erklärt, dass ich mich als »Patchwork-Christin« betrachtete, die aus vielen anderen Religionen Erkenntnisse übernommen hatte. Offiziell war ich, trotz meiner atheistischen Jahre, immer noch Mitglied der evangelischen Kirche. Das Gespräch war gut verlaufen, umso mehr wunderte mich jetzt ihre beinah panische Reaktion. Nach längerem Nachdenken fiel mir jedoch ein, wie wichtig zur Zeit in vielen Kirchengemeinden das Thema der Sekten war. Die Angst vor Unterwanderung war groß, und wahrscheinlich wurde ich aufgrund unkonventioneller Äußerungen kurzerhand in die Schublade Sekte gesteckt.

Diese Geschichte fiel mir ein, als ich vor einiger Zeit mit einem Freund über dieses Buch sprach. »Kannst du nicht die Begriffe Gott und Engel weglassen?«, hatte er mich gefragt. »Ich glaube, dass du die Leute damit verschreckst.« Ich bewegte diese Kritik im Herzen, aber dann entschied ich mich gegen seine Anregung. Ich habe lange genug gebraucht, um mich zu Gott zu bekennen, und ich weiß sehr wohl, dass in unserer Gesellschaft ein solches Bekenntnis häufig belächelt wird. Aber ich bleibe dabei: Für mich ist das Gottvertrauen die größte Errungenschaft der vergangenen Jahre, das Wissen darum, dass es einen Raum gibt, in dem unsere Gefühle und Leidenschaften uns nichts anhaben können, weil hier Gott zu Hause ist, dessen Teil wir sind.

Das Sterntaler-Mädchen geht im Vertrauen auf Gott in die weite Welt, heißt es in dem Märchen. Es macht sich keine

Sorgen, denn es weiß, dass es getragen und gestützt wird. Mein Gottvertrauen hat übrigens nichts mit ohnmächtiger Verehrung zu tun. Es nährt sich aus der Überzeugung, dass wir alle derselben Quelle entstammen und dass ich Teil des Ganzen bin. Ich gehöre dazu, habe eine Aufgabe, wie jeder andere Mensch, jedes Tier, jede Pflanze, und dieses Wissen macht meinen inneren Frieden aus.

Vom Geben und Nehmen

Eigentlich gefällt mir nicht, dass das Sterntaler-Mädchen immer nur gibt. Zumindest das Brot hätte es teilen und mit dem Mann zusammen verzehren können. Statt dessen schenkt es etwas weg und geht allein weiter. Bis zum Schluss bleibt es allein.

Ein wesentlicher Teil der Lebensqualität, die ich durch das Tauschen und Teilen gewonnen habe, sind die vielen Kontakte zu sehr unterschiedlichen Menschen. Diese Kontakte sind sehr viel intensiver als die aus den Jahren, in denen das Geld den Alltag regelte und Freundschaften allein in der Freizeit gepflegt wurden. Ohne Geld passiert etwas Neues im Umgang miteinander. Auf einmal werden die Kontakte überlebenswichtig. Man muss sich mit »Haut und Haar« auf Begegnungen einlassen.

Eine Studie, für die eine Gruppe von Wissenschaftlern untersucht hat, in welchen Ländern die Menschen am glücklichsten sind, erbrachte unglaubliche Ergebnisse. Bitterarme Staaten, in denen es die meisten Naturkatastrophen gibt, verfügen statistisch über das größte Glück. Die reichen Deutschen rangieren unter den letzten zehn der insgesamt fünfzig Länder. Das bedeutet wohl, dass Menschen, die wenig besitzen, automatisch enger zusammenrücken und sich gegenseitig helfen, weil es für sie unumgänglich ist. So, wie es bei uns während der ersten Nachkriegsjahre war, so lange, bis alle wieder ihr Häusle hatten und ihr Bankkonto. Dann zogen sie sich wieder auf die eigene Scholle zurück und hegten den neuen Besitz.

Vor einiger Zeit habe ich einen Dokumentarfilm mit dem Titel »Ein Afrikaner in Paris« gesehen. Drei Menschen aus einem afrikanischen Dorf, in dem fast alles gemeinsam erledigt wurde, zogen nach Paris, wo sie als Tänzer, Trommler und Designer überaus erfolgreich waren und viel Geld verdienten. Jeder nahm sich eine eigene luxuriös ausgestattete Wohnung. Aber schon bald verspürten alle drei Heimweh nach ihrem Dorf, in das sie doch auf keinen Fall zurückkehren wollten, während die Daheimgebliebenen die Auswanderer beneideten und auf diese Weise ebenfalls um ihren inneren Frieden gebracht wurden.

Es ist das Dilemma des Entweder-Oder. Dabei bietet sich doch das Sowohl-als-Auch an. Es geht nicht darum, arm oder reich zu sein, unglücklich oder glücklich, sondern es geht darum, Zusammenhänge zu schaffen, in denen die Einzelnen sinnvoll und wahrhaftig leben können, zwischen Geben und Nehmen, Aktivität und Passivität, Schaffen und Ruhen, Handeln und Besinnen. Dieser ganzheitliche Ansatz ist das Prinzip einer neuen Zeit.

Sie hat für mich bereits begonnen. Was weniger damit zusammenhängt, dass ich weitgehend auf Geld verzichte. Eher mit den Folgen, die sich daraus ergeben. Mit der Möglichkeit, jederzeit tun zu können, was mir notwendig erscheint. In unserer normalen Arbeitswelt ist das nicht möglich. Welcher Chef würde sich darauf einlassen, einem Angestellten drei Tage zum Meditieren zur Verfügung zu stellen? Oder welcher Betrieb würde zwischendurch einen Arbeitslosen für einen Tag einstellen? Nein, die Wirtschaft kennt nur das Entweder-Oder, das krankt macht, einengt, Abhängigkeiten schafft.

Und was sollen wir nun tun, werden Sie mich fragen. Etwa alle aufs Geld verzichten, um neue Freiheiten zu gewinnen? Das wäre gewiss keine Lösung. Das Einzige, was uns, jeden für sich, weiterbringen kann ist umdenken. Aktiv werden. Wachsen. Inneren Frieden finden.

Spiegelungen

Im Radio hörte ich eine Sendung über Freundschaft. Darin hieß es, dass vor allem intellektuelle Menschen ihre Freunde fast nie in der Nachbarschaft finden, sondern meist in anderen Städten oder sogar anderen Ländern. Das Thema beschäftigte mich, und ich sprach verschiedene Leute darauf an. Die meisten waren der Meinung, dass Freundschaft etwas mit gleicher Wellenlänge zu tun hat, mit geteilten Interessen und ähnlichen Lebensentwürfen. Was sollte ein Professor mit einem einfachen Handwerker besprechen oder eine Journalistin mit einer Verkäuferin?

Ich bin anderer Meinung. Für mich ist jeder Mensch ein potenzieller Freund. Aber es hat auch bei mir seine Zeit gedauert, bis ich zu dieser Erkenntnis kam. Wie oft habe ich mich früher über das Verhalten eines Freundes oder einer Freundin beschwert, wie wenig verständlich erschien mir manche Handlung, wie wenig wollte ich nach gewissen Situationen mit meinen so genannten Freunden zu tun haben. Aber irgendwann stellte ich fest, dass diese Situationen sich, in anderer Besetzung, wiederholten. Das machte mich stutzig. Warum sagten ganz unterschiedliche Menschen dieselben kränkenden Dinge zu mir? Wählten sogar dieselben Worte, um mich zu verunsichern und zu verletzen? Lag es vielleicht an mir, sollte ich nicht besser einmal hinhören, statt mich schmollend zu verziehen? Je stärker ich wurde, desto besser konnte ich Kritik annehmen. Und desto stabiler wurden meine Beziehungen zu anderen Menschen.

Der nächste Schritt war die Entwicklung von Toleranz Menschen gegenüber, mit denen ich nicht nur nicht befreundet war, sondern die mich abstießen, erbosten oder sogar anekelten. Je mehr ich darüber nachdachte, desto klarer wurde mir, dass auch diese Antipathien etwas mit mir zu tun hatten. Da spielte jemand sich zu sehr auf, da konnte eine nicht den Mund halten oder drückte sich schlecht aus, da war dieser unsägliche Besserwisser – und irgendwie hatte jeder etwas an sich, das mich auch an mir selbst störte.

Vielleicht sind wir doch so etwas Ähnliches wie Rohdiamanten. Je feiner wir geschliffen werden, desto wertvoller werden wir. Der Weg dahin ist oft schmerzhaft, Runde für Runde müssen wir dazulernen und uns von manchen liebgewordenen Gewohnheiten verabschieden. Aber irgendwann sind alle Unebenheiten beseitigt, und der Mensch ist fertig. Bis dahin ist es hilfreich, in freundlichen wie unfreundlichen Mitmenschen einfach die Mitspieler zu sehen. Die uns, so oder so, auf unserem Weg zur Vollendung weiterbringen.

Zu unseren gemeinsam gekochten und gemeinsam eingenommenen Mahlzeiten erschien in letzter Zeit häufig ein Mann, den wir nicht gut kannten. Er tauchte immer dann auf, wenn alle Schüsseln auf dem Tisch standen. Er bediente sich, weil er wusste, dass hier alles für alle da ist. Manchmal, aber keineswegs immer, bedankte er sich, bevor er wieder ging. Mich ärgerte das, und ich vergaß, dass ich eigentlich freundlich sein wollte. Einmal machte ich eine verletzende Bemerkung, und eine Weile blieb der Mitesser fern. Als er schließlich doch wieder auftauchte, war ich ein Stück weiter mit meiner Selbsterkenntnis und hatte begriffen, dass ich mich deswegen so echauffierte, weil ich mich nur zu gut daran erinnern konnte, wie ich selbst zu Beginn meines »neuen Lebens« als Schmarotzerin bezeichnet wurde. Und wie ich alles dafür tat, nur nichts ohne angemessene Gegenleistung anzunehmen. Und nun kam dieser Mensch daher und nahm nach Herzenslust, ohne etwas dafür zu geben. Machte es sich leicht, obwohl ich mich so anstrengen musste.

Inzwischen wusste ich auch, dass die Klärung solcher Situationen nicht unbedingt gemeinsam mit dem Betroffenen erfolgen musste. Woher sollte er auch wissen, an welchem Punkt meiner Entwicklung ich gerade stand? Diesmal jedenfalls machte ich mir ganz für mich allein klar, dass das Geben und das Nehmen nicht unbedingt hier und jetzt ins Gleichgewicht gebracht werden musste. Dadurch konnte ich den Mann leichter ertragen und wieder freundlich sein.

Eine andere Situation konnte ich ganz direkt auf mich und mein eigenes Verhalten zurückführen. Ich war fürchterlich verschnupft, hatte Husten und rasende Kopfschmerzen. Ein Besucher überschüttete mich mit gutgemeinten und völlig überflüssigen Ratschlägen. Lachen sollte ich, vielen Dank, positiv denken und nicht viel reden. Ich hatte mir längst eigene Gedanken über meine Krankheit gemacht, woher sie kam, was ich daraus lernen konnte und so weiter. Dieser neunmalkluge Mensch mit seinen unerbetenen Tipps machte mich ärgerlich! Als der Kerl endlich weg war, der Ärger aber blieb, grübelte ich über die Gründe meiner eigentlich unangemessenen Wut nach. Und plötzlich sah ich mich selbst, bei strahlendem Sonnenschein in den Bergen sitzen, zusammen mit einer Freundin. Sie prustend, hustend und verschnupft, ich einen Vortrag haltend über Krankheiten, die es eigentlich gar nicht gab. Man müsse nur positiv denken und viel lachen. Das war schon eine Weile her, aber die Worte waren nahezu identisch mit denen meines lästigen Besuchers von eben, auf die ich nur deshalb so verärgert reagiert hatte, weil ich selbst offenbar immer noch eine unverbesserliche Besserwisserin war und mich durch diese Wut selbst abstrafte. Ich nahm mir einmal mehr vor, in Zukunft von allen Belehrungen abzusehen, und als der kluge Besucher kurz darauf noch einmal auftauchte, konnte ihm bereits liebevoll für seine unbeabsichtigte Provokation danken.

Gedankenkraft

In vielen Märchen spielen Wünsche eine Rolle. Da taucht eine gute Fee auf und spendiert großzügig die Erfüllung von drei Wünschen. Die so Beschenkten können meist vor Aufregung keinen klaren Gedanken fassen und vertun ihre ersten Wünsche dadurch, dass sie spontan etwas Sinnloses aussprechen, das ihnen umgehend erfüllt wird. Oft läuft der letzte Wunsch dann darauf hinaus, den Status Quo wiederherzustellen. Am Ende bleibt nur die Enttäuschung über die vertane Chance. Solche Märchen haben mich immer wieder animiert, darüber nachzudenken, was ich der Fee wohl in Auftrag gegeben hätte. Der Variationen waren viele.

Obwohl die Märchen mich ermutigten, war mir doch immer bewusst, dass sie symbolischen Charakter hatten. Die Wunschgeschichten gehörten für mich zur Kategorie »komplett unrealistisch«, und ich hätte nie für möglich gehalten, dass derlei Dinge für mich einmal wichtig werden könnten. Aber tatsächlich ist es seit einiger Zeit so, dass viele meiner Wünsche in Erfüllung gehen.

Angefangen hatte das alles mit den »Bestellungen«, die ich in den Kosmos schickte. Damals ging ich noch »richtig« einkaufen, und vor jedem Einkauf spielte ich die kommenden Situationen im Kopf durch. Einmal brauchte ich einen Teppich. Er sollte von guter Qualität sein, aber nicht teuer, eine bestimmte Farbe haben und aus einem bestimmten Material sein. Bevor ich loszog, meditierte ich kurz, um herauszufinden, in welchem Geschäft es diesen Teppich gab. Deutlich erschien der Name des Ladens, den ich schnurstracks aufsuchte, um in den Resten zu stöbern. Zunächst fand ich nichts Passendes und wollte schon aufgeben, als mir plötzlich ein Schild auffiel. Der alte Preis von 999 Mark war durchgestrichen, jetzt stand da 99 Mark. Der Teppich war von allerfeinster Qualität, ohne Fehler, wie auch der Verkäufer feststellte, der sich die Sache nicht recht erklären konnte. Um so viel würde man die Preise eigentlich nicht reduzieren, meinte er und wollte der Sache erst nachgehen. Dann drückte er doch ein Auge zu und schob mir den Teppich unter den Arm: »Gehen Sie ganz schnell, damit es keinem auffällt.« Das gute Stück passte wie angegossen, kein Zentimeter zu viel oder zu wenig.

Auf einem Flohmarkt in Dortmund fand ich meist exakt das Kleidungsstück, das ich mir zu kaufen vorgenommen hatte. Meine »kosmische« Bestellung lautete zum Beispiel: leuchtend blauer Mohairpullover mit Sternen drauf für fünf Mark. Oder: weißer weiter Rock mit Glitzer und Sternen für vier Mark. Oft gab es die Sachen erst am allerletzten Stand, wenn ich sie eigentlich schon aufgegeben hatte. Aber sobald der Wunsch in mir nicht mehr übermächtig war, gab es sie.

Wenn ich anderen davon erzählte, sagten die oft: »Bei mir klappt das nicht, da kann ich noch so betteln und bitten.« Mein Tipp: Nicht ganz so versessen drauf sein, das Ganze locker angehen, dann funktioniert es auch. Inzwischen bin ich im Wünschen so geübt, dass ich die Sachen gar nicht mehr gezielt »bestellen« muss. Ich denke einfach daran, und schon erfüllt es sich. So nach und nach werden Märchen wahr.

Kürzlich erinnerte mich ein Film über wild lebende Kamele an einen Fernseh-Krimi, so spannend war die Handlung. Die allein erziehenden Kamelmütter schließen sich offenbar zusammen, um sich gegenseitig unterstützen und ihre Kleinen besser versorgen zu können. Ist eine Mutter mit Kind auf der Suche nach einer solchen Gruppe, kann es passieren, dass eine Horde halbstarker Hengste sich über die Stute hermacht, sie vergewaltigt und ihren Sohn als potenziellen Konkurrenten tötet. Erreichen Stute und Fohlen aber die schützende Gruppe, kann ihnen nichts mehr geschehen. Tiere wissen instinktiv, wie sie sich verhalten müssen, wir Menschen hingegen haben dieses Wissen längst verdrängt, weil wir glauben, alles mit Hilfe der Technik regeln zu können. Diese Haltung gilt es zu überwinden und damit einerseits zurückzukehren zu den intuitiven Kräften, andererseits ein neues Bewusstsein zu entwickeln. Ein Bild hilft mir dabei, mir diesen neuen Menschen vorzustellen. Einerseits ist er mit seinen Wurzeln in der Erde verankert, aber gleichzeitig sendet er Strahlen, die ihn mit dem Himmel verbinden. Eine Idealvorstellung, aber keine unerreichbare, wie ich glaube. Wir müssen nur herausfinden, welche Potenziale wir tatsächlich haben, und dann die Bereitschaft entwickeln, sie auch zu nutzen. Ein Märchen habe ich für mich entdeckt, das mir zum Symbol dieser Möglichkeit geworden ist. Ich erzähle jetzt, frei nach Hans Christian Andersen, vom hässlichen Entlein.

Das hässliche Entlein

Es war einmal eine Entenmutter, die saß auf sieben Eiern und brütete sie aus. Aus sechs Eiern krochen zur rechten Zeit niedliche gelbe Entenküken, aber das siebte Ei war etwas größer als die anderen und musste länger bebrütet werden. Endlich purzelte auch hier ein Entlein heraus, aber es war nicht niedlich, sondern groß und zerzaust. Und es hatte riesige schwarze Füße. Die Mutter wunderte sich, aber sie sah, dass auch ihr siebtes Kind gesund und munter war, und nahm es an. Beim Schwimmen war dieses siebte Entlein geschickter als die anderen, und die Mutter war sehr stolz. Eines Tages nahm sie ihre sieben Kinder mit auf den Bauernhof, wo sie viel Spaß hatten. Die Enten, die dort lebten, waren von den niedlichen gelben Entlein begeistert. Aber dann entdeckten sie das graue Entlein und machten abfällige Bemerkungen. Aber die Mutter verteidigte ihr Jüngstes. Immer mehr Tiere liefen zusammen und spotteten über das hässliche Entlein, das sich schließlich sagte, »hier gehöre ich nicht hin« und sich, ohne lange darüber nachzudenken, davonmachte.

Es lief über eine große Wiese und kam schließlich an einen Sumpf, in dem Wildenten wohnten. Hier setzte es sich ins Schilf, um auszuruhen. Dabei sprach es: »Ich bin zwar nicht so schön wie meine Geschwister, aber ich bin genauso wertvoll.« In diesem Moment flogen drei Wildenten vorüber, die sich über das graue Entlein amüsierten, wie es so dasaß und Selbstgespräche führte. »Eines Tages werde ich es denen schon zeigen«, beschloss das Kleine, schlief ein und träumte davon, mit anderen grauen Enten zusammen zu sein. Plötzlich fielen Schüsse, es waren Jäger, die Jagd auf Wildenten machten. Das Entlein erwachte und versteckte sich, bis die Jäger weg waren. »Hier ist es furchtbar. Hier gehöre ich nicht hin«, sagte es und machte sich davon.

Es kam in einen dunklen Wald, der ihm Angst machte. »Hier gehöre ich nicht hin«, flüsterte es wieder und näherte sich einer verfallenen Hütte, in der Licht brannte. Das Haus gehörte einer alten Frau, die hier mit ihrer Katze und ihrem Huhn lebte. Dem Entlein war kalt, und es schlich sich durch einen Spalt in der Mauer ins Haus. Die alte Frau freute sich über den Besuch und bereitete dem Gast ein Lager am Feuer. Als sie ins Bett gegangen war, bedrängten Katze und Huhn das Entlein mit Fragen. »Wenn du keine Eier legen und nicht schnurren kannst, bist du nutzlos für unsere Frau«, sagten sie. »Hier gehöre ich nicht hin«, sagte das Entlein und ging.

Auf der Suche nach einem Zuhause kam es an einen kleinen See. Hier konnte es ungestört allein wohnen. Aber die Tage wurden kürzer und die Nächte länger. Eines Abends sah es einen Schwarm wunderschöner weißer Vögel vorbeiziehen, und es wünschte, es könnte mitfliegen. Stattdessen schwamm es auf dem See hin und her, um nicht zu erfrieren. Ein freundlicher Bauer kam vorbei und nahm das Entlein mit zu sich nach Hause. Aber als die Kinder des Bauern heimkamen und lärmten, bekam es Angst. »Hier gehöre ich nicht hin«, sagte es und rannte zur Tür hinaus. Im Schnee fand es eine Höhle, in der es den Winter verschlief. Das Entlein erwachte an einem See. Die Sonne schien, und über ihm sangen die Lerchen. Es fühlte sich viel kräftiger, spazierte zum Wasser und schwamm vom Ufer fort. Da sah es plötzlich drei der schönen weißen Vögel, die es einmal am Himmel bewundert hatte. Das Entlein dachte, die anderen drei würden nun über es lachen, aber stattdessen sagten sie freundlich: »Hallo, Bruder, du bist wohl neu hier?« Verwirrt senkte das Entlein seinen Kopf und sah sein Spiegelbild im Wasser. Es war gar nicht mehr grau und zerzaust, sondern weiß und schön wie die anderen drei.

»Was bin ich?«, fragte es.

»Ein schöner Schwan natürlich«, sagten die drei.

Sie wurden seine Freunde, und alle vier flogen gemeinsam durch die Welt.

Die drei Musiker gaben ihr Bestes. Sie füllten den Saal mit ihrem Gesang, der von Geige, Akkordeon und Schlagzeug begleitet wurde. Wir Kinder tanzten, stampften mit den Füßen, klatschten in die Hände, drehten uns jauchzend und waren vergnügt. Dann ein Tusch, und jemand packte mich und stellte mich auf den Tisch. Es wurde still im Saal. Ein Mann sagte etwas, und alle klatschten. Viele Augen waren auf mich gerichtet, denn ich bekam den ersten Preis bei diesem Faschingsfest.

Ich war eine Prinzessin, die aussah wie die Prinzessin aus meinem Märchenbuch. Mit offenem blondem Haar, einer Krone aus Pappe und einem roten langen Gewand, das meine Mutter genäht hatte. Jetzt stand ich da auf diesem Tisch und schaute an mir herunter. Die Spitzen meiner Schuhe guckten unter dem Kleidersaum hervor. Hoffentlich sieht niemand die Löcher in den Sohlen, dachte ich und konnte den Beifall gar nicht richtig genießen. »Das ist die schönste kleine Prinzessin, die wir hier haben«, sagte der Mann, und alle klatschten begeistert. Aber ich dachte nur an die Löcher in meinen Schuhen und war froh, als ich den Tisch wieder verlassen konnte. Kurz darauf bekam ich mein erstes eigenes ganz neues Paar Schuhe. Schwarze Lackschuhe mit einem Riemen. An einem Sonntag weihte ich sie ein, lief damit über die Straße, sie klapperten so schön, als ich nach unten schaute, sah ich, wie sie in der Sonne glänzten und funkelten. Als ich in der Schule einen Aufsatz über das Thema »Was meine Schuhe mir erzählen« schreiben musste, schilderte ich diese beiden Erlebnisse auf fünf Seiten. Der Lehrer war begeistert und gab mir eine Eins plus. Mein Aufsatz wurde vorgelesen, und die anderen Kinder machten hämische Bemerkungen darüber. Vor allem ein Junge kriegte sich gar nicht wieder ein. Sein Aufsatz hatte nur aus einem Satz bestanden: »Meine Schuhe können nicht sprechen.«

Das alles ist jetzt ein halbes Jahrhundert her, aber ich kann mich genau daran erinnern. Im Laufe der Jahre sagte mir mal wieder jemand, dass ich besonders schön oder besonders klug wäre, aber ich konnte mich nie wirklich darüber freuen. Ich glaubte es einfach nicht, kam mir dumm und hässlich vor. Später stellte ich fest, nicht zuletzt durch meine Therapiesitzungen, dass es vielen anderen Menschen, von denen ich das nie gedacht hätte, ganz genauso ging. Das beruhigte mich und half mir weiter. Als Kind hatte das Hauptproblem für mich nämlich darin bestanden, dass ich glaubte, bei allen anderen wäre alles in Ordnung.

Im Märchen vom hässlichen Entlein geht es genau darum: um das Gefühl, nicht zu genügen, minderwertig zu sein, nicht dazuzugehören. Viele Menschen erleben solche Situationen von klein auf. Daraus können sich Störungen entwickeln, die das weitere Leben bestimmen. Wie sehr sie sich im Lauf der Jahre verfestigen können, möchte ich anhand eines anderen Beispiels aus meiner Kindheit zeigen.

Die ganze Familie stand auf dem Kieler Bahnhof. Meine Mutter und ich lagen uns weinend in den Armen. Auch die Geschwister und mein Vater waren traurig. Der Abschied zerriss mein Herz. Sechs Wochen Trennung. Wie sollte ich das nur aushalten. Ich hatte mich immer noch nicht von den Folgen des Krieges erholt, war schwach, dünn und ständig krank.

Deshalb wurde ich zur Kur in die Schweiz geschickt, zu Tante Olga und Onkel Teddy, einem netten Ehepaar mit einem erwachsenen Sohn, der nicht mehr zu Hause wohnte. Ich hatte ein Zimmer für mich allein, und auch sonst musste ich viel Zeit alleine verbringen. Jeden Abend weinte ich mich in den Schlaf. Ich hatte Sehnsucht nach meinen Eltern und meinen Geschwistern.

Meine Ersatzeltern gaben sich alle Mühe. Wir machten lange Wanderungen durch die Berge, besichtigten Städte und Kirchen, zelteten an einem See. Ich bekam neue Kleidung und meine Zöpfe wurden abgeschnitten. Ich lernte jodeln und schwimmen, aß zum ersten Mal im Leben Spaghetti, lernte den ersten Supermarkt kennen, den ersten Sessellift, die erste Drahtseilbahn. Ich wurde nach Strich und Faden verwöhnt und hätte eigentlich überglücklich sein müssen. Aber da war etwas, das ich nicht verstand. Tante Olga war manchmal so kalt und unnahbar mir gegenüber. Ich war sicher, dass ich etwas falsch machte, wusste aber nicht, was. Bis ich darauf kam, dass es mit Onkel Teddy zu tun hatte. Der mochte mich sehr gern, ich genoss es, endlich einen »Vater« zu haben, der sich Zeit für mich nahm. Mein eigener zog es vor, die Zeitung zu lesen. Onkel Teddy hingegen erklärte mir Dinge, die ich noch nicht kannte, fragte nach meinen Wünschen und war einfach freundlich. Und das störte Tante Olga.

Manchmal hörte ich, wie sie mit ihm schimpfte. Es ging immer um den Sohn, den ich nicht kennen lernte, weil er während der ganzen sechs Wochen nicht bei seinen Eltern auftauchte. Das Verhältnis zwischen Vater und Sohn war zerrüttet, und jetzt konnte die Mutter es nicht aushalten, dass ihr Mann so lieb zu einem fremden Kind war. Ich fühlte mich schuldig, weil ich den Familienfrieden störte. Um Tante Olga eine Freude zu machen, versuchte ich, so leise und unauffällig wie möglich zu sein.

Körperlich erholte ich mich in diesen sechs Wochen prächtig. Aber in mir hatte sich die Überzeugung verfestigt, die schon vorher dagewesen war: »Ich störe, ich bin dumm, ich bin hässlich.«

Wir alle sehnen uns danach, angenommen, geliebt zu werden, dazuzugehören. Wer sich nicht angenommen fühlt, läuft davon. Manchmal, um zu wachsen. Manchmal, um sich zu verkriechen und niemanden mehr an sich heranzulassen. Auch Tante Olga war ein verletztes Kind. Ihre Wunden verhinderten, dass sie mich lieben konnte, und fügten mir Wunden zu. Ihre Gefühle hatten wohl etwas mit Eifersucht und Konkurrenz zu tun. Ich denke, dass ihr im Leben noch viele Menschen begegnet sind, die von ihr abgelehnt wurden.

Auch meine eigenen Störungen tauchten immer wieder auf und beschäftigten mich. Durch meine Therapien bin ich zu der Überzeugung gelangt, dass ich viele Dinge von meinen Eltern übernommen habe. Meine Mutter wollte auch Lehrerin werden, aber das letzte Examen machte ihr solche Angst, dass sie es vorzog zu heiraten und sich in ihrem Haushalt zu verkriechen. Meine Eltern hatten ein gutes Verhältnis zu den Lehrern in unserem Dorf. Und die redeten meiner Mutter zu, ihre Prüfung nachzuholen und als Lehrerin zu arbeiten. Aber sie traute sich nicht, und als mein Vater in der neuen Heimat eine eigene Firma aufgebaut hatte, zog sie sich wieder in den Haushalt zurück.

Auch mein Vater war nicht gerade ein Vorbild in Sachen

Selbstbewusstsein. Er war der jüngste Sohn, alle seine Geschwister studierten, nur für ihn, als potenziellen Nachfolger in der väterlichen Firma, musste der Realschulabschluss genügen. Fortan lebte er in der Überzeugung, ein dummer Kerl zu sein. In seinen letzten Jahren habe ich ihn oft besucht, und als wir einmal über die Vergangenheit sprachen, gestand er mir ein Geheimnis: Als Vierjähriger war er von einem Pferdefuhrwerk gefallen, und seither hätte er einen Gehirnschaden. Ich war entsetzt und erinnerte mich, wie ich kurz vor meiner Hochzeit meinem künftigen Ehemann mein größtes Geheimnis anvertraut hatte: Ich sei dumm, sagte ich damals und weinte bitterlich. Ich war eindeutig die Tochter meines Vaters.

In der Familientherapie gibt es das so genannte Psychodrama. Ein Klient wählt aus den anderen Gruppenmitgliedern seine »Familie« und stellt Situationen nach, an die er sich erinnern kann. Diese werden dann gemeinsam analysiert. Mitunter kommen dabei lang verschüttete Gefühle und über Generationen gehütete Geheimnisse ans Tageslicht, und dem Patienten werden Dinge bewusst, die er bislang nur vage geahnt hat. Am Ende einer Sitzung gelingt es ihm meist, sich von den alten Störungen zu verabschieden und einen neuen Anfang zu wagen. Es ist eine Möglichkeit, den bedrückenden familiären »Erbstücken« zu entkommen.

Annehmen

Vieles, was ich am eigenen Leibe erfahren habe, hilft mir, anderen Menschen Verständnis entgegenzubringen. Die ausgebrannte Lehrerin etwa, die kaum noch Energien übrig hat, fühlt sich von mir angenommen, denn ich verurteile sie nicht, wie die meisten ihrer Bekannten, die ihr sagen, sie solle sich mal nicht so anstellen, schließlich hätte sie mehr Ferien als jeder andere Arbeitnehmer. Und meine unterschiedlichen Tätigkeiten in den letzten Jahren haben mich für Menschen sensibilisiert, die mangels Qualifikationen in unserer Gesellschaft kaum Ansehen genießen. Andererseits sehne ich selbst mich genau wie alle anderen nach Unterstützung und Verständnis. Und es schmerzt, wenn ich merke, dass mich schon wieder jemand in eine Schublade stecken will, in die ich nicht möchte.

Mit einer Reportage hatte ich große Probleme. Der Reporter hatte mich in einer Fernsehsendung gesehen und wollte für eine Frauenzeitschrift eine größere Geschichte machen. Wir trafen uns zum Vorgespräch und freuten uns auf eine gemeinsame Woche. Wir wollten an unterschiedlichen Orten Interviews und Fotos machen. Nach meinen ausgiebigen Presseerfahrungen sah ich keinerlei Probleme, zumal der Mann mir sympathisch war. Aber ich kam diesmal nicht mit der stets präsenten Kamera zurecht. Beim Herumtollen mit dem Hund ging es noch. Ich konnte vergessen, dass ich gefilmt wurde. Aber beim nächsten Programmpunkt, einer Hausaufgabenhilfe, fiel ich völlig aus der Rolle. Ich verspürte einen Druck, als hätte der Schulrat persönlich sich zur Prüfung angesagt, konnte mich überhaupt nicht mehr konzentrieren und beschloss, die Reportage abzubrechen. Als der Reporter am nächsten Morgen gut gelaunt vor meiner Tür stand, wurde er von einer zickigen Frau begrüßt, die nicht gewillt war, auch nur einen weiteren Kameratag zu erdulden. Gemeinsam versuchten wir zu ergründen, was eigentlich passiert war, und nachdem ich meinen Frust losgeworden war, ließ ich mich zum Weitermachen überreden. An die Kamera gewöhnte ich mich schließlich, aber mit den Interviews hatte ich Probleme. Ich fühlte mich wie bei der Inquisition, plötzlich zweifelte ich an allem, was ich je getan hatte. Nun konnte ich die Geschichte jedoch nicht mehr abblasen. Bis zum letzten Abend fühlte ich mich ausgeliefert wie seit Jahren nicht mehr. Erst ganz zum Schluss kam ich wieder in mein übliches Schwärmen und versuchte zu retten, was zu retten war. Als der Reporter sich verabschiedete, blieb ein schales Gefühl zurück. Ich wäre gern mit ihm den Text durchgegangen, aber er weigerte sich und wollte mich lieber überraschen. Auch die Fotos durfte ich vorher nicht sehen. Am liebsten hätte ich alles rückgängig gemacht. Ein paar Wochen vergingen, ohne dass etwas geschah. Nachdem ich bei einer Fernsehsendung zugesagt hatte, rief der Reporter ärgerlich an und sagte, nun würde der Artikel auf keinen Fall mehr erscheinen, weil er nicht mehr exklusiv wäre. Mir war das sehr recht, zumal ich wusste, dass der Journalist für seine Arbeit bezahlt worden war.

Trotzdem beschäftigte mich die Angelegenheit noch länger. Ich hatte geglaubt, die Schwäche, das Gefühl, nicht zu genügen, längst abgelegt zu haben. Warum tauchte das alles jetzt wieder auf?

Vor Jahren besuchte ich einmal eine Ausstellung, in der ein ganzer Raum mit in Öl gemalten Schalen bestückt war, die in chronologischer Reihenfolge an der Wand hingen. Die erste war klobig und schwarz, die zweite etwas feiner und heller, und so ging es weiter. Die letzte Schale war strahlend weiß und zierlich. Damals war mir klar, dass das Kunstwerk den

Weg der Erleuchtung darstellte. Ich identifizierte mich mit den Schalen, die zu meinem Diamant-Modell passten. Ich stellte mir vor, wie diese Schalen geformt werden, aus Ton, wie der Klumpen immer wieder zusammengedrückt wird, bis er seine endgültige Form erhält.

Du kommst schon an dein Ziel, sagte ich mir jetzt, nach der missglückten Reportage. Auch wenn deine Fehler immer mal wieder auftauchen. Aber ich war doch froh, dass der Artikel nicht erschienen war. Fehler machen und dazu stehen ist das eine, aber man muss sie ja nicht unbedingt an die große Glocke hängen.

Das Paradies

»Heidemarie, hinter der nächsten Kurve fängt unser Paradies an. Du wirst es schon an den Bäumen und Sträuchern merken.« Der neunjährige Helmo hatte mich mit seiner Mutter aus der Unterstadt vom Bahnhof abgeholt, und es war ihm anzumerken, wie stolz er auf sein neues Heim in der Oberstadt war. »Was ist denn für dich das Paradies?«, fragte ich ihn, und er erzählte, wie viele Freunde er hier hätte und dass auch die Erwachsenen nett wären.

Auch das Verhältnis zu seiner Mutter hatte sich hier offenbar entspannt. Während es vorher eine Menge Spannungen und lautstarken Streit gegeben hatte, wirkten die beiden jetzt ausgeglichen und zufrieden.

Das Kind empfand sein neues Leben als paradiesisch, weil es hier überall auf Wohlwollen und Liebe stieß. In der Unterstadt, wo Helmo früher gewohnt hatte, war er hingegen ständig angeeckt, wurde zurechtgewiesen, spürte viel Ärger und Aggression. Die Umgebung spiegelte das wider: Achtlos weggeworfener Müll zeigte, wie es um die Haltung der Leute bestellt war. Unzufriedene und unachtsame Menschen verbreiten nun mal Disharmonie. Die Erfahrung des Jungen entsprach insofern exakt der des kleinen Schwans aus Andersens Märchen. Auch der hatte schließlich lange suchen müssen, bis er sein »Paradies« fand: einen passenden Ort mit guten Freunden.

Ein Bekannter, dem ich von Helmo erzählte, fand allerdings, dass es einem Kind nur gut tun könnte, wenn es lernte, im Alltag Kämpfe zu bestehen. Damit könne es für die Zukunft »trainieren«. Eine Ansicht, die ich nicht teilen konnte: Helmo hatte bereits eine schwierige Situation erfahren und war nicht gestärkt, sondern im Gegenteil geschwächt daraus hervorgegangen. Und jetzt genoss er das Gefühl, von anderen geliebt zu werden, war glücklich und fröhlich. Wenn er mal groß war, würde er immer noch nach Herzenslust anecken können, wenn es denn unbedingt sein sollte. Eine stabile Kindheit schafft ein solides Fundament fürs weitere Leben und kann gar nicht hoch genug geschätzt werden.

Vor allem in der heutigen Zeit, da es in den meisten westlichen Kulturen keine Großfamilien oder Sippen mehr gibt, in denen Kinder geborgen aufwachsen können. Durch den Zerfall dieser traditionellen Lebensform haben wir Einzelnen die Einbindung in größere Zusammenhänge verloren. Dafür haben wir jetzt aber auch die viel größere Chance, Eigenverantwortung zu übernehmen, selbst über unsere Existenz zu bestimmen, uns auf ganz neue Fähigkeiten zu besinnen, unsere Individualität auszubauen. Ein heikles Unterfangen, müssen wir doch einerseits darauf achten, konsequent den für uns richtigen Weg zu gehen, und andererseits aufpassen, nicht zu gnadenlosen Egoisten zu werden, die sich ihren Weg ohne Rücksicht auf Verluste freiboxen. Für ein harmonisches Miteinander kann das Geben und Nehmen nur hilfreich sein: Wer tauscht und teilt, entwickelt ganz von selbst ein Gefühl für Gerechtigkeit und Ausgewogenheit im geselligen (und gesellschaftlichen) Umgang.

Um der drohenden Vereinsamung des Einzelnen vorzubeugen, müssen neue Modelle des gemeinsamen Wohnens und Lebens entwickelt werden. Die alten Familienclans kriegen wir nicht wieder, aber was sollte uns daran hindern, uns in alternativen Konstellationen zu Gemeinschaften zusammenzufinden? Natürlich ist das alles nicht so einfach, wie wir es gern hätten. So manches ambitionierte, aufwändig geplante Wohnprojekt scheiterte nach kurzer Zeit am schnöden Alltag. Praktikabler scheint mir da meine eigene Methode, die neuen Gemeinschaften nicht großartig zu entwerfen, sondern einfach auszuprobieren. Das habe ich immer wieder getan, indem ich sehr unterschiedliche Menschen zum Mitwohnen in meine jeweiligen Gast-Häuser eingeladen habe. Es gab nie ein Programm oder einen ideologischen Hintergrund, das Einzige, was stimmen musste, war der Platz. Gab es genug Räume und die Möglichkeit, problemlos für Nahrungsmittel zu sorgen, konnte das Experiment beginnen. Und sehr oft ergab sich spontan eine intensive Nähe zwischen den Beteiligten. Mein Part dabei war, zu sondieren, ob unser Zusammenleben harmonisch oder unangenehm war. Sobald die geringste Störung auftrat, veränderte ich etwas an der Situation. Ging es mir selbst nicht gut dabei, brach ich das Experiment ab.

Zum Thema Gruppenzwang und Gruppendynamik fällt mir eine zweiwöchige Wanderung ein, die ich vor zehn Jahren mit einer Friedensgruppe machte. Wir wanderten damals, kurz nach dem Mauerfall, durch Deutschlands Osten, um Solidarität und Hilfsbereitschaft zu demonstrieren. Die rund zwanzig Leute nannten sich Friedensgruppe und sprachen von Friedensmarsch, obwohl mehrere Mitglieder völlig zerstritten waren und nicht miteinander sprachen. Am Abend wurde dann ein so genannter Mood-Circle, also ein »Stimmungskreis« einberufen, in dem jeder jeden beschimpfen durfte, ohne dass der oder die Betroffene Gelegenheit zur Verteidigung erhielt. Natürlich machten diese Mood-Circles alles noch viel schlimmer. Hinzu kam der starke Gruppenzwang, gegen den einige der Friedenswanderer protestierten – genauso wie pubertierende Kinder, die sich gegen ihre Eltern auflehnen. Sie kamen zu spät, machten, was sie wollten, verweigerten jede Erklärung und schmollten vor sich hin. Zum täglichen Ärgernis wurde die so genannte demokratische Absprache, an die sich kaum jemand hielt. Jeweils abends wurde gemeinsam festgelegt, wann der Tag beginnen sollte. Man einigte sich mühsam über Aufsteh-, Frühstücks- und Abmarschzeiten, und am nächsten Morgen blieb jeder so lange in den Federn, wie er wollte, da konnte die »Weckbeauftragte« noch so laut und ungnädig werden. Mich nervte die gesamte Atmosphäre, vor allem aber die lange Warterei am Frühstückstisch. Schließlich hatte ich die Nase voll und fing einfach zur geplanten Zeit an zu essen. Nach und nach tröpfelten die anderen an den Tisch und waren ziemlich schockiert. Der gemeinsame Beginn der Mahlzeit war eigentlich heilig. Andererseits kriegten sie das mit dem pünktlichen

Aufstehen nun mal nicht in den Griff, also wurden die von mir »erfundenen« gleitenden Frühstückszeiten beibehalten – was die morgendliche Lage doch einigermaßen entspannte.

Davon ermutigt, machte ich mich daran, auch die abendlichen »Stimmungskreise« aufzumischen. Nach dem Motto »Reden statt Pöbeln« nutzte ich die Wanderzeit, indem ich mit den Leuten ausprobierte, was ich gerade in meiner Therapieausbildung gelernt hatte: lockere Gespräche, in denen Spannungen erst erkannt und dann aufgelöst wurden. Als ich die Gruppe verließ, hatte ich an Erfahrung gewonnen. Ich wusste jetzt, was ein einzelner Mensch innerhalb einer Gemeinschaft bewirken kann, wenn er klar sieht und für sich beschließt, die herrschenden Zwänge nicht zu akzeptieren.

Mein Paradies auf Erden wäre eine Gesellschaft, in der keiner den anderen stört oder schädigt, aber doch jeder für seine eigene Zufriedenheit sorgt, also dafür, dass er selbst innerhalb dieser Gesellschaft in Harmonie leben kann. Die dann letztlich eine Gesellschaft rundherum glücklicher Einzelwesen wäre.

Ich will keinem wie auch immer gearteten Egoismus das Wort reden, ich sage nur: Jeder trägt die Verantwortung für sich selbst. Und jeder hat die Pflicht, auch dieser Verantwortung zu genügen. Die Frau etwa, die ihren kranken Mann rund um die Uhr pflegt, bis sie so ausgelaugt ist, dass ein Zusammenbruch droht, sollte sich um andere Lösungen bemühen. Zum Beispiel könnte sie die allein stehende Nachbarin bitten, täglich ein paar Minuten einzuspringen. Vielleicht hat diese Nachbarin die ganze Zeit darauf gewartet, helfen zu dürfen. Vielleicht fühlt sie sich jetzt, da sie etwas Sinnvolles tun kann, viel wohler als vorher. Vielleicht werden aus den

Minuten ein paar Stunden, und die Frau hat wieder die Möglichkeit, ein eigenes Leben zu führen. Natürlich ist es viel leichter, sich klaglos aufzuopfern und dabei unersetzlich zu fühlen, als aktiv an Alternativen zu arbeiten. Aber »mein« neuer Mensch in meinem ganzheitlichen Paradies opfert sich nicht auf. Er hat Spaß an allem, was er tut, er gibt und nimmt ausgewogen, im Einklang mit sich selbst und allen anderen.

Angekommen

Seit ich vor zehn Jahren von meiner Lehrerin in die Spiritualität eingeführt wurde, nehme ich Landschaften ganz anders wahr, spüre ihre uralten Energien. Vor allem die Berge sind für mich wichtig geworden, hier gesunde ich jedesmal, erhole mich vom Staub und Schmutz der Großstadt, lasse positive Energien in mich einströmen. Mehrere Male im Jahr fahre ich daher nach Oberstdorf, wo ich meist bei einer Freundin übernachte, aber auch schon das eine oder andere Haus gehütet habe.

In den Bergen gibt es viele Dinge, die beruhigend und ausgleichend auf mich wirken. Die Vegetation, die Fauna, die Flüsse, der Wind, die Sonne. Wie lange ist es inzwischen her, dass ich meine Unruhe mitbrachte und dann die Ruhe, die hier herrscht, nicht ertragen konnte. Ich sehe mich noch vor einer Herde Kühe stehen, die genüsslich wiederkäuend auf der fetten Wiese lagen. »Wie könnt ihr dieses eintönige Leben ertragen?«, fragte ich, und: »Merkt ihr nicht, wie begrenzt ihr seid?« Die so Angesprochenen kauten unverdrossen weiter, was ich ihnen nicht verdenken konnte. Heute bin ich so weit, dass ich mich einfach dazulegen könnte, im Glücksgefühl eines inneren Friedens, der nur mehr gelegentlich durch aufsteigende Unruhe gestört wird.

Der Raum, in dem mir keiner etwas anhaben kann, hat seine Pforten geöffnet, und ich bin dort angekommen. Seither ertrage ich auch das Chaos, die Unordnung, den Lärm viel besser. Ich muss nicht mehr zu einer bestimmten Gruppe gehören oder an einem bestimmten Ort leben. Ich weiß, dass alles seine Richtigkeit hat. Und ich fühle mich da, wo ich gerade bin, am rechten Platz.

KAPITEL 7

Zukunftsvisionen

Auszüge aus meiner Homepage

Ich lebe seit vier Jahren ohne Geld, meine Lebensqualität steigert sich ständig. Meine Unabhängigkeit wächst, und ich werde zunehmend freier. In meinen Vorträgen erzähle ich, wie ich es anstelle, ohne Geld zu leben, und warum ich es mache. Dabei geht es nicht um die Aufforderung, es mir gleich zu tun, sondern darum, Impulse zu geben. Ich bin davon überzeugt, dass jeder Mensch eine bessere Lebensqualität erreichen kann, wenn er vier Aspekte berücksichtigt.

1. Der politische Aspekt
Bei der Gründung eines Tauschrings im Februar 1994 handelte es sich für mich um einen politischen Akt.

Die Diskrepanz zwischen Arm und Reich wird durch das Tauschen verkleinert. Die finanziell schlecht Gestellten haben die Möglichkeit, sich Dinge zu leisten, die sie statt mit Geld mit einer Tätigkeit bezahlen.

Menschen ohne festen Arbeitsplatz und ohne festes Einkommen können ihre Arbeitskraft als Gegenleistung anbieten und verlieren so das Gefühl, in unserer Gesellschaft überflüssig zu sein.

Die Umweltbelastung wird verringert, weil durch nachbarschaftliches Teilen und Tauschen lange Anfahrtswege wegfallen.

Das Tauschen ist ein Weg aus der Wegwerfgesellschaft und

hin zu einem verantwortungsbewussten Miteinander, denn jeder Teilnehmer macht sich Gedanken darüber, was er wirklich braucht, und gibt Überflüssiges weiter.

Das Tauschen und Teilen ist ein Weg aus der Isolation.

Das Tauschen und Teilen verbindet Menschen unterschiedlicher Herkunft und Religion.

2. Der philosophische Aspekt

Durch die Art und Weise wie ich lebe, überprüfe ich ständig vorgegebene Richtlinien auf ihren Sinn. Daraus ergibt sich für mich folgende Erkenntnis:

Jeder Mensch kann das Leben führen, das er möchte. Er muss nur klare Ziele vor Augen haben, die er Schritt für Schritt verwirklicht. Dafür ist es zwingend notwendig, über den eigenen Tellerrand hinauszuschauen und die Welt zu entdecken. Daraus wiederum ergibt sich: Jeder Mensch kann das Leben führen, das er möchte, ohne dabei den anderen zu schaden.

3. Der psychologische Aspekt

In den Tauschringen treffen sehr unterschiedliche Menschen aufeinander. Daraus ergeben sich naturgemäß Konflikte, die aber zu lösen sind, wenn die Einzelnen bereit sind, an sich zu arbeiten. Einem Konflikt liegt meist eine Störung zugrunde, die es zu erkennen gilt.

Die Begegnung mit Menschen, an denen mich etwas stört (Ärger, Neid, Eifersucht, Ablehnung) dient mir als Spiegel. Ich fühle mich gestört, weil der andere mir Dinge zeigt, die ich an mir selbst nicht akzeptieren kann. Durch das fremde Verhalten werden diese eigenen Anteile für mich sichtbar, und ich kann sie beseitigen. Selbst wenn der andere beibehält, was mich stört, muss ich mich nun nicht mehr gestört fühlen. Aus Rivalität wird Evolution. Eine Erkenntnis, die zum nächsten Punkt führt.

4. Der spirituelle Aspekt
Alle Menschen stammen aus derselben göttlichen Quelle. Jeder Mensch ist einzigartig und hat eine bestimmte Aufgabe, die er herausfinden muss. Hat er sie gefunden, spürt er seinen Wert und kann von nun an jegliches Konkurrenzdenken aufgeben und zum Wohl des Ganzen beitragen. Alle zusammen arbeiten an einer schöneren Welt.

In meinen Vorträgen ordne ich Begebenheiten aus meinem Alltag diesen vier verschiedenen Aspekten zu. Auf diese Weise entwickele ich eine neue Lebensart, die mir übertragbar erscheint. Mein Ziel ist aufzuzeigen, wie alte, einengende Strukturen verändert werden können. Mit Mut und Vertrauen kann jeder seinen eigenen Weg gehen, ohne von anderen manipuliert zu werden.

Die Politikerin

»Sag mal, du warst doch vor ein paar Jahren als Abgeordnete im Stadtrat?«, fragte ich meine Freundin. »Wieso hast du da aufgehört? Was ist passiert?«

Marita atmete tief durch, bevor sie antwortete: »Ja, ich war im Stadtrat. Aber schon nach einem halben Jahr habe ich mein Mandat weitergegeben, weil der Druck, der einerseits durch meinen Arbeitgeber und andererseits durch Parteiquerelen entstand, nicht mehr auszuhalten war.« Ihrem Chef hatte ihr politisches Engagement nicht gefallen, und sie selbst war enttäuscht von der Wirkungslosigkeit ihres Tuns. Durch den doppelten Druck enerviert, beschloss sie, ihre politische Laufbahn aufzugeben. »Fast mein ganzes Leben hatte ich mit Politik zugebracht und immer wieder festgestellt, dass zu wenig am Wesentlichen gearbeitet wird. Den meisten Politikern geht es gar nicht darum, den Menschen ein neues Umfeld zu schaffen, sondern nur um ihr eigenes Profil. Sobald einer an der Macht ist, verflüchtigen sich seine Ideale.« Als Politiker fange man an, sich anzupassen und unterzuordnen, um sein errungenes Plätzchen nicht zu gefährden, erklärte Marita. »Ich will das gar nicht nur verurteilen, weil ich ja an mir selber festgestellt habe, wie schnell man in unangenehme Situationen verwickelt werden kann. Nein, ich verurteile keinen, aber der politische Weg, wie er heute aussieht, ist mir zu wenig.«

Ich war begeistert. »Da sprichst du mir aus der Seele, denn auch ich sage immer, dass die Politik nur ein Teil des Daseins ist. Politiker, die rund um die Uhr damit beschäftigt sind, Anordnungen weiterzugeben, haben gar nicht die Zeit, bei sich selber nachzuschauen, ob etwas nicht stimmt. Es ist heute doch so, dass, wenn etwas schiefgeht, der Rücktritt folgt. Die offizielle Person wird korrigiert, nicht der Fehler.«

Da saßen wir zwei Frauen nun bei unserem Samstagsgespräch, das ganz ungeplant zum festen Bestandteil unserer Woche geworden war. Diese Gespräche waren sehr anregend und ermutigend, weil wir beide ähnliche Ansichten hatten. Auch Marita hatte bereits als Kind beschlossen mitzumischen. Sie erinnerte sich noch gut daran, wie sie damals überhaupt nicht begreifen konnte, dass offenbar andauernd Gift in die Gewässer gekippt wurde. Oder dass Menschen in anderen Erdteilen verhungerten. Oder dass es Kriege gab. Und vor allem konnte sie nicht verstehen, dass die Erwachsenen nichts gegen diese Zustände unternahmen.

Als Jugendliche fing sie an, in Verbänden und Parteien tätig zu sein. Die Konkurrenzkämpfe passten ihr von Anfang an nicht, und sie wurde in keiner Partei heimisch. Von den Jusos wechselte sie zur Jungen Union, war darauf in einigen sozialistischen Gruppierungen und landete schließlich bei den Grünen. Aber wenn sie über ihre Zeit bei den Sozialisten sprach, geriet sie immer noch ins Schwärmen. Die engagierten jungen Leute lagen eigentlich ganz auf ihrer Linie, denn sie prangerten sämtliche Missstände an. Bis auf die eigenen, leider, und so wurde es dann doch nichts mit Marita und den Sozis. Und weil diese Lüge, oder besser: dieser Selbstbetrug durch alle Parteien ging, wurde es letztlich auch nichts mit Marita und der Politik.

»Als ich von deiner ›Gib-und-Nimm-Zentrale‹ hörte, dachte ich: das ist der richtige Ansatz«, sagte sie jetzt. »Ich finde es schade, dass du so früh da weggegangen bist. Ich glaube, du hättest noch mehr erreichen können.« Auch darüber hatten wir schon oft gesprochen, denn Marita war nach meinem Ausscheiden sehr engagiert bei »Gib-und-Nimm« eingestiegen. »Du weißt, dass ich mich nicht rechtfertigen möchte«, entgegnete ich daher. »Vier Jahre waren eine lange Zeit, schließlich war ich mit Leib und Seele dabei. Die Bewegung geht auch ohne mich weiter, und ich musste ohne den Verein weiterkommen. ›Gib-und-Nimm‹ war nur ein Teil der Aufgabe. Ohne Geld zu tauschen und zu teilen ist das Eine.

Das andere ist der Weg nach innen. Ohne den läuft gar nichts. Schau dir an, was gerade alles in der Politik passiert, die schmutzige Wäsche, die dort gewaschen wird, nicht etwa, um die Atmosphäre insgesamt zu reinigen, nein, nur um die jeweilige Konkurrenz abzusägen. Mit diesen Spielchen müssen wir aufhören.«

Marita stimmte mir zu. Sie erzählte noch einmal von ihrer Zeit in der Sozialisten-WG. Damals hatte es viel Aggression gegeben, viele Kämpfe untereinander. »Das ist typisch für politische Gemeinschaften, auch für die Parteien. Irgendwo gibt es immer einen Widersacher, der besiegt werden muss. Dafür geht so viel Energie drauf!« Seit ihrem Rückzug aus der Politik kümmere sie sich mehr um den Widersacher in sich selbst, betonte sie. »Das ist zwar ziemlich anstrengend, aber es ist auch das Wichtigste in meinem Leben. Du weißt ja, dass mein Jähzorn mir ziemlich zu schaffen macht. Wie oft vergesse ich mich in der Öffentlichkeit und pöbele los, wenn mir etwas ungerecht erscheint.« So auch vor einigen Tagen an der Straßenbahnhaltestelle. »Die Bahn kam, und viele Wartende wollten einsteigen, als in letzter Sekunde noch drei Autos vorbeirasten und uns beinah über die Füße fuhren. Ich war so wütend, dass ich lautstark wetterte. Dabei benutzte ich ein paar saftige Schimpfworte, was mir hinterher etwas peinlich war.« Zumal sich herausstellte, dass die Ampel kaputt war, und die Autofahrer also gar nichts dafür konnten. »In Gedanken entschuldigte ich mich bei ihnen, und stell dir vor, zwei Tage später erhielt ich Gelegenheit, mich in Geduld zu üben. Es war exakt dieselbe Situation. Haltestelle, Wartende, rasende Autos, beinah überrollte Füße. Nur eines war anders, die liebe Marita nämlich. Ganz Ruhe und Verständnis. Darauf bin ich sehr stolz, denn ich glaube, dass der Abbau von Missverständnissen sehr wichtig für unsere Zukunft ist.« Um Feindbilder loszuwerden, merkte meine Freundin noch an, müssten wir zunächst bei uns selbst anfangen. Das täte sie gerade, wobei sie das große Ganze keineswegs aus den Augen verlöre. »Die Politik habe ich nicht vergessen, und ich denke immer noch über Globalisierung nach, allerdings momentan mehr im Stillen. Wenn die Zeit reif ist, werde ich auch wieder in der Öffentlichkeit stehen.«

Eine Politikerin, die sich fürs eigene Wachstum eine Auszeit genommen hat – wenn das kein erster Schritt in eine bessere Zukunft ist!

Der Langzeitarbeitslose

Das folgende Interview hat mich übers Internet erreicht. Mein Freund Rudi Eichenlaub hat es mit einem so genannten Langzeitarbeitslosen geführt, mit dem Franzosen Georges aus Mülhausen. In Absprache mit den beiden Beteiligten nehme ich es hier in voller Länge auf, denn Georges steht für Millionen anderer Menschen, die seit vielen Jahren keine Arbeit haben, als kaum mehr vermittelbar gelten und somit aus unserem sozialen Gefüge herausgefallen sind.

»Am letzten Augusttag treffe ich mich mit Georges vor dem Kaufhaus in Mülhausen. Es regnet den ganzen Tag, und unsere Stimmung ist dementsprechend. Georges ist 48 Jahre alt, macht aber keinen gesunden Eindruck. Ich kenne ihn nun seit zwei Jahren, denn er gehört zu den Gründern von VETO. Ich bewundere seine

guten Deutschkenntnisse und möchte nun endlich mehr über ihn und sein Leben erfahren.

Rudi: Georges, was machst du an so einem Regentag wie heute? Bist du ein glücklicher Arbeitsloser?

Georges: Nein, glücklich bin ich nicht. Zum Teil vertreibe ich meine Zeit, indem ich zum Beispiel auf dem Markt, wo ich ein paar Kleinigkeiten einkaufe, mich mit den Verkäufern unterhalte. Zum Teil kann ich auch meine 80-jährige Mutter nicht ganz allein lassen. Wenn ich nicht wäre, müsste sie wohl ins Heim.

Rudi: Du bist jetzt seit dreizehn Jahren ohne feste Arbeit. Was war vorher?

Georges: Von 1972 bis 1987 war ich als Elektriker bei der Baufirma SACM. Aber dann haben sie schubweise Leute entlassen, und ich war auch dabei. Bei der Firma habe ich nicht schlecht verdient, und die ersten zwei Jahre war das Arbeitslosengeld auch noch so, dass ich gut davon leben konnte.

Rudi: Wie ist das bei euch mit der Bezahlung? Was bekommst du jetzt und von wem?

Georges: Zunächst bezahlt die Versicherung »ASSEDIC«. Das nimmt aber von Jahr zu Jahr ab, und dann landet man schließlich beim RMI (Revenue minimum d'insertion). Dies wird vom Staat bezahlt, und vom Namen her könnte man an »Grundeinkommen« und »Wiedereingliederungshilfe« denken. Aber nichts davon ist der Fall. Lebe mal von rund 80 Francs (ca. 22 Mark) am Tag (ohne Wohngeld), und das auf Dauer. Da kannst du gerade noch essen und dich anziehen. Mit Freunden etwas unternehmen, Fahrgeld, Computer, all das ist tabu. Zum Glück rauche und trinke ich nicht. Bei der DDTE, einem Büro in Mülhausen, muss man auf Anfrage nachweisen, dass man Arbeit sucht. Dass ich gezwungen werde, irgendetwas anzunehmen, auch wenn es gar nicht passt, das gibt es bei uns glücklicherweise nicht.

Rudi: Hast du denn die ganze Zeit nur bei deiner Mutter gewohnt, hast du gar keine Arbeit mehr gefunden, kannst du dich nicht umschulen lassen auf einen neuen Beruf, bei dem du mehr Chancen hast?

Georges: Viele Fragen. Nein, ich habe zwischendurch auch mit Partnerinnen gelebt. Leider war es nie von Dauer. Im Augenblick muss ich mich mit dem Wohnen bei der Mutter arrangieren, auch wenn es mir oft schwerfällt. Ich habe auch immer mal wieder gearbeitet. In einer Gärtnerei, aber das ging aus gesundheitlichen Gründen nicht mehr, oder einmal über eine hiesige Zeitarbeitsfirma für ein paar Wochen in Lörrach. Am besten hätte mir eine Stelle als Touristenführer in Colmar gefallen, das habe ich mal aushilfsweise gemacht. Aber ich habe nicht den Titel, den man dafür verlangt.

Ach so, Umschulung. Ich habe zum Beispiel privat Deutsch gelernt und in Freiburg sogar ein Diplom bekommen. Ich habe nebenbei Buchführung gelernt. So was muss ich selbst und auf eigene Kosten organisieren. Für mehr reichte mein Geld nicht. Die Fähigkeiten hätte ich schon. Umschulungen werden bei uns eigentlich von der AFBA übernommen. Aber entweder hast du dann nicht die richtigen schulischen Voraussetzungen, oder sie wollen dich in eine ganz andere Stadt schicken, weil der Kurs, für den du akzeptiert wirst, in Mülhausen gerade nicht gehalten wird. Es ist eine aussichtslose Sache.

Rudi: Das klingt nicht gut. Aber du bist gar nicht so mutlos. Du bist, wie ich dich kenne, sehr engagiert.

Georges: Außer den Treffen, bei denen wir uns kennen gelernt haben, mache ich zum Beispiel beim Roten Kreuz und bei der Caritas ehrenamtlich mit. Mit Daniel von der Arbeitslosenorganisation AC! machen wir die Zeitung »ACC – ... contrecourant« (gegen den Strom), die zehn Mal im Jahr erscheint und über Abonnenten finanziert wird. Es ist eine kritische Zeitung, die konkrete Probleme beim Namen nennt. Da bin ich bei allen Redaktionssitzungen dabei. Wenn es geht, werde ich im Dezember auch nach Nizza [Treffen der EU-Regierungschefs] mitfahren, zu den Massenprotesten der Arbeitslosen und ungeschützt Beschäftigten.

Rudi: Kannst du noch ein paar Worte sagen zur Arbeitslosenorganisation VETO?

Georges: Ich erlebe, wie eine Handvoll Leute sich bei uns abstrampeln in allen möglichen Organisationen, und dass es immer wieder dieselben sind und nicht mehr werden. In VETO sind wir zwar auch nicht viele, aber wir haben wenigstens die Gelegenheit, über die Grenzen zu schauen, zu sehen, was ähnlich ist in jedem Land, aber auch, wo sie uns auf den niedrigsten gemeinsamen Nenner bringen wollen.

Worüber beklagt sich Georges? Am meisten darüber, dass er zu wenig Geld hat und keine richtige Beschäftigung. Auch das Zusammenwohnen mit seiner Mutter gefällt ihm nicht besonders. Auf der anderen Seite sagt er, dass sie ohne ihn in ein Heim müsste. Georges Schicksal hat mich sehr beschäftigt, und ich habe ihm folgenden Brief geschrieben.

Lieber Georges,
du hast aus der Not eine Tugend gemacht, aber ohne sie wertzuschätzen. Du bewahrst deine Mutter vor dem Leben im Heim, was sicher sehr schön für sie ist. Da du dich nun mal entschieden hast, so zu wohnen, musst du es auch richtig tun. Ich weiß natürlich nicht, wo deine Probleme mit der Wohnsituation liegen. Vielleicht verstehst du dich ja nicht so gut mit deiner Mutter? Dann hättest du jetzt die Chance, daran zu arbeiten. Du könntest deine Reaktionen analysieren, das ist sehr spannend und macht Spaß. Bestimmt kommt es dir auch in irgendeiner Form zugute, dass du bei der Mutter lebst. Du zahlst weniger Miete oder gar keine, das weiß ich natürlich alles nicht. Aber auf jeden Fall geht es darum, das Beste aus jeder Lage zu machen. Wenn du deine Situation allerdings ganz unerträglich findest, dann solltest du sie ändern. Verstehst du, was ich meine? Alles hängt von der Betrachtungsweise ab, und jeder hat die Möglichkeit, sein Leben zu verändern.

Betrachten wir uns also das nächste Problem: Du hast zu wenig Geld zur Verfügung. Es reicht gerade zum Essen und Anziehen, sagst du. Mit dem Notwendigsten bist du also versorgt. Welcher Luxus fehlt dir? Schreib auf, was du gern hättest. Eine meiner neuen Ideen ist, den Menschen überall die Möglichkeit zu geben, ihre Wünsche zu äußern. So dass es überall zum Tauschen und Teilen kommen kann. Wenn du also beim Roten Kreuz arbeitest, könntest du doch dort eine »Gib-und-Nimm«-Wand einrichten, an die jeder zwei Zettel hängen darf, einen für das, was er haben möchte, und einen für das, was er anbietet. Auf diese Weise kannst du alles bekommen, was dir notwendig erscheint, ohne Verwaltungsaufwand oder Kontrolle. Falls dir das zu aufwändig ist, könntest du dich auch einem der bereits bestehenden Tauschringe anschließen. Die gibt es inzwischen in jeder Stadt, sicher auch in Frankreich. Da du Handwerker bist, wird es für dich bestimmt viele Tauschmöglichkeiten geben.

Kommen wir jetzt zu deiner Arbeitssituation. Seit dreizehn Jahren bist du arbeitslos, engagierst dich aber an verschiedenen Stellen. Ich glaube an eine bessere Zukunft, in der die Menschen ohnehin nicht mehr acht Stunden am Stück irgendwelche Dinge tun, die vielleicht nicht mal besonders sinnvoll sind, sondern dass Flexibilität gefragt sein wird und Vielfalt. Dass wir uns unsere Tage so gestalten werden, dass jede Minute uns sinnvoll erscheint. Für mich zum Beispiel wäre es inzwischen eine Schreckensvorstellung, jeden Tag einem festen Beruf nachgehen zu müssen, nur einmal im Jahr Urlaub zu haben und alles im Voraus planen zu müssen. Wie ich jetzt lebe, gefällt mir viel besser, weil ich nur tue, was mir auch Freude macht. Da nun jedem Menschen etwas anderes Freude macht, schreibst du am besten deine Wünsche auf und gehst schrittweise daran, sie dir zu erfüllen.

Gegen deine politische Arbeit ist nichts einzuwenden, so

was ist auch wichtig. Du solltest dir allerdings keine Illusionen über ihre Wirkung machen. Als ich in Geesthacht wohnte, wurde gerade das Atomkraftwerk im fünf Kilometer entfernten Krümmel geplant. Ich ging zu allen Protest-Kundgebungen, die Solidarität der anderen Demonstranten tat mir gut, aber bewirkt haben wir nichts. Das Werk wurde gebaut und strahlt vor sich hin.

Die Politiker sind genauso ratlos wie die Arbeitslosen. Arbeitsplätze werden wegrationalisiert, Menschen durch Maschinen ersetzt. Fast könnte es scheinen, wir seien überflüssig geworden. Aber das stimmt nicht, denn jeder wird gebraucht. Du bist wichtig bei deiner Zeitung, für deine Mutter und für all die anderen Dinge, die du tust. Du bist wertvoll, und dafür, dass ich das Interview mit dir lesen durfte, bin ich sehr dankbar. Bitte denke nicht, dass ich dich belehren möchte. Deine Gefühle sind berechtigt, und ich möchte sie dir nicht nehmen. Ich glaube nur, dass viele den Ausweg nicht erkennen können, der manchmal ganz nah ist. Weißt du Georges, oft fehlt nur eine Kleinigkeit, eine winzige Änderung der Sichtweise, damit Freude ins Leben kommen kann.

Dankbarkeit

Immer wieder bekomme ich zu hören, dass man Geben und Nehmen nicht gegeneinander aufrechnen dürfe. Beides komme aus derselben Quelle. »In dem Moment, in dem du gibst, empfängst du auch etwas«, heißt es dann, und sogar meine Kritik an dem Sterntaler-Mädchen, das immer nur wegschenkt, wird mir vorgeworfen. Die Gesetze des Kosmos seien so, dass der Ausgleich automatisch geschehe. Basta.

Das leuchtet mir zwar ein, aber ich mag trotzdem nicht von meinem »Gib-und-Nimm«-Prinzip ablassen. Es passt einfach besser in die heutige Realität. Alles was wir tun, wird uns vergütet. Jede Tätigkeit will entlohnt werden. Der kosmische Ausgleich ist reine Theorie, die Praxis sieht anders aus. Sogar die Tauschringe funktionieren eigentlich nach dem Prinzip der freien Wirtschaft. Statt Geld gibt es Punkte oder Ähnliches. Paradox, das Ganze, aber bis mir das auffiel, hat es lange gedauert. Aber dann fielen mir sofort passende Beispiele ein.

Eine Frau brachte mir ihre Katze vorbei, weil sie ein paar Tage verreisen wollte. Ich hätte dafür gern ihre Monatskarte gehabt, die sie in einer anderen Stadt ja sowieso nicht benutzen konnte. Aber sie hatte Angst, dass ich das Ticket verlieren könnte und sie dann für den Rest des Monats ohne dastünde. Also gab sie es mir nicht. Darüber ärgerte ich mich. Gut, der Kosmos sorgte weiter für mich (und für Straßenbahntickets), aber trotzdem fuchste es mich. Es war nicht stimmig. Es störte mich, und natürlich war diese Störung dann doch wieder ein Geschenk, viel wertvoller als die Monatskarte, weil ich lernen konnte, meinen Ärger zu überwinden.

Die Gaben vom Bioladen waren echte Reichtümer, auch in materieller Hinsicht. Manchmal standen gleich mehrere Kisten mit Obst und Gemüse für uns bereit. Um die Beschenkten daran zu erinnern, dass das alles nicht unbedingt selbstverständlich war, hängte ich dort einen Zettel auf mit der Anregung, jeder möge sich doch überlegen, was er als Gegenleistung erbringen könnte. Einer der Abholer beschwerte sich bitterlich über diesen Zettel. Die Dinge, die da weggegeben würden, wären doch ohnehin übrig und kämen andernfalls in den Kompost. Er sah einfach nicht, dass das Kornhausteam die Sachen liebevoll für uns zusammenstellte und manches dazu legte, das durchaus noch hätte verkauft werden können. Es fiel ihm wohl schwer, dankbar zu sein.

Dankbarkeit ist der Schlüssel zu einer höheren Ebene. Dankbarkeit ist ein freudiges Gefühl. Aus Dankbarkeit ergibt sich der Wunsch, selber etwas zu schenken. Wenn wir uns bewusst machen, mit welchen Gaben wir tagtäglich überschüttet werden, verschwinden negative Gefühle von selbst. Und das Gesetz »Alles kommt zu uns zurück« greift. Vielleicht merkt der Besitzer des Bioladens, auch wenn er nicht von den Resteabholern belohnt wird, eines Tages, dass seine Geschäfte besonders gut laufen.

Seit einiger Zeit besaß ich wieder ein Portemonnaie. Jemand schenkte es mir zum richtigen Zeitpunkt, als ich nämlich beschloss, wieder etwas Geld in meinen Alltag zu bringen. Seither ging ich manchmal wieder »richtig« einkaufen, zum Beispiel, wenn ich Appetit auf einen speziellen Kräutertee oder einen bestimmten Quark hatte. Trotz der Börse steckte ich schon mal einen Zehnmarkschein einfach in die Hosentasche, damit an der Kasse alles ganz schnell ging. Einkaufen bereitete mir immer noch Schwierigkeiten, und je rascher es vorbei war, desto besser. Einmal griff ich in die Hosentasche, um zu bezahlen, und stellte fest, dass der Schein nicht mehr drin war. Zwar reichte das Kleingeld in meiner Börse noch für die 4,44 Mark, aber ich kam doch ins Grübeln. War es vielleicht nicht recht, wieder mit Geld zu hantieren? Es dauerte eine Weile, bis ich mir sagen konnte: Sei's drum.

Hoffentlich hat der Finder sich gefreut. Vielleicht brauchte er das Geld gerade dringend. Ich überlasse es ihm gern.

Weil ich inzwischen weiß, dass alles, was gut für mich ist, im passenden Augenblick zu mir kommt, kann ich getrost jegliche Erwartungshaltung aufgeben. Natürlich wünsche ich mir oft etwas, aber wenn es nicht gleich in Erfüllung geht, bedeutet das keine Enttäuschung mehr, sondern im Gegenteil die Gewissheit, dass der Zeitpunkt eben nicht der richtige war, dass es also nicht sein musste. Dankbar genieße ich stattdessen, was ich habe. Und meist kommt dann das, was ich wollte, doch noch. Später.

Pioniere

Ein Freund besuchte mich und brachte ein paar Sachen zum Lesen mit. Allesamt Einführungen in die Spiritualität. Unter anderem ein Buch, auf dem eine Frau abgebildet war, die, wie im Märchen von den Sterntalern, vom Himmel fallende Goldstücke auffing. Es hieß »Der kosmische Bestellservice«. Die Autorin beschrieb, wie Menschen sich Dinge »bestellen« können, die ihnen dann auch beschert werden. Vermutlich haben viele Leser diese Methode ausprobiert, mit mehr oder weniger Erfolg. Erfahrungsgemäß kommen nur spirituelle Menschen mit diesem »Service« weiter. Denn wenn es so einfach wäre mit den kosmischen Gaben, dann wären die meisten gesellschaftlichen Probleme bereits gelöst. Und es gäbe keine Armut mehr.

Ein anderes Buch handelte von Lichtnahrung. Darin schilderte die Autorin, eine Australierin, wie sie es anstellte, ohne feste Nahrung, ja sogar ohne Flüssigkeit zu überleben. Etliche Leser haben sich daran versucht, und hin und wieder taucht mal jemand in den Medien auf, um darüber zu berichten, wie erleichternd so ein Leben ist. Auch diese »Lichtnahrung« könnte viele Probleme lösen, aber sie funktioniert gleichfalls nur bei einer sehr kleinen Gruppe. Schon mancher, der es versucht hat, landete halb verhungert im Krankenhaus und musste mühsam wieder an feste Nahrung gewöhnt werden.

Es gibt viele Beispiele für spirituelle Pioniere. In Sibirien etwa lebt ein Mann, der aussieht wie Jesus und für den neuen Messias gehalten wird. Er hat schon viele Anhänger, für die er den Weg in eine neue Zukunft symbolisiert. Manche geben ihr gesamtes Hab und Gut auf, um ihm zu folgen. Ich bin im Laufe meines Lebens immer wieder Menschen begegnet, die auf ganz besondere Weise existierten und bereitwillig davon erzählten. Manchmal konnte ich Anregungen aufnehmen, aber immer ging es zurück in mein eigenes Leben. Ich wollte auf keinen Fall jemanden imitieren oder kopieren. Und mich schon gar nicht auf einen Guru festlegen. Es hat lange gedauert, bis ich bereit war, mich anderen vertrauensvoll zu öffnen.

Zu Anfang meiner spirituellen Zeit machte ich regelmäßig »Wüstentage«. Das sind Tage, bei denen sich jeder Augenblick ganz spontan aus dem vorhergehenden ergibt, ohne Planung, ohne Vorbereitung. Es machte mir jedesmal Spaß, aus dem Haus zu gehen, ohne überlegt zu haben, in welche Richtung meine Schritte mich tragen würden. Manchmal stieg ich in einen Zug oder einen Bus und landete irgendwo. Es war abenteuerlich, es gab wichtige Begegnungen, Botschaften, Beobachtungen, für die ich mir an diesem Tag Zeit nahm. Es war eine Chance, dem alltäglichen Trott zu entkommen.

Pioniere, Vorbilder, Menschen, die etwas bewirken können, sind wichtig. Noch wichtiger ist aber, den jeweils passenden Moment zu erkennen, um das, was sie uns lehren können, in unser eigenes Leben zu übernehmen.

Lebensmodelle

Die Menschen sehnen sich heute nach alternativen Lebensentwürfen. Und bei manchen klappt der Aus-, Um- oder Einstieg in ein neues Modell verblüffend reibungslos. Wie bei Holger.

Holger war Architekt, erfolgreich und gut verdienend. Er hatte ein Haus, ein Auto und all den üblichen Luxus. Nur glücklich wurde er damit nicht, litt stattdessen zunehmend unter dem Leistungsdruck und der Diskrepanz zwischen seinen Träumen und seiner Realität. Was hilft mir ein schönes Haus, wenn ich keine Zeit habe, es zu genießen, fragte er sich und begann, ernsthaft über alternative Möglichkeiten nachzudenken. Und schließlich begann er damit, sie Schritt für Schritt umzusetzen. Erst setzte er sich eine Dreijahresfrist, um die wichtigsten Dinge zu regeln. Er kündigte seinen Job und trat aus der Krankenversicherung aus. Sein großes Haus tauschte er gegen eine kleine gemütliche Wohnung, in der er viel Zeit verbrachte. Statt mit dem Auto bewegte er sich mit einem Tretroller durch die Stadt (damals waren die Dinger noch nicht in Mode) und ertrug gelassen Hohn und Spott. Weil er sehr dezidierte Ansichten über den Wertewandel und die globale Verschwendung hatte und imstande war, sehr überzeugend darüber zu sprechen, wurde ihm bald von vielen Seiten Respekt entgegengebracht. Bald kamen Menschen, die ihn anfangs für verrückt erklärt hatten, und baten um Ratschläge für ihr eigenes Leben. Holger gab seine Erfahrungen gern weiter. Inzwischen hat er wieder eine etwas größere Wohnung bezogen, denn in seinem neuen Leben traf er auch die ideale Gefährtin und hat jetzt einen kleinen Sohn. Die drei sind rundherum glücklich und zufrieden.

Ich habe festgestellt, dass fast jeder, dem der Wechsel in ein alternatives Lebensmodell geglückt ist, seinen Weg in kleinen Schritten gegangen ist. Das scheint mir sehr wichtig zu sein. Wie viele Menschen verabschieden sich von ihren Visionen, weil ihnen der Weg zu weit, der Schritt zu groß erscheint.

Ich kenne eine Frau, die schon seit Jahrzehnten davon träumt, Puppenspielerin zu werden. Leider blockiert sie sich selbst, weil die kleinen Schritte ihr zu mühsam sind, weil sie gleich das Ganze haben will. Zwar habe ich ihr die Adresse einer Puppenspielerin gegeben, die sich gerade selbstständig gemacht hat und eine helfende Hand gut gebrauchen könnte, an der Kasse oder für die Bühne, aber das ist meiner Bekannten zu wenig. Sie will entweder gleich alles, was sie sich erträumt, oder lieber gar nicht.

Veränderung braucht einen langen Atem. Erst müssen wir die Umwege erkennen, auf denen wir uns verlaufen und vertrödeln, müssen erkennen, was alles falsch läuft, um schließlich neue Möglichkeiten des Miteinanders zu entwickeln. Und es ist keineswegs so, dass wir uns von sämtlichen alten Strukturen trennen müssen. Man kann sie zu einem Teil des Neuen machen. Holger zum Beispiel arbeitet weiterhin in seinem Beruf, der ihm Freude macht. Seine jetzigen Arbeitgeber können sich ambitionierte Projekte leisten, bei denen Zeit und Druck keine Rolle spielen.

Auch Stephan, der Globetrotter, ist aus einem gut bezahlten Beruf ausgestiegen. Auch heute arbeitet er manchmal viele Stunden hintereinander, aber weil er dabei sein eigener Chef ist und jederzeit aufhören kann, fühlt er sich dennoch frei. Selbstbestimmtes Arbeiten, auch das wird zu einer besseren Zukunft gehören. Deshalb hat auch der Vater Unrecht, der mir einmal klagte, seine Tochter sei eine Versagerin, weil sie schon ihre vierte Ausbildung mache und immer noch nicht wisse, womit sie einmal ihr Geld verdienen wolle. Die Zeiten, in denen jeder einen einzigen Beruf, ob geliebt oder ungeliebt, bis zum Ruhestand ausübte, neigen sich langsam, aber sicher dem Ende entgegen.

Lektionen

Jeden Tag können wir unsere Lektionen lernen. Alles, was uns begegnet, hat einen Sinn. Durch Gespräche, die wir zufällig mithören, durch Bücher, die uns jemand empfiehlt, durch Vorträge, Artikel oder Filme, durch überraschende Aktionen oder scheinbar zufällige Beobachtungen können wir eine Menge lernen.

Ich habe neulich einen alten Film mit Heinz Rühmann gesehen. Er spielt einen Droschkenkutscher, dessen einst gut laufendes Geschäft durch das Aufkommen der Automobile ruiniert wird. An manchen Tagen nimmt der alte Gustav keinen Pfennig ein. Weil er sich aber als Ernährer einer Großfamilie keine Blöße geben will, borgt er sich einen größeren Betrag, den er sogar versteuert, damit Frau und Kinder nichts von seinem Versagen merken. Als die Geschichte herauskommt, ist die Familie entsetzt und will den störrischen Alten, der sich allem Neuen widersetzt, für unzurechnungsfähig erklären lassen. Das letzte Pferd soll zum Schlachter gebracht, die Kutsche verschrottet werden. Da entschließt der Alte sich, mit Gaul und Droschke nach Paris zu fahren. Ein Reporter, der die Story seines Lebens wittert, begleitet den »Eisernen Gustav« auf seiner Tour. Und bald ist der Sturkopf eine Berühmtheit. Das ganze Land nimmt Anteil an seinem Unternehmen, und tatsächlich schafft der Alte es nach Paris.

Die Geschichte ist rührend und komisch, und ich habe mich köstlich amüsiert. Dabei habe ich Parallelen zu meinem eigenen Leben festgestellt. Auch bei mir spielt die Presse eine wichtige Rolle, denn ohne sie würden meine Aktionen versickern, statt anderen Mut zu machen, aus dem grauen Alltag auszubrechen und über neue Strukturen nachzudenken. Das Alter ist mir zwar nicht so wichtig, aber wenn ich die allgemeinen Maßstäbe anlege, bin ich auch schon fast im Rentenalter. Viele meiner Altersgenossen resignieren, weil sie sich zum alten Eisen geworfen fühlen, weil die Rente nicht reicht, weil niemand sie mehr braucht. All das ist kein Thema für mich. Zwar kann ich heute nicht sagen, was in fünf Jahren sein wird, aber zur Zeit ist klar, dass ich keine Rente möchte, auch wenn sie mir zusteht.

Von der Idee, durch politische Agitation die Welt zu verändern, habe ich mich verabschiedet. Mein alltägliches Dasein reicht, um einiges zu bewirken. Denn auch wenn viele mein Leben ohne Geld nicht nachvollziehen können, gibt ihnen die Gewissheit, dass jemand ein solches Experiment wagt, doch Kraft und Hoffnung. Das haben mir jedenfalls zahlreiche Menschen bestätigt.

Geldsorgen

Ich wollte immer eine Kasse eröffnen, für Menschen in Not, für Situationen, in denen es mit einer wie auch immer gearteten Ersatzwährung nicht getan ist. Eine gute Idee, aber schwer zu verwirklichen für jemanden, der beschlossen und verkündet hat, ohne Geld leben zu wollen. Vor drei Jahren richteten wir bei »Gib-und-Nimm« einmal eine Kasse in einem Café ein, an die jeder herankommen konnte. Dort zahlten Teilnehmer ein, die es sich leisten konnten, und die, die wenig besaßen, durften sich bedienen. Es war sonderbar, aber auch interessant, dieses Geben und Nehmen in harter Münze. Die Kasse, in der sich meist nur geringe Beträge befanden, wurde aufgelöst, als ich die Zentrale verließ, um auf Reisen zu gehen.

Die Idee nahm ich mit und sie arbeitete in mir weiter. Langsam gewöhnte ich mich wieder an den gelegentlichen Umgang mit (sehr wenig) Geld, und als an mich herangetragen wurde, dieses Buch zu schreiben (und dafür ein Honorar zu akzeptieren), nahm ich es als Wink des Schicksals. Plötzlich war die Notkasse in greifbarer Nähe.

Durch die Arbeit an dem Buch geriet mein Alltag etwas durcheinander. Erstmals in meinem »neuen Leben« verspürte ich wieder den Druck, etwas in einer bestimmten Zeit erledigen zu müssen. War also meinem Prinzip, immer nur das zu tun, was mir gerade Spaß macht und alles jederzeit freiwillig, ein wenig untreu geworden. Die »jobähnliche« Situation schien symptomatisch für meine aktuelle Übergangsexistenz. Denn mir war längst klar geworden, dass es im Zusammenhang mit Geld und Besitz nicht um ein starres Entweder-Oder gehen konnte, sondern nur um ein phantasievolles Sowohl-als-Auch.

Vier Jahre lang hatte ich konsequent ohne einen Pfennig gelebt, hatte alles durch Gegenleistung ertauscht. Heute gestehe ich mir durchaus kleinere Beträge aus der neueröffneten Kasse zu. Natürlich achte ich darauf, die Lebensqualität, die sich für mich durch den Verzicht auf Bares ergeben hat, nicht wieder zu verlieren. Größere Ausgaben wie Miete oder Krankenkasse wird es auch in Zukunft nicht geben, denn ich werde weiterhin mein geliebtes Nomadenleben genießen.

Aber im Kleinen gönne ich mir heutzutage hin und wieder mal etwas auf die Schnelle. Statt ewig auf die Kekse zu warten, die ich so gern esse, springe ich dann rasch in den Laden und kaufe sie mir. Ebenso den Käse, auf den ich gerade jetzt so unbändigen Appetit habe. Dieser winzige, aber seit langem ungewohnte »Luxus« vermittelt mir das schöne Gefühl, meinem alternativen Dasein ohne Fanatismus zu frönen. Außerdem vermittelt mir diese »Öffnung« des Experiments eine ganz neue Freiheit: Es ist etwas anderes, ob man sich prinzipiell verbietet, in ein Geschäft zu gehen und etwas käuflich zu erwerben, oder ob man es sich prinzipiell jederzeit erlauben kann. Und es dann gar nicht will. Früher duldete ich keine Ausnahmen, hielt mich konsequent an meine eigenen Regeln. Nicht, dass mir damals etwas fehlte, es kam ja alles zu seiner Zeit, aber die jetzigen gelegentlichen »Ausreißer« dienen doch meinem Wohlbefinden.

Mein vormaliges extremes Verhalten wurde mir in den vergangenen vier Jahren oft vorgeworfen. Meine Rechtfertigung war immer, dass ich ja mit dem, was ich tue, Aufmerksamkeit erregen musste. Schließlich wollte ich nicht einsam und im Verborgenen vor mich hin experimentieren, sondern etwas bewirken, zum Umdenken anregen. Durch meinen konsequenten Verzicht auf jeglichen Besitz war es mir immerhin gelungen, einen Gegenpol zur allgemeinen Geldhysterie zu schaffen und selbst eine Position zu erreichen, in der Geld und Gut nicht mehr wesentlich sind. Das wurde mir wieder einmal bewusst, als ich neulich versehentlich in eine Fernsehshow zappte, in der es vor viel Publikum um unendlich viel Geld ging. Für mich hörte sich das Ganze wie ein schlechter Gottesdienst an, getragen, ernst, dramatisch. Nach zehn Minuten hatte ich genug davon.

Vor einiger Zeit quälte mich eine hartnäckige Erkältung. Schnupfen, Husten, Ohrenschmerzen, alles was dazu gehört. Krankheiten kommen nicht zufällig, sie sind Signale, dass irgendetwas in unserem Leben nicht stimmt, dass Ungereimtheiten analysiert, Unklarheiten beseitigt, Störungen bedacht werden wollen. In diesem Fall ging es eindeutig um meinen noch nicht ganz ausgetüftelten neuen Weg zur »Goldenen Mitte«, weg von den extremen Positionen, hin zu unaufgeregter Ausgewogenheit. Da gab es offenbar noch einiges zu tun, und so nutzte ich verschnupft, aber hocherfreut meine Grippe als Gelegenheit zum Erkenntnisgewinn.

Viele Menschen glauben, dass sie niemals träumen, weil sie sich morgens an nichts erinnern können. Die Nächte erscheinen ihnen ebenso grau wie ihr Alltag. Was für eine Verschwendung schöner Bilder und spannender Abenteuer!

Es ist wissenschaftlich erwiesen, dass jeder Mensch träumt. Wer sich traumlos wähnt, hat einfach vergessen (oder verdrängt), was er im Schlaf erlebte. Bei meiner therapeutischen Arbeit habe ich immer großen Wert auf die Träume meiner Klienten gelegt, denn wenn einer mal anfing, sich mit den Nachtbildern zu beschäftigen, war er schon dabei, heftig über sich selbst nachzudenken. Mir ging es in den Sitzungen nicht um eine Analyse oder Interpretation des Traumgeschehens, sondern um das Gefühl, das beim Träumenden zurückblieb. Ein Gefühl, hinter dem sich oft eine Botschaft verbarg.

Als meine Mutter starb, vor beinahe 20 Jahren, träumte ich Nacht für Nacht von ihr. Meist waren es unangenehme Dinge, und ich erwachte stets mit dem Schuldgefühl, mich nicht genug um die Mutter gekümmert, also als Tochter versagt zu haben. Diese Träume verfolgten mich über Wochen, bis eines Nachts meine Mutter persönlich darin auftauchte und mich sehr energisch wissen ließ, dass sie mir vergeben habe. »Jetzt hörst du mir mal zu«, sprach sie, »diese Selbstbeschuldigungen bringen gar nichts, nur schlechte Laune. Du kannst also getrost damit aufhören. Sicher gab es zwischen uns unschöne Situationen, aber die hatten ihren Sinn. Wir beide haben Fehler gemacht, die wir einander nun verzeihen sollten. Hör bitte auf damit, dich schuldig zu fühlen. Du warst mir auch eine liebe Tochter, die mir viel Freude bereitet hat, und ich bin dankbar dafür, dass du geboren wurdest.« Beim Erwachen am nächsten Morgen fühlte ich mich froh und erleichtert. Und ich hatte nie mehr einen dieser Schuldträume.

In der Gestalttherapie muss der Klient sich mit jeder Person identifizieren, die in seinem Traum auftaucht, und dann die Botschaft hinter den unterschiedlichen Gefühlen entschlüsseln. Davon wusste ich beim Tod meiner Mutter noch nichts. Ich nahm ihr Auftauchen im Traum als Tatsache hin. Sie war erschienen und hatte verziehen. Das reichte mir und entlastete mich.

Die Wiederholungsträume gehören zu den wichtigsten überhaupt, denn sie zeugen von unverarbeiteten Problemen. Bei mir wiederholte sich jahrelang ein Traum, in dem ich mit ein paar Leuten auf ein Gerüst kletterte. Die anderen stiegen auf der anderen Seite wieder hinunter, aber ich traute mich nicht und blieb jammernd und zitternd oben sitzen. Niemand konnte mir beim Abstieg helfen. Ich erwachte aus diesem Traum immer schweißgebadet.

Und eines Tages verschwand der Traum, der eindeutig etwas mit mangelndem Vertrauen zu tun hatte, für immer aus meinem Leben. Durch die stete Arbeit an meinem Selbstwertgefühl war ich zu der Erkenntnis gelangt, dass Dinge, die ich beginne, auch erfolgreich beendet werden können. Inzwischen sind meine Nächte weitgehend frei von Alpträumen oder unangenehmen Wiederholungsträumen. Stattdessen wünsche ich mir vor dem Einschlafen ganz konkrete Hinweise für mein weiteres Tun, und oft erhalte ich sie.

Wer sich nie an seine Träume erinnern kann, es aber gern möchte, sollte zunächst damit anfangen, abends den Tag Revue passieren zu lassen, alles noch einmal zu durchdenken, die eigenen Gefühle dazu ernst zu nehmen und insgesamt die Bereitschaft signalisieren, den Dingen auf den Grund zu gehen. Es kann hilfreich sein, nachts, wenn die Träume noch ganz nah sind, ein Stichwort aufzuschreiben. Dann kann man sich meist am nächsten Morgen an den ganzen Traum erinnern. Wer noch weiter in sich gehen will, sollte anfangen, ein Tagebuch zu führen, in das auch Träume aufgenommen werden.

Mitteilungen

Wie bringt man Ideen unters Volk? Ein schwieriges Unterfangen in einer sensationssüchtigen und zugleich mit Sensationen überfütterten Zeit. Bücher schreiben? Wer soll die alle lesen. Filme machen? Aber bitte was Spektakuläres! Der gute Wille allein, das habe ich bei meinen Pressekontakten immer wieder feststellen müssen, reicht nicht immer aus. Ein Filmemacher wollte vor einiger Zeit eine Reihe über nicht alltägliche (aber keineswegs sensationelle) Menschen und Projekte drehen. In diesem Zusammenhang kam er auch auf mich zu. »Das Anziehen der Geldkurbel, die Anbetung des goldenen Kalbes ist unerträglich«, sagte er damals. »Dagegen möchte ich etwas tun.«

Ich gab ihm ein Interview und ließ mich filmen, und dann hörte ich länger nichts. Kürzlich rief er an, das Thema trieb ihn immer noch um, dazu die Schwierigkeit, es an den Sender zu bringen. Die Anstalten – nie gab es so viele wie heute – brauchen Quote, und die bekommen sie nicht mit dezenten Beiträgen und unbequemen Botschaften. Die leisen, anregenden Sendungen werden von reißerischen Talks verdrängt, und Journalisten, die in ihrem Gewerbe punkten wollen, müssen sich an die ungeschriebenen Regeln halten. Von Tag zu Tag wird es schwerer, mit etwas auf sich aufmerksam zu machen, bei dem kein Blut fließt und kein Sex vorkommt.

Vor ein paar Jahren warf ein Mann, der mich nicht schätzte, ein paar meiner »Sterntaler« in den Mülleimer. »Da gehören sie hin«, sagte er. Ich fischte die Hefte aus dem Eimer und erzählte von einer Meldung, die ich gerade in der Zeitung gelesen hatte: Ein Selbstporträt von van Gogh war für sensationelle 200 Millionen Mark unter den Hammer gekommen. So viel Geld für ein einziges Bild! Und zu Lebzeiten war dem Malergenie geraten worden, doch erstmal sein Handwerk zu lernen! »Alles ist relativ«, erklärte ich dem Mann. »Wenn du mit meinen Aussagen nichts anfangen kannst, ist das völlig in Ordnung. Aber viele Leute finden sich darin wieder und nehmen die Mitteilungen als Anregung, über sich selbst nachzudenken. Und das ist mir genug.«

Was nun?

Ist mein Experiment nun gelungen oder nicht? Hat es, außer für mich selbst, etwas bewirkt? Und vor allem: Wie soll es weitergehen? Nach vier Jahren scheint die Zeit mir reif für eine Zwischenbilanz.

Für mich hat sich viel getan. Meine Lebensqualität ist höher denn je. Und auch mein Vertrauen in meine körperliche Stabilität ist im Laufe der Jahre gewachsen. Den wohlgehüteten Zahnrest habe ich zwar irgendwann doch verloren, aber kein Mensch hat die Lücke bemerkt, und seit ich die Ruine los bin, kann ich endlich wieder beidseitig zubeißen. Demnächst wird wohl mal die Wurzel entfernt werden müssen, aber ich bin sicher, dass sich zu gegebener Zeit eine Lösung finden wird. Inzwischen akzeptiere ich meine gelegentlichen Zipperlein und Krankheiten als Teil meines Lebens, und nie wieder würde ich auf Nachfrage hochmütig entgegnen: »Warum sollte ich krank werden?«

Meine Ernährung ist besser denn je. Fast alles, was ich zu mir nehme, kommt aus biologischem Anbau, Brot, Obst und Gemüse stehen mir reichlich zur Verfügung. Ich habe inzwischen auch so viel Kleidung, dass ich sie weiterschenken kann. Und wenn ich mal »zum Friseur« muss, habe ich die freie Wahl zwischen mehreren Frauen, die nicht nur gekonnt schneiden und frisieren, sondern auch kompetente Kosmetikerinnen sind. Durch die neu eingerichtete Notkasse, auch wenn ich sie nur selten nutze, habe ich noch mehr Entscheidungsfreiheit als früher. Mit meiner derzeitigen Wohnsituation bin ich rundherum zufrieden. Alles ist ganz wunderbar, und eigentlich müsste an dieser Stelle der Märchenschluss stehen: Und wenn sie nicht gestorben ist, dann lebt sie noch heute.

Von wegen! Gar nichts ist vollendet. Mein Experiment ist gelungen, weil es mir bewiesen hat, dass ich vieles ermöglichen kann, wenn ich es nur wirklich will. Und da ich nach wie vor »die Welt verändern« möchte, bleibt noch viel zu tun. Das Experiment geht also weiter. Am meisten freue ich mich auf die praktischen Dinge, die in der nächsten Zeit anliegen, die ich an unterschiedlichen Orten mit verschiedenen Menschen verwirklichen will. Anders als früher gehe ich die

Sache heute aber viel gelassener an. Alles kann, nichts muss; ich habe keine Eile, und wenn mir für eine Idee die Mitspieler fehlen sollten, werde ich einfach umdisponieren und ein anderes Vorhaben angehen.

Weitere Pläne

In einem »funktionierenden« Staat zu leben, hat durchaus seine Vorteile. Niemand muss verhungern, jeder wird medizinisch versorgt, Kultur und Bildung werden subventioniert, der Straßenverkehr wird geregelt und so weiter und so fort. Auf der anderen Seite müssen wir dafür natürlich bezahlen. Wir zahlen Einkommenssteuer, Vermögenssteuer, Umsatzsteuer, Grunderwerbssteuer, Grundvermögenssteuer, Gewerbekapitalsteuer, Gewerbeertragssteuer, Lohnsteuer, Solidaritätszuschlag, Kirchensteuer, Hundesteuer, Erbschaftssteuer, Genussmittelsteuer, Körperschaftssteuer, Grundsteuer. Außerdem zahlen wir Beiträge zur Krankenkasse, Berufsgenossenschaft, zur Versicherung gegen Arbeitslosigkeit, Invalidität; wir zahlen Rentenabgaben, Haftpflichtversicherung, Kasko, wir zahlen Gebühren für Gas, Wasser, Strom, Heizung, Müllabfuhr, Telefon, Internet, GEZ, Kabelanschluss, wir bezahlen die Miete und unseren Steuerberater, ohne den in diesem Wirrwarr gar nichts mehr geht.

Ich bin der Meinung, dass viel zu viel geregelt wird. Dass dadurch wertvolle Energien verschwendet werden. Und dagegen möchte ich etwas unternehmen.

Um zu vermitteln, was ich meine, habe ich wiederum ein Experiment gestartet. Für das Honorar, das ich mit meinem

Buch verdiene, möchte ich Steuern zahlen, ohne dass Geld dabei eine Rolle spielt. Stattdessen erkläre ich mich bereit, als Gegenleistung für die Dinge, die der Staat mir »besorgt«, eigenverantwortlich Dinge zu übernehmen, die dem Staat dienen. Anders als vor Jahren, als ich schon mal die Straße gefegt, Müll gesammelt oder Bänke geputzt habe, möchte ich diesmal etwas tun, was mehr meiner Ausbildung entspricht. Ich möchte Menschen in schwieriger Lage Mut machen, sie auf Möglichkeiten hinweisen, ihre Situation aus eigener Kraft zu ändern und so die Basis für ein nachbarschaftliches Miteinander schaffen. Um das alles tun zu können, schrieb ich dem Oberbürgermeister von Dortmund folgenden Brief:

Sehr geehrter Herr Oberbürgermeister,
mein Name ist Heidemarie Schwermer. Ich habe vor sechs Jahren die »Gib-und-Nimm-Zentrale« in Dortmund gegründet, einen Tauschring, in dem Menschen ihre Fähigkeiten, Dienstleistungen und Sachgegenstände miteinander tauschen können, ohne dass Geld eine Rolle dabei spielt. Um zu demonstrieren, dass das auch in einer Großstadt möglich ist, lebe ich diese Idee in voller Konsequenz: Seit vier Jahren habe ich weder Wohnung noch Besitz noch Beruf, lebe ganz ohne Geld und fühle mich trotzdem reich. Durch das Tauschen und Teilen mit anderen Menschen gibt es eine neue Lebensqualität, die durch viele Kontakte und sehr unterschiedliche Tätigkeiten entsteht.

Die Beweggründe für mein Tun sind unter anderem auch politischer Natur. Da auf vielen Gebieten der Mangel an Geld eine Rolle spielt (Lehrer können nicht eingestellt werden, Projekte können nicht stattfinden, weil zu wenig Geld da ist), müssen neue Wege gefunden werden. Ich möchte der Stadt einen nicht alltäglichen Vorschlag unterbreiten: Ich will Steuern zahlen, jedoch nicht mit Geld, sondern mit meinen Fähigkeiten. Als ehemalige Psychotherapeutin biete ich Beratungen für Sozialhilfeempfänger an, die Mut brauchen und offen sind für neue Wege.

Mir geht es darum, Eigenverantwortung und Mündigkeit, Würde und Wert des einzelnen Menschen neu zu entdecken und lebbar zu machen. Vor zwei Jahren hat die Stadt Dortmund ein kostenfreies Konzert auf dem Marktplatz angeboten. Ich war so beglückt über diese Gabe, dass ich am nächsten Tag mit einem ganzen Trupp von »Gib-und-Nimm« auf dem Südwestfriedhof in Dortmund die Bänke geschrubbt habe, weil es für diese Arbeit keine Zeit und keine Angestellten gab. Wir übernahmen nach dem »Gib-und-Nimm«-Prinzip aus Dankbarkeit diese Tätigkeit. Stellen Sie sich vor, wie wunderbar es wäre, wenn sich überall verantwortungsbewusste Bürger zusammenschließen würden, um miteinander Defizite auszugleichen, sich gegenseitig zu stützen etc.

Ich würde mich freuen, wenn Sie mich zu einem Gespräch einladen oder mir eine Antwort zukommen lassen.

Mit freundlichen Grüßen.

Ein paar Wochen später erhielt ich folgenden Antwortbrief:
Sehr geehrte Frau Schwermer,
ich habe Ihr Schreiben vom 27. 03. 2000, in dem Sie auf die »Gib-und-Nimm«-Aktion hinweisen, erhalten. Ich bitte um Ihr Verständnis, dass ich von hier keine sachgerechte Aussage treffen kann. Ich habe deshalb den zuständigen Dezernenten Herrn P. gebeten, sofort den Sachverhalt zu prüfen

und mir umgehend darüber zu berichten. Sobald mir das Ergebnis vorliegt, werde ich mich mit Ihnen in Verbindung setzen.
Mit freundlichen Grüßen.

Seither herrscht Schweigen. Aber an anderen Fronten geht es weiter. Vor drei Monaten lud das Sozialamt von Ahlen in Westfalen mich zu einem Vortrag ein. Der dortige Leiter war so angetan von meiner Idee, psychologische Beratungen im Sozialamt anzubieten, dass ich obenstehenden Brief noch einmal verschickte, diesmal an den Ahlener Bürgermeister. Wir werden uns wohl demnächst zu einem Vorbereitungsgespräch treffen.

Am liebsten würde ich neben den Einzelberatungen auch Gruppenaktionen anbieten, bei denen die Leute sich kennen lernen und gemeinsame Unternehmungen organisieren können. Und natürlich hätte ich gern eine »Gib-und-Nimm«-Wand im Sozialamt. Hier, wo täglich viele Menschen ein- und ausgehen, wäre sie genau am richtigen Platz.

Politik der kleinen Schritte

Lebensqualität hat eine Menge mit Geld zu tun, das ist schon richtig. Daher ist und bleibt die Geldfrage wichtig. Aber die anderen Aspekte des ganzheitlichen Ansatzes dürfen dennoch nicht in Vergessenheit geraten.

Nehmen wir zum Beispiel den Müll. Und nehmen wir das wörtlich! In Dortmund, und sicher nicht nur dort, gibt es einen Platz, auf dem sich regelmäßig Obdachlose treffen, sich zu Gruppen zusammenfinden und dabei offenbar ihren Spaß haben. Wenn sie ihn hatten, verlassen sie den Ort und »vergessen« dabei ihren Abfall. Zwar kommt zwei- bis dreimal in der Woche eine Putzkolonne und beseitigt den Schmutz, aber nach ein paar Stunden sieht es wieder aus wie zuvor. Eigentlich sollte es doch selbstverständlich sein, dass die Menschen, die dort einen Teil ihres Lebens verbringen, »ihren« Platz in Ordnung halten. Und trotzdem Spaß haben.

Stattdessen setzen sie darauf, dass alles geregelt ist, und fühlen sich nicht verantwortlich für ihren Müll. Eine typische Haltung in unserem ach so ordentlichen Land, in dem sogar Menschen ohne Wohnsitz, Menschen, die fast alles verloren haben, sicher sein können, dass sie in dieser Gesellschaft zwar nichts zählen mögen, dass es aber immer jemanden geben wird, der dafür abgestellt wurde, ihnen ihren Dreck hinterzuräumen. Dabei könnten wir so viel durch Beispiele lernen. Womöglich würde der erste Obdachlose, der am Abend anfängt, den Platz aufzuräumen, von den anderen ausgelacht werden. Aber nach und nach könnte sein Modell Schule machen. Plötzlich hätten auch die Obdachlosen etwas zu geben. Und alle hätten etwas davon.

Sollte es wirklich dazu kommen, dass ich Beratungen auf dem Sozialamt anbiete, könnte ich die Nehmenden vielleicht auch dazu bringen, über Möglichkeiten des Gebens nachzudenken. Natürlich dürfte dieses Geben nichts mit Zwang zu tun haben, anders als es in machen Städten praktiziert wird, wo Sozialhilfeempfänger verpflichtet werden, für einen Stundenlohn von 1,50 Mark dem Gemeinwohl zu dienen. Das ganzheitliche Prinzip beruht auf Freiwilligkeit, Initiative und Eigenverantwortung.

Neulich erinnerte ich mich an den »Roten Punkt«. Ich stand an der Bushaltestelle, beobachtete die vorbeifahrenden Autos und stellte fast, dass in fast jedem Wagen nur ein Mensch saß. Was für eine Verschwendung. Ständig gibt es Staus, die Benzinpreise steigen und steigen, die Abgase verpesten die Umwelt, das Ozonloch wächst, und trotzdem fährt alle Welt unverdrossen freie Autositze durch die Gegend. Früher, als Studentin, bin ich häufig getrampt. Später, als Autofahrerin, revanchierte ich mich und nahm andere mit. Zum Trampen habe ich keine große Lust mehr, und seit langem bin ich keine Autofahrerin mehr, aber das Prinzip leuchtet nach wie vor ein. Vor ungefähr dreißig Jahren wurde es in Nordrhein-Westfalen zum Projekt »Roter Punkt« erweitert. Um Benzin zu sparen, klebten damals Autobesitzer einen roten Punkt an die Windschutzscheibe, um ihre Bereitschaft zu signalisieren, Leute, die an bestimmten Haltestellen warteten, mitzunehmen. Das Ganze funktionierte ein paar Jahre lang sehr gut, schlief dann aber wieder ein. Es soll Fälle von Missbrauch gegeben haben, Überfälle, Diebstähle und dergleichen.

Nun ist es sicher nicht jedermanns (und schon gar nicht jederfraus) Sache, wildfremde Menschen mitzunehmen. Aber dennoch scheint mir die Idee einer Wiederentdeckung wert. Vielleicht in abgewandelter Form: Der rote Punkt (oder ein anderes Symbol) könnte zunächst mal für prinzipielle Offenheit stehen. Er könnte Menschen miteinander ins Gespräch bringen, die Organisation von Fahrgemeinschaften erleichtern und letztlich dafür sorgen, dass weniger freie Autositze durchs Land chauffiert werden.

Es tut sich viel in diesen Monaten; an allen Ecken und Enden finden sich Gemeinschaften zusammen, um alternative

Ideen für eine bessere Zukunft zu entwickeln. Die neuen schnellen Informationswege via Internet helfen da sehr. Ich weiß, wovon ich rede, denn auch ich brauche für meine Pläne ständig geeignete Mitspieler. Und sei es nur für die Geldverteil-Aktion, die ich unbedingt rasch verwirklichen möchte: Überall in der Stadt sollen Fünfmarkstücke unters Volk gebracht werden, dazu ein Flugblatt zum Thema Geld, das zum Nachdenken anregen soll.

Durchs World Wide Web sind zündenden Initiativen keinerlei Grenzen mehr gesetzt. Demnächst will jemand sogar viele Tausend Tauscher aus drei Ländern online zusammenbringen – eine Initiative, von der vor zehn Jahren keiner zu träumen gewagt hätte. Aber auf dem Weg in eine schönere Zukunft dürfen wir nicht beim Tauschen und Teilen hängenbleiben. Der Mensch, wie ich ihn sehe, ist mehr als die Summe seiner (Tausch-)Geschäfte. Er ist ein Wachsender und Erkennender. Er ist Teil der göttlichen Quelle, und ihm stehen Welten offen, in denen sich alle Probleme der heutigen Zeit lösen lassen.

Ein paar Ratschläge für unterwegs

Sollten Sie Lust bekommen haben, Schritt für Schritt Ihre eigenen neuen Wege zu gehen, habe ich ein paar Tipps, die Sie beherzigen können. Aber nur, wenn Sie das auch wollen.

1. Legen Sie sich ein Heft zu, in welchem Sie Dinge notieren, die Ihnen wichtig sind.
2. Schreiben Sie in dieses Gedankenbuch oder Tagebuch (oder wie immer Sie das Heft nennen wollen), was Sie

schon immer beschäftigt hat. Oder früher einmal beschäftigt hat. Musik, Begegnungen, Technik, Literatur, Malerei. Was auch immer. Es geht darum, herauszufinden, welche Aufgabe Sie sich für dieses Leben vorgenommen haben. Oder vornehmen werden.

3. Schreiben Sie abends in das Buch, wie Ihr Tag gewesen ist. Halten Sie überwiegend positive Gefühle fest.
4. Schreiben Sie auf, wie Sie sich ein ideales Leben vorstellen. Wie möchten Sie wohnen? Mit wem? Was würden Sie am liebsten tun? Legen Sie sich keinerlei Beschränkungen auf: In diesem Buch ist alles möglich.
5. Schreiben Sie auf, wie Sie andere Menschen wahrnehmen. Was stört Sie? Was gefällt Ihnen besonders an jemandem?
6. Machen Sie einen »Wüstentag«, an dem Sie sich führen und treiben lassen.
7. Schreiben Sie auf, wofür Sie in Ihrem Leben dankbar sein können.
8. Finden Sie heraus, woran Sie besonders viel Spaß haben. Gönnen Sie sich diesen Spaß.
9. Legen Sie eine Kiste an, in die Sie Dinge packen, die Sie nicht mehr brauchen. Bieten Sie jedem Ihrer Besucher an, sich aus dieser Kiste zu bedienen.
10. Legen Sie irgendwo eine »Gib-und-Nimm«-Wand an. An Ihrem Arbeitsplatz, in Ihrer Wohnung, in einem Café. Wo auch immer.
11. Denken Sie an Ihre Träume.
12. Vergessen Sie niemals das Lachen.

KAPITEL 8

Blick über den Tellerrand

Das neue Geld der Armen

Von Romeo Rey (Buenos Aires)

In Argentinien blühen Tauschbörsen – der Warenwert wird in »Creditos« gemessen, die rosten, wenn sie »rasten«. Flinke Hände laden aus: Schachteln und Kisten voller Ware, Tragetaschen und Tischtücher. Zu Hunderten drängen sie sich durch die enge Pforte der Sporthalle von Burzaco, einer von wirtschaftlichem Niedergang und »neuer Armut« gezeichneten Vorstadt von Buenos Aires. Drinnen in der Halle herrscht Stimmengewirr. Das Warenangebot wird auf improvisierten Tischen ausgebreitet, mehr als einen Quadratmeter Platz hat nur der Gemüsehändler. Alles, was eine Familie in ärmsten Verhältnissen zum Überleben braucht, wird in diesem »Club del Trueque« (Tauschhandelsverein) feilgeboten: Hausgebackenes aller Art, selbst geschneiderte Kleidungsstücke, Spielsachen und vergilbte Bücher, Toilettenartikel, billiger Schmuck. Mitten im Gedränge werden auch noch Haare geschnitten. Man braucht sich nur auf den Stuhl zu setzen, und schon flitzt die Schere in den Schopf. »Hier zirkulieren keine Pesos, wir akzeptieren nur Creditos«, erklärt Lidia »Charo« Bustos, die den Betrieb in der Halle locker koordiniert. An jedem Artikel haftet eine von Hand geschriebene Preisetikette in Credito, der Ersatzwährung. Die grünen Geldscheine werden so flugs getauscht wie andernorts der Peso, obwohl die kleinste Einheit ein halber Credito ist, und es keine Münze von geringerem Wert gibt. Der »Club« zählt rund 500 Mitglieder. Doch jeden Mittwoch Nachmittag, wenn sie die Halle, die über den Rohbau nie hinausgekommen ist, mit Erlaubnis des lokalen »Förderkreises Alberdi« ein paar Stunden lang benutzen dürfen, kommen welche dazu. In einem kurzen Gespräch wird den Neulingen beigebracht, dass der Grundgedanke des Tauschhandels die Solidarität sei.

»Hier will niemand den anderen übers Ohr hauen. Wenn etwas zu teuer ist, nimmt man es einfach nicht. Die anbietende Person merkt dann schon, dass sie mit dem Preis runter muss.« Jedes Mitglied zahlt einen Credito Eintritt. Charo, die Koordinatorin des Vereins, kassiert und legt mit einem Anschlag an der Wand Rechenschaft über die Verwendung des Geldes ab. 60 Creditos bekommen die Jungs, die die Tische auf Holzböcken bereitstellen und wieder wegräumen, ein paar der grünen Scheine für die Putzmannschaft, für einen Fahrzeugwächter draußen. »Und zwanzig Creditos für meine Umtriebe«, lächelt die rundliche Mittvierzigerin. Am realen Wert der Dinge gemessen, entspricht ein Credito etwa einem Peso (zwei Mark). Nach drei Stunden emsigen Tauschhandels ist fast die gesamte Ware weg. Wenige bleiben auf ihrem Angebot hocken, keiner hat einen Peso ausgegeben und viele nehmen doch das Nötigste mit nach Hause. Manche sparen sich sogar noch ein paar der grünen Scheine für spätere Bedürfnisse zusammen. Wer dem Klub drei Monate lang treu bleibt, erhält zudem eine Prämie von 50 Creditos in die Hand gedrückt. Die Funktion einer »Zentralbank«, die dieses Ersatzgeld in Umlauf setzt, haben die Gründer des »Globalen Netzes von Tauschhandelsvereinen« inne. Denn der bargeldlose Supermarkt der Ärmsten in Burzaco ist bei weitem nicht der einzige Ort in Argentinien, wo diese parallele Ökonomie funktioniert.

Der erste »Club« von Tauschhändlern wurde 1995 in Bernal, einem anderen Vorort von Buenos Aires, eröffnet. Die Gründer, ein Chemiker, ein Psychologe und ein Museumsverwalter, konnten mit ihrem Projekt in einer verlassenen Textilfabrik, »La Bernalesa«, einer der unzähligen Industrieruinen Argentiniens, unterkommen. Seither läuft der Basar dort dreimal in der Woche mit bis zu 2500 Teilnehmern. Inspiration holten sich die drei Pioniere bei einem Deutschen namens Silvio Gesell, der vor dem Ersten Weltkrieg mit alternativen Wirtschaftsmodellen experimentierte. Er lebte zusammen mit seinem Bruder einige Jahre lang in Argentinien. Die beiden hinterließen im Land der Gauchos so tiefe Spuren, dass eine Stadt nach ihnen benannt wurde: Villa Gesell. 1995 litt die Wirtschaft des Landes unter dem Schock der in Mexiko ausgelösten »Tequila-Krise«. Laut amtlichen Erhebungen stieg die offene Arbeitslosigkeit damals bis auf 18 Prozent, weitere 15 Prozent der Argentinier galten als Unterbeschäftigte. Von dieser heftigen Rezession hat sich die Nation bis heute nicht erholt, obwohl die Ökonomie in der Folge wieder halbwegs angekurbelt werden konnte. Seit Mitte 1998 stagniert nämlich der Produktionsprozess erneut, und auch die Regierung von Präsident Fernando de la Rua scheint den Ausweg nicht zu finden. Wegen der anhaltenden Lähmung sind Millionen Argentinier in die Misere geraten. Je länger dieser Zustand dauert, desto mehr nimmt auch die »Desesperanza«, jenes ungute Gefühl von Hoffnungs- und Mutlosigkeit, in der Bevölkerung zu. Der seit zehn Jahren praktizierte Neoliberalismus in der Wirtschaftspolitik hat den früher breiten und recht homogenen Mittelstand zerschlagen. Eine Minderheit des Kleinbürgertums war wendig genug, um sich den neuen Verhältnissen anzupassen. Die Mehrheit kam indessen unter die Räder. Wo bis Mitte der Siebzigerjahre die Bestverdiener etwa zehnmal mehr Einkommen hatten als die am schlechtesten bezahlten Arbeiter und Angestellten, erreicht die Differenz nun nicht selten das Verhältnis 50:1. Laut Angaben der Weltbank leben in Argentinien zur Zeit 13 von 36 Millionen Einwohnern unterhalb der Armutsgrenze. Vor allem für die mindestens vier Millionen Menschen der untersten Bevölkerungsschicht ist der Tauschhandel ein Lichtschimmer im stockfinsteren Tunnel. Darum haben sich die »Clubs« in wenigen Jahren vervielfacht. Heute gibt es 450 Tauschvereine mit über 370 000 Mitgliedern, nicht nur im Großraum Buenos Aires, sondern auch an der Atlantikküste und im Landesinneren. Sie stehen zudem im Rahmen des »Globalen Netzes von Tauschhandelsvereinen« in Kontakt mit ähnlichen Organisationen in anderen Ländern Lateinamerikas sowie in Spanien und Kanada. Gleichzeitig mit der Ausbreitung des Netzes vollzieht sich eine Verdichtung der Organisation. Getauscht werden heute auch zahlreiche Dienstleistungen. In einem Katalog sind Vertreter aller möglichen Berufskategorien vom Schreiner und Spengler bis zur Schneiderin, zum Architekten und Rechtsanwalt aufgelistet, die ihren Service gegen Bezahlung in Creditos anbieten. Gewisse Mischformen von Bar- und Ersatzgeld sind dabei erlaubt und geläufig: wenn zum Beispiel das Material in Pesos, die Arbeitsleistung jedoch in Creditos bezahlt wird. Auch reisen kann man schon mit den grünen Alternativgeldscheinen, seitdem sie von einigen Hotels akzeptiert werden. In »La Bernalesa« werden außerdem Kurse zur beruflichen Weiterbildung angeboten. Selbstverständlich kann man das Schulgeld in Creditos bezahlen. »Wir setzen auf eine alternative und komplementäre Wirtschaft, um die horrenden Probleme des Arbeitsmangels zu lösen«, sagt der Psychologe Carlos de Danzo, einer der Gründer des Netzwerks. Sein Mitstreiter Horacio Covas, von Beruf Chemiker und leidenschaftlicher Umweltschützer, träumt davon, eine »ökologische Stadt« in der benachbarten Provinz Entre Rios zu gründen. Er will bei der Produktion von Lebensmitteln auf jegliche Zugabe von nicht-organischen Stoffen verzichten. Die Gründer der Tauschhandelsorganisation denken jetzt darüber nach, wie man die Umlaufgeschwindigkeit der Creditos beschleunigen könnte. Sie wollen verhindern, dass die Leute zu viel sparen. Je rascher die Scheine zirkulieren, desto besser geht es den Leuten, glauben sie. Man will die Mitglieder dazu antreiben, solidarisch zu wirken anstatt zu horten. Im Januar 2001 soll darum ein System in Kraft treten, bei dem das Geld »verrostet«. Covas erläutert: »Ein Wertverlust von einem Prozent pro Monat könnte zu diesem Zweck das richtige Rezept sein.« (Weitergeleitet von Uli Bliedtner)